“十四五”职业教育国家规划教材

人大芸窗
RENDAYUNCHUANG

“十三五”职业教育国家规划教材

新编21世纪高等职业教育精品教材·电子商务类

网络营销实战

（第四版·数字教材版）

主　编／陈广明
副主编／程　涛　吴雪毅

立德树人　案例生动　内容丰富　资源立体

中国人民大学出版社
·北京·

图书在版编目（CIP）数据

网络营销实战：数字教材版 / 陈广明主编.
4版. -- 北京：中国人民大学出版社，2025. 1.
（新编21世纪高等职业教育精品教材）. -- ISBN 978-7
-300-33603-9

Ⅰ. F713.365.2

中国国家版本馆CIP数据核字第2025G000L9号

"十四五"职业教育国家规划教材
"十三五"职业教育国家规划教材
新编21世纪高等职业教育精品教材·电子商务类

网络营销实战（第四版·数字教材版）

主　编　陈广明
副主编　程　涛　吴雪毅

Wangluo Yingxiao Shizhan

出版发行	中国人民大学出版社		
社　　址	北京中关村大街31号	**邮政编码**	100080
电　　话	010-62511242（总编室）		010-62511770（质管部）
	010-82501766（邮购部）		010-62514148（门市部）
	010-62515195（发行公司）		010-62515275（盗版举报）
网　　址	http://www.crup.com.cn		
经　　销	新华书店		
印　　刷	北京密兴印刷有限公司	**版　　次**	2018年5月第1版
开　　本	787 mm × 1092 mm　1/16		2025年1月第4版
印　　张	15	**印　　次**	2025年1月第1次印刷
字　　数	308 000	**定　　价**	49.00元

《网络营销实战（第四版·数字教材版）》
人大芸窗数字教材平台资源说明

人大芸窗数字教材平台是中国人民大学出版社汇聚教学名师、优秀教材和优质资源全力打造的“内容 + 平台”一体化数字化教学产品，提供与传统教学紧密衔接、可扩展、智能化的数字化教学方案。

《网络营销实战（第四版·数字教材版）》数字教材资源

◎ **电子教材**：对应纸质教材页码，划重点、做笔记，教学和学习可多终端同步

◎ **教学课件**：每章均配有 PPT 课件，提供给教师教学作为参考

◎ **教学大纲**：名师权威大纲，提供给教师教学作为参考

◎ **教学指南**：本章重难点分析、本章提要、教学目标、学习目的与要求、考核目标与具体要求

◎ **教学案例**：提供 40 多个教学案例，对重点内容进行案例分析

◎ **知识点库**：以知识点为主线串联所有习题以及部分教学资源，便于考核知识点掌握情况，用于教师和学生的课前备课预习、课堂教学和课后复习、测评等

◎ **教学题库**：配有填空题、单选题、多选题、判断题、简答题等多种题型。所有习题匹配对应知识点、答案、难易程度，可做智能化作业和测试

人大芸窗数字教材平台使用方法

◎ 登录 http: //www.rdyc.cn 或关注“人大芸窗”微信公众号，选择教师或学生身份注册

◎ 激活数字卡（数字卡附在教材封底）序列号

注：请使用谷歌、360 极速浏览器注册（不推荐使用百度、搜狗、QQ、火狐浏览器）

教师端注册以及新建课程

学生注册以及加入课程

前　言

2022年10月，党的二十大报告提出扎实推进共同富裕。中国加快构建以国内大循环为主体、国内国际双循环相互促进的新发展格局，构筑更加安全稳定的全球产业链供应链，推动经济社会发展，实现全体人民共同富裕，实现人民对美好生活的向往。在国内国际双循环的新发展格局下，全球化的商业环境促使企业快速转型升级，充分利用信息化武装自己，提升自身的市场竞争力。根据市场调研获取的企业人才需求分析，我们编写了本教材，为高校和企业提供人才培养的学习资料。本教材以实战为重点，避免人才进入企业就业时理论与实践脱节，减少企业人才需要重塑的时间成本。网络营销是电子商务专业和市场营销专业的核心课程，旨在培养信息化的网络营销人才、“创业创新”人才。

一、教材背景

党的二十大报告提出实施科教兴国战略，强化现代化建设人才支撑。为了更好地实现科教兴国，我们对当前市场的网络营销人才需求进行研究后发现，进行网络营销人才培养的教材编写工作需要满足以下三个方面的需求。

1. 企业网商、农村电商人才培养需求

随着国内国际双循环新发展格局的实施，企业国际化、信息化趋势日趋显著，企业对信息化商业人才的需求量和技术能力要求不断提高。全面推进乡村振兴战略中，产业振兴推动农村电商快速发展，因而对网络营销人才需求量增加。根据国家发展战略，为了解决网络营销技术型人才需求缺口，宁波职业技术学院开始建设网络营销课程，经过 10 年的积累，形成了有针对性的教材。

2. 高职高专应用型定位人才培养需求

高职高专应用型定位人才培养模式有别于本科院校人才培养模式，与传统本科院校人才培养定位偏向科学、系统的理论研究相区别。近年来，国家提出的应用型本科院校虽然开始朝技术型、应用型人才培养方向发展，但是因为理论基础不一样，如果按照百分比来计算，高职高专院校的实践实验环节的权重要高于本科院校，更加注重培养动手能力强的技术型、应用型人才。

3. 教学效果有效性需求

当今，许多高校都比较注重理实一体化课程开发及以实践为主的理实结合的人才培养模式。而高职高专院校的人才培养模式和学院督导对课程内容及实践环节要求更高，要求综合运用项目教学法、活动教学法、案例教学法、问题教学法等教学模式。目前，市场上很难找到以实践为主的合适教材。为了使课程更有效、更符合高职高专院校的需求，我们最终确定出版本教材。

二、教材内容简介

本教材以企业经营实战为主，结合理论开展教学实践，旨在通过实战提高企业网络营销渠道的销售额、客户满意度、市场竞争力，提升品牌知名度。

本教材共有 4 个项目、17 个任务，具体如下：

项目一：网络营销市场研究；项目二：网络营销推广；项目三：网络营销转化；项目四：网络营销管理。

任务一：网络营销基础；任务二：网络营销策划；任务三：商品货源与渠道；任务四：定价与促销；任务五：平台电商营销——爆款打造；任务六：淘宝联盟推广——淘宝三驾马车投放；任务七：搜索引擎营销；任务八：网络社区营销；任务九：微博 / 博客营销；任务十：微信 / 微商营销；任务十一：视频营销；任务十二：知识营销——百度文库、百度百科、百度知道和知乎；任务十三：社交平台营销——社交电商营销；任务十四：门户网站广告营销；任务十五：商品详情页文案设计；任务十六：网络营销客服培训；任务十七：全面管理。

教材中每个项目下的任务都含有实战内容。教材的核心内容和任务如下：

成交额	=	访问量	×	转化率	×	客单价
项目一、项目四		项目二		项目三		项目三
任务一、二、三、四、十七		任务五、六、七、八、九、十、十一、十二、十三、十四		任务十五		任务十六

本版教材设置了“素养提升”板块，引导大学生树立健康的世界观和人生观，增强大学生拥党爱国的精神。

三、教材特色

在调研中编者发现，编者所在的宁波职业技术学院生源地为乡镇的学生占比约为68%。为了更有针对性地教学和充分利用资源，教材载体建设偏向于农村电商应用与发展，同时整合并引入学生现有的人际关系及企业资源作为载体。本教材的编写主要围绕以下四个要点，这也是本教材的特色。

1. 项目化训练

2010年，编者参加了戴士弘教授的项目化课程教学方法研修班，把前期积累的资料进行修改完善，完成了本教材的整体设计和单元设计。本教材编写设计是以项目化训练为主要思路，将农村电商或一家企业的网络营销大项目贯穿整本教材。

本教材前期以企业开设电子商务渠道为起点，包括企业经营环境的PEST、SWOT、STP分析，阐述企业营销组合策略的应用；中期围绕公式“成交额=访问量×转化率×客单价”深化网络营销技术；后期主要对企业网络营销经营进行管理，包括网店经营数据分析，对人、财、物等方面进行管理。

2. 成果导向

2011年，编者参加了香港职业训练局（VTC）的成果导向培训班。成果导向与项目化教学并不冲突。经过实证研究，编者修正了本教材第一版中的能力、知识、素质目标，以成果为导向，设立考核要点。鉴于企业经营的目的是盈利，或者是以利润最大化为目标，本教材总共分为17个任务，分别设立了独立的成果考核项目和标准。虽然每个任务不是单独完成就能出成绩，但是每个训练任务如果不达标，最后肯定影响企业营业目标。因此，每个任务均设立独立的成果考核点，整个大项目训练结束后有相应的营业额要求。

3. 课程网络资源库建设

2014年，根据宁波职业技术学院课程信息化建设的要求，编者整理完成“网络营销”院级网络课程的建设并顺利结题。2017年，经过3年的应用，该课程申报了浙江省教育厅在线开放课程项目。截至目前，该课程网络资源库已在浙江省高等学校在线开放课程共享平台、智慧职教平台投入使用16期。因此，本教材配有的网络资源库可供各位同行和学习者交流探讨，共同成长。

4. 有效课堂认证

2017年，编者参加了叶鹏老师的有效课堂认证学习，对课程执行、课堂管理、学生学习的有效性进行思考探索，修订了本教材第一版的部分章节，以学生为主的课堂学习模式得以有效实行。

四、结语

本教材主要供高职高专院校的电子商务专业、市场营销专业教学使用。本教材配有教学课件，包括课程整体设计、单元设计（课程大纲、课程标准）、在线开放课程以及与课程对应的40多个案例、微课和相关PPT。您可根据课程需要登录在线开放课程平台下载或向出版社索要。学习本课程之前，学生最好先学习电子商务基础、市场营销学等先修课程，这样课堂管理和执行效果会更加理想。

最后，特别感谢中国人民大学出版社的编辑团队对本教材所做的大量细致的编校工作。

编者

目 录

项目一 网络营销市场研究

任务一　网络营销基础

企业经营管理由传统营销模式转向网络营销模式。企业管理的三大核心为人力资源管理、财务管理、商品生产运作管理。企业经营围绕企业文化和品牌建设，以商品创新、服务和营销推广为中心。本教材围绕企业经营的一种新渠道，根据企业的营销目标，打造有竞争力和优势的商品、服务，提出营销推广方法。营销理论的核心理论 PEST、4P、4C、4R、4I、STP、SWOT、波特五力分析模型、波士顿矩阵分析法等依然是网络营销课程的主要指导理论。

课程设计思路：（1）从生活中的衣、食、住、行出发，研究网络营销市场；（2）分小组建立一个网店；（3）进行营销组合分析与营销方案策划（包括卖什么、怎么进货、如何定价、怎么促销、怎么卖等问题）；（4）网络营销运营与推广的核心内容应用（提升访问量、转化率、客单价的方法应用）；（5）全面管理与数据分析，提升店铺经营效益。课程设计的所有任务都围绕以上五个步骤，促使学生对网络营销基础知识进行系统学习和训练。

课程主要以农村电商发展为学习和训练载体。经过前期市场调研与研究，与同学们一同开启农村电商发展机会之路。课程训练拟进入的默认品类为：食品 / 生鲜。同学们可根据自身资源优势选择实训项目行业，但应经指导老师审核同意。训练载体为基于淘宝平台的 B2C 和 C2C 网络营销模式的真实项目。

学习目标

知识目标：

了解网络和营销的现状及发展趋势；

熟悉网络调研方法；

熟悉网络营销方法；

掌握网络营销企业的岗位设置。

能力目标：

能够应用营销理论分析一个行业的营销环境；

能够注册与认证一个电商平台和支付宝账号。

素质目标：

树立社会主义核心价值观，领会社会主义核心价值观的科学内涵。

任务引入

1. 应用从关联课程“市场调研”“营销策划”中所学的知识，解读中国互联网络信息中心（CNNIC）第 54 次《中国互联网络发展状况统计报告》中关于电子商务发展、网购与电子支付的现状；根据阿里巴巴集团 2023 财务年度报告等相关文献，分析百度、阿里巴巴、腾讯、字节跳动等公司现状与未来发展布局。

2. 撰写一份以 PEST、波特五力分析模型（Michael Porter’s Five Forces Model）为主的网络营销环境与市场分析报告。

3. 以 4 人一组为单位，登录淘宝平台，注册并认证至少一家淘宝网店。

4. 分析一家员工约 30 人的电子商务公司设立的岗位及岗位所对应的职责。

相关知识

网络营销是以现代营销理论为基础，借助网络、通信和数字媒体技术实现营销目标的商务活动。科技进步、顾客价值变革、市场竞争等综合因素促成了网络营销。企业基于互联网所进行的一切营销活动都可以称为网络营销。从营销的角度出发，可以将网络营销定义为：网络营销是建立在互联网基础之上，借助互联网来更有效地满足顾客的需求和愿望，从而实现企业营销目标的一种手段。

网络营销的核心依然是关注企业的营业利润。正常情况下利润和交易额成正比，实训的所有内容都围绕企业主最关心的成交额（交易额）展开。

成交额 = 访问量 × 转化率 × 客单价

本课程所有训练内容都围绕上述公式进行。课程设计思路见图 1-1。

一、市场调研

市场调研是市场调查与市场研究的统称，是指为了提高产品的销售决策质量、解决产品销售中存在的问题、寻找最佳销售机会等而系统地、客观地识别、收集、分析和传播营销信息的工作。企业经营中常采用“先找市场（需求），再找货源（渠道）”的经营思路。

（一）市场调研的功能

市场调研的功能，即通过市场调研可以得到什么结果，主要体现在以下三个方面：

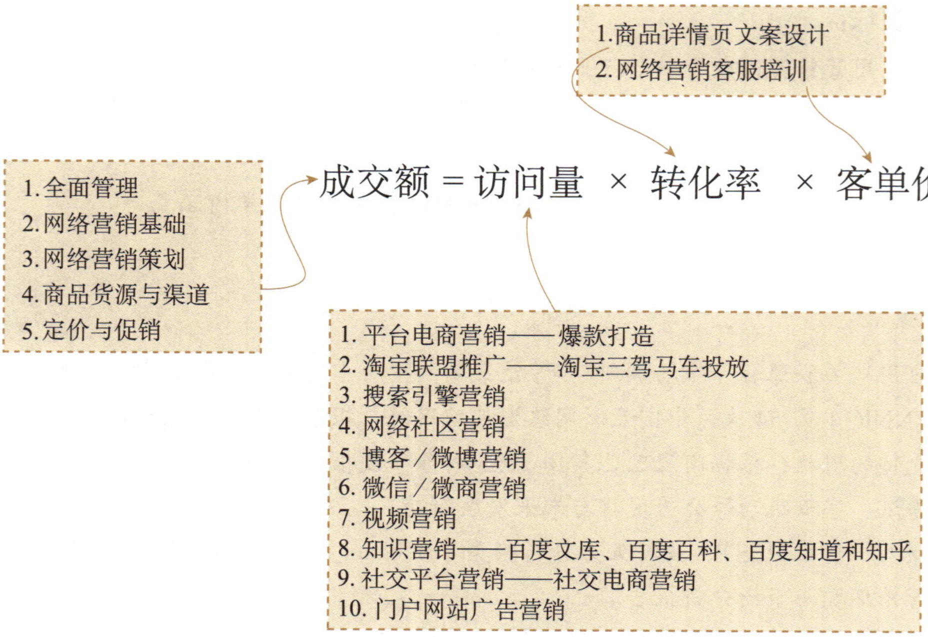

图 1-1　课程设计思路

一是收集并陈述事实。获得市场信息的反馈，可以向决策者提供关于当前市场信息和进行营销活动的线索。

二是解释信息或活动。这是指了解当前市场状况形成的原因和影响因素。

三是预测功能。这是指通过对过去市场信息的了解推测市场可能的发展变化。

（二）市场调研的作用

美国市场营销协会（AMA）认为市场调研的作用包括：（1）寻找和定义市场机会及问题；（2）产生、提炼和评估营销行为；（3）监测市场表现；（4）促使人们把营销作为一个过程来理解。市场研究是实施营销策略、检查经营成果、调整决策方案的工具。

市场调研的作用主要取决于使用者怎么运用调研结果，本书认为其主要在以下五个方面发挥作用。

（1）通过了解和分析现有的市场信息，企业可以避免在制定营销策略时发生错误，有助于营销决策者了解当前营销策略以及营销活动的得失，以做适当的调整。只有实际了解市场情况，企业才能有针对性地制定市场营销策略和经营发展策略。企业管理部门和有关人员针对某些问题进行决策时，如制定产品策略、价格策略、分销策略、广告和促销策略，通常要了解的情况和考虑的问题是多方面的，主要有：本企业产品在什么市场上销售较好、较有发展潜力；在哪个具体的市场上预期可销售数量是多少；如何才能扩大本企业产品的销售量；如何掌握产品的销售价格；如何制定产品价格，才能保证销售和利润；怎样组织产品销售，销售费用是多少；等等。

（2）市场调研能够提供正确的市场信息，有利于企业了解市场可能的变化趋势以及消费者的潜在购买动机和需求，有助于营销者识别最有利可图的市场机会，为企业提供发展契机。市场竞争日益激烈，市场不断发生变化，而促使市场发生变化的原因很多，包括产品、价格、渠道、促销等市场因素和政治、经济、文化、地理等环境因素。这两类因素是相互联系和相互影响的，而且不断地发生变化。企业要适应这种变化，就必须通过广泛的市场调查，及时地了解各种市场因素和环境因素的变化，从而有针对性地采取措施，如调整价格、产品结构、广告等应对市场竞争。对于企业来说，能否及时了解市场变化情况，并适时适当地采取应变措施，是能否取胜的关键。

（3）市场调研有助于企业了解当前相关行业的发展状况和技术经验，为改进经营活动提供信息。当今世界，科技发展迅速，新发明、新创造、新技术和新产品层出不穷、日新月异。这种技术的进步自然会在商品市场上以产品的形式反映出来。通过市场调查，企业可以获得有关市场经济动态和科技发展的信息，获取最新的市场和技术情报，以便更好地学习和汲取同行业的先进经验和最新技术，改进生产技术，提高人员的技术水平和管理水平，从而提高产品的质量，加速产品的更新换代，增强企业的竞争力。

（4）基于整体宣传策略需要，市场调研能够为企业市场地位和产品宣传等提供信息和支持。企业进行产品宣传和推广时，需要了解各种信息的传播渠道和传播机制，以寻找合适的宣传和推广载体、方式，并且制订详细的营销计划。特别是在快速变化的环境下，过去的经验只能减少犯错误的机会，企业更需要实时的信息更新来保证宣传和推广的到位。此外，企业还需要权威机构的市场信息支持，如这些机构在客户认同度、品牌知名度、客户满意度、市场份额等方面为企业提供信息。

（5）通过市场调研所获得的资料，不仅有助于企业了解市场情况，还有助于企业预测市场变化趋势，从而提前制订计划并做出安排，充分利用市场的变化谋求利益。

二、网络营销

（一）网络营销与电子商务的关系

网络营销与电子商务既有区别又有联系：电子商务的核心是电子化交易，强调交易方式和交易全过程的各个环节；网络营销注重以互联网为主要手段的营销活动，主要研究的是交易前的各种宣传和推广以及交易后的售后和二次推广。

认识网络营销

电子商务平台的类型主要有：

（1）B2B（Business to Business），即企业对企业的交易模式，如阿里巴巴、中国制造网等。

（2）B2C（Business to Customer），即商家对个人的交易模式，如亚马逊、天猫、当当网、京东商城等。

（3）C2C（Customer to Customer），即个人对个人的交易模式，如淘宝网店铺等。

（4）O2O（Online to Offline），即从线上到线下的交易模式，在线上消费，在线下享受服务，如美团、58 同城等。

（5）B2B2C（Business to Business to Customer），即品牌商→经销商（店）→消费者的交易模式，如京东商城、亚马逊（跨境电商的海外仓）等。

（二）网络营销的优势

网络营销具有成本控制优势，企业可通过网络营销降低交通费用和通信费用，从而降低销售成本。网络营销还具有创造市场机会、提升服务质量和客户满意度、满足消费者的个性化需求等优势。与传统营销模式相比，网络营销具有以下优势。

（1）传播范围广、速度快、无地域限制、无时间约束、内容详尽、多媒体传送、形象生动、双向交流、反馈迅速，可以有效降低企业营销信息传播的成本。

（2）无店面租金成本，且能实现产品直销功能，能帮助企业减轻库存压力，降低运营成本。

（3）借助互联网，企业可方便、快捷地进入目标市场。网络营销为企业铺设了一条通向国际市场的绿色通道。

（4）交互性和纵深性。不同于传统媒体的信息单向传播，而是信息互动传播。客户可以查询所需产品后在线填写并提交表单信息，厂商可以随时获得客户的反馈信息，这进一步拉近了客户和企业、品牌之间的距离。

（5）推广速度快、更灵活、成本低。在大数据的支持下，网络营销广告制作周期短，即使在较短的周期进行投放，企业也可以根据客户的需求在较短时间内完成营销广告制作。

（6）多维营销。网络营销是多维的，它能将文字、声音和图像有机地组合在一起，传递多感官的信息，让客户身临其境地感受产品或服务。网络营销的载体基本上是多媒体、超文本文件，客户可以对其感兴趣的产品进行更详细的了解，亲身体验产品、服务与品牌。

（7）针对性。通过提供众多的免费服务，网站一般都能建立完整的用户数据库，包括用户的地域分布、年龄、性别、收入、职业、婚姻状况、爱好等。有了这些数据，企业在制订网络销售计划时便更有针对性。

（8）可重复性和可检索性。网络营销可以将文字、声音和图像完美地结合之后供用户主动检索、重复观看。而与之相比，电视广告是让广告受众被动地接受广告内容。

（9）受众关注度高。随着人们生活习惯的变化、智能电子设备的普及，消费者随时随地都能通过智能设备上网。

（10）媒体投放进程缩短。广告主在传统媒体上进行市场推广时一般要经过三个阶段：市场开发期、市场巩固期和市场维持期。而互联网将这三个阶段合并在一次广告投放中实现：消费者看到网络营销广告，点击后获得详细信息，填写用户资料或直接参与广告主的市场活动，甚至直接在网上实施购买行为。

（三）网络营销的功能

网络营销的功能主要有以下七个方面：（1）信息搜索；（2）信息发布；（3）网上调研；（4）开拓销售渠道；（5）建立网络品牌；（6）推广企业网站；（7）实现客户关系管理。

（四）网络消费者的特征

网络消费者主要具有以下四个方面的特征：（1）个性消费的回归；（2）消费的主动性增强；（3）便捷性与购物乐趣并存；（4）回归理性。

（五）网络营销的方法

网络营销的理论基础主要是网络直复营销理论、网络关系营销理论、网络软营销理论和网络整合营销理论。常用的网络营销方法主要有以下几种：

1.网络广告营销

网络营销方法

网络广告营销是指配合企业整体营销战略，发挥网络互动性、及时性、多媒体、跨时空等特征优势，策划吸引客户参与的网络广告形式，选择适当的网络媒体进行网络广告投放。企业通常采用文字、声音、图像、影像、音乐、视频等表达形式在网络媒体上投放网络广告。

2.搜索引擎营销/搜索引擎优化

搜索引擎营销（Search Engine Marketing，SEM）是指通过开通搜索引擎竞价，让用户搜索相关关键词，并点击搜索引擎上的关键词链接进入网站或网页进一步了解其所需要的信息。搜索引擎作为一个数据入口，可以拉近商家与用户的距离。在线客服通过网络平台为用户提供服务或产品咨询，从而实现销售的目的。

搜索引擎优化（Search Engine Optimization，SEO）是指通过对网站结构、三要素描述、高质量的网站主题内容、丰富而有价值的相关性外部链接进行优化，从而使网站对用户及搜索引擎更加友好，以获得在搜索引擎上的优势排名，为网站引入流量。

3.电子邮件营销

电子邮件营销是指企业以订阅的方式将行业及产品信息通过电子邮件的方式提供给所需要的用户，以此建立与用户之间的信任与信赖关系。

4.即时通信营销

即时通信营销是指利用互联网即时通信工具进行推广宣传的营销方法。常见的即时通信软件有腾讯 QQ、微信、阿里旺旺、Skype 等。

5.网络社区营销

网络社区营销是指企业利用论坛（BBS）这种网络交流平台，通过文字、图片、视频等方式发布企业的产品和服务信息，从而让目标客户更加深刻地了解企业的产品和服务，最终达到宣传企业品牌、加深市场认知度的网络营销活动。

6.博客营销

博客营销是指通过博客网站或博客论坛接触博客作者和浏览者，利用博客作者个人的知识、兴趣和生活体验等传播商品信息的营销活动，使用户更加信赖企业，深化品牌影响力。

7.微博营销

微博营销是指通过微博平台为商家、个人等创造价值而采用的一种营销方法，也指商家或个人通过微博平台发现并满足用户的各类需求的商业行为。

8.微信关系营销

微信关系营销是网络经济时代企业营销模式的一种创新，是伴随着微信的火热而兴起的一种网络营销方法。用户注册微信后，通过各种途径添加好友，同时通过微信群和朋友圈与圈内的朋友形成一种联系，推广自己的产品，从而实现点对点的营销。

9.自媒体营销

自媒体营销是指普通大众通过数字科技与全球知识体系相连，然后与他人分享新闻以及身边事件，从而达到营销的目的。自媒体是利用网络发布信息的一种新媒介。自媒体自主交叉互播的特点可以实现信息共享，发布者可以是所有自然人及各种组织。当前，自媒体以微信订阅号和新浪微博为主要载体。

10.软文营销

相对于硬广告而言，软广告是指由企业的市场策划人员或广告公司的文案人员负责撰写的文字广告。与硬广告相比，软广告之所以叫作软文，是因为其通过故事的形式将商品或服务信息于无形中推送给客户。

11.视频营销

视频营销是指以创意视频的方式，将商品信息置入视频短片中，通过各大视频分享网站等传播平台进行推广的营销方法。采用这种营销方法，商品容易被用户记住，不会造成用户群体的排斥，容易为用户所接受。

12.体验式微营销

体验式微营销是指以用户体验为主，以移动互联网为主要沟通平台，配合传统网络媒体及大众媒体，通过有策略、可管理、持续性的 O2O 互动沟通，建立和转化、强化顾客关系，实现客户价值的一系列过程。

13. O2O立体营销

O2O 立体营销是指基于线上、线下全媒体深度整合营销，以提升品牌价值转化为导向，运用移动化信息系统，帮助品牌企业打造全方位渠道的立体营销网络，并根据市场大数据分析，制定一整套完善的多维度立体互动营销模式，从而实现大型品牌企业全面营销效果。对受众进行全视角、立体式营销覆盖，可以帮助企业打造多渠道、多层次、多元化、多维度、全方位的立体营销网络。

14.病毒式营销

病毒式营销是指利用用户口碑相传的原理，用户之间自发进行的一种营销方法。该营销方法利用公众的积极性和人际网络，让营销信息像病毒一样传播和扩散。

此外，企业还可以借助百度社区的百度文库、百度百科、百度知道，知识问答类的知乎，社区分享电商小红书和蘑菇街等进行网络营销。

（六）网络营销调研的方法

网络营销调研方法包括定性调查和定量调查。

定性调查包括小组座谈会、深度访谈、专家意见法、投影技法、观察调查等。

定量调查包括电话调查、神秘顾客、入户访问、拦截访问、邮寄调查、网上调查等。

与传统营销调研相比，企业开展网络营销调研时使用的工具和方式具有差异。相关网络营销调研信息主要来自一手数据和二手资料，包括商品销量、访问量、搜索热度、经营决策支持等方面的数据。企业获取数据的主要途径包括通过第三方咨询公司购买专业服务、使用专业版市场数据分析软件等。个人用户可以从阿里指数、淘宝排行榜、百度指数、Alexa 等获取数据。

三、全渠道营销

全渠道营销是指企业通过多种渠道与消费者互动，整合协同营销方式进行传播，包括网站、实体店、服务终端、目录直邮、呼叫中心、社交媒体、移动设备、电视、上门服务等。企业网络零售全渠道营销体系如图 1–2 所示。

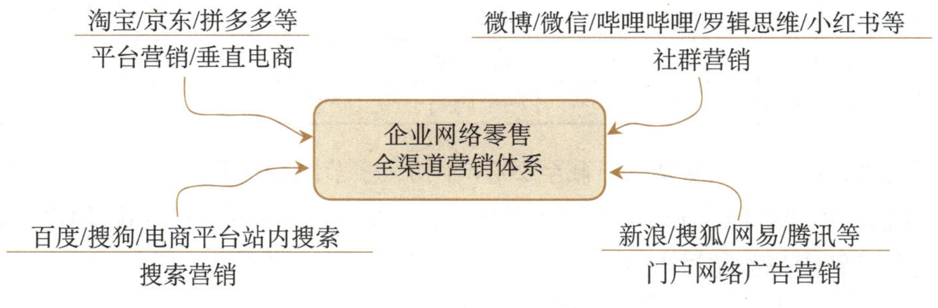

图 1–2　企业网络零售全渠道营销体系

四、本教材网络市场研究对象

2024 年 1 月，网经社电子商务研究中心发布“2023 中国产业电商百强榜”。榜单根据行业分为综合 B2B、钢铁电商、塑化电商、纺服 B2B、印包电商、快消品 B2B、工业品电商、元器件电商、农业 B2B、批发电商、建材家装、其他 B2B 及 B2B 服务商等，共 100 家企业上榜，上榜企业均为各领域的国内领先平台。其中包含 11 家产业电商上市公司和 11 家“独角兽”企业。

由于我们研究的主要市场是以企业营销体系构建为基础的，因此选择以市场占有率和影响力较大的企业（集团）为代表进行市场研究，包括百度、阿里巴巴、腾讯、字节跳动。这四家企业的控股公司、子公司以及关联企业见表 1-1 和表 1-2。

表1-1　百度、阿里巴巴、腾讯的控股公司、子公司以及关联企业

行业 / 领域	百度	阿里巴巴	腾讯
搜索	百度搜索	神马搜索、站内搜索	搜狗搜索
浏览器	百度浏览器	UC 浏览器	QQ 浏览器
应用市场	百度手机助手	豌豆荚、UC 应用市场	应用宝
社交	百度贴吧 / 文库 / 百科 / 知道	新浪微博、陌陌、Tango	微信、QQ、知乎、快手
支付 / 信贷	度小满钱包、宜人贷、借现金	支付宝、Paytm、蚂蚁财富、天弘基金等	财付通（微信支付、QQ 钱包）、微粒贷、微车贷等
保险 / 银行 / 投资	百安保险、百信银行、百度资本	蚂蚁保险、网商银行、阿里资本	众安保险、微众银行、腾讯基金
地图 / 旅游	百度地图、携程、去哪儿	高德地图、飞猪、穷游	腾讯地图、同程旅行、艺龙旅行
出行	易到用车、天天用车、Uber、优信二手车、易车	神州专车	摩拜单车、人人车、易车
外卖 / 团购	—	口碑网、饿了么	大众点评、高朋网、美团
教育	沪江网、百度文库 / 百科 / 知道、作业帮	淘宝教育、浙江湖畔创业研学中心	腾讯课堂、猿辅导、新东方在线
医疗	百度健康、拇指医生、医护网	阿里健康、未来医院、寻医问药网、华康移动医疗	丁香园、好大夫在线、春雨医生、妙手医生
基础云	百度云	阿里云	腾讯云
沟通	如流	钉钉、陌陌	微信、QQ
数字营销	百度网盟	阿里妈妈、淘宝联盟	腾讯广告联盟

字节跳动官网相关数据显示，截至 2024 年初，字节跳动的旗下产品全球月活跃用户数为 23.82 亿，覆盖全球逾 150 多个国家和地区。主要子公司抖音的日活跃用户突破 8 亿，TikTok 的月活跃用户数超过 15 亿。

表1-2　字节跳动控股公司、子公司以及关联企业

业务类型	相关子公司 / 品牌
社交	抖音、TikTok、火山小视频、西瓜视频、快拍、悟空问答、微头条、Live.me、Flipagram、Musical.ly、老友科技
内容	今日头条、快看漫画、华尔街见闻、餐饮老板内参、图虫网、每天读点故事、30 秒懂车、读客、皮皮虾
营销	微聚信息、拓客文化、今日互联科技、灵豹广告、掌象信息
工具	新榜、简图、石墨文档
电商	抖音小店、懂车帝

五、企业网络营销框架设置

网络营销课程教学与实践内容是配合企业经营管理中市场营销部门发展的需要进行操作的。我们把市场营销部细分为以下三个功能部门。

（一）市场研究与管理部

市场研究与管理部的主要工作包括网络营销市场研究、网络营销策划、商品货源与渠道、定价与促销、全面管理。

（二）营销推广部

营销推广部可以分为以下小组：

小组一：淘宝大平台营销，包括爆款打造、淘宝联盟推广。

小组二：基于社交的网络社区营销、微博 / 博客营销、微信 / 微商营销、视频营销、社交平台营销。

小组三：搜索引擎营销、门户网络广告营销、知识营销（百度文库、百度百科、百科知道和知乎）等。

（三）市场管理部

市场管理部的主要工作包括文案详情美工设计、客户服务。

市场营销部的各功能分工具体要根据经营目标、企业规模、拥有资源等进行细分。市场营销部应配合企业的经营管理和发展战略，通过网络信息化技术完成核心的营销工作。

六、电子商务相关法律法规及文件

对于市场信息化发展中存在的问题，国家通过立法工作推进和指引电子商务健康发展。我们在实训中分析与应用网络营销时，必须与国家相关的法律法规及文件紧密结合。

（一）法律及有关法律问题的决定

- 《中华人民共和国民法典》
- 《中华人民共和国电子商务法》
- 《中华人民共和国电子签名法》
- 《中华人民共和国消费者权益保护法》
- 《全国人民代表大会常务委员会关于维护互联网安全的决定》
- 《全国人民代表大会常务委员会关于加强网络信息保护的决定》

（二）司法解释及相关文件

- 《北京市高级人民法院关于审理电子商务侵害知识产权纠纷案件若干问题的解答》

（三）行政法规、法规性文件

- 《互联网信息服务管理办法》

- 《国务院办公厅关于加快电子商务发展的若干意见》
- 《国务院关于促进信息消费扩大内需的若干意见》

（四）部门规章及相关文件

- 《农业部乡镇企业发展中心关于促进外向型乡镇企业开展电子商务的通知》
- 《国家烟草专卖局关于卷烟材料网上交易有关问题的通知》
- 《互联网药品交易服务审批暂行规定》
- 《商务部关于网上交易的指导意见（暂行）》
- 《商务部关于促进电子商务规范发展的意见》
- 《电子商务模式规范》
- 《网络购物服务规范》
- 《电子认证服务管理办法》
- 《商务部关于加快流通领域电子商务发展的意见》
- 《商务部关于促进网络购物健康发展的指导意见》
- 《商务部关于规范网络购物促销行为的通知》
- 《国家发展改革委、商务部、中国人民银行等关于开展国家电子商务示范城市创建工作的指导意见》
- 《第三方电子商务交易平台服务规范》
- 《国家发展改革委办公厅、财政部办公厅、商务部办公厅等关于促进电子商务健康快速发展有关工作的通知》
- 《商务部关于利用电子商务平台开展对外贸易的若干意见》
- 《国家发展改革委办公厅关于组织开展国家电子商务示范城市电子商务试点专项的通知》
- 《网络发票管理办法》
- 《商务部、发展改革委、财政部、人民银行、海关总署等关于实施支持跨境电子商务零售出口有关政策的意见》

（五）地方性法规与地方政府规章及相关文件

- 《上海市促进电子商务发展规定》
- 《深圳市电子商务可信交易环境建设促进若干规定》

（六）网络支付

- 《非银行支付机构网络支付业务管理办法》
- 《电子支付指引（第一号）》

（七）物流配送

- 《中华人民共和国邮政行业标准-快递服务》

- 《快递暂行条例》
- 《海关总署关于进境旅客所携行李物品验放标准有关事宜》
- 《海关总署关于调整进出境个人邮递物品管理措施有关事宜》
- 《快递企业等级评定管理办法（试行）》
- 《快递业务操作指导规范》
- 《国家邮政局、商务部关于促进快递服务与网络零售协同发展的指导意见》
- 《快递市场管理办法》
- 《快递业务经营许可管理办法》

（八）互联网信息相关法律法规

- 《互联网直播服务管理规定》
- 《网络直播营销行为规范》
- 《关于加强网络直播营销活动监管的指导意见》
- 《网络交易监督管理办法》
- 《互联网信息服务管理办法》
- 《互联网新闻信息服务管理规定》
- 《网络信息内容生态治理规定》
- 《互联网新闻信息服务单位内容管理从业人员管理办法》
- 《网络直播营销管理办法（试行）》
- 《互联网用户公众账号信息服务管理规定》

七、课程内容与网络营销岗位设置

附件 1：本课程内容知识点概览

附件 2：电子商务公司各岗位说明书

附件 3：德育素养内容与元素

素养提升

苏醒的东方雄狮，世界共享社会主义核心价值观——富强与自由

菲丽希亚是一位来自德国的女生，2023 年 9 月申请来到上海某大学留学。小时候她很喜欢听奶奶讲 1988 年中国北京之行的往事：记忆中满街的自行车、古朴的四合院、祥和宁静的生活环境。当菲丽希亚乘坐航班抵达上海，踏足中国大地的那一刻开始，她对中国的一切都有了新的认知，街道高楼林立、车水马龙，整齐有序，人们热情好客、生活幸福。

菲丽希亚加入学校的中国戏曲协会，认识了协会里同专业的陈懿学姐。慢慢地她们成了一对好闺蜜。10月的一个周末，菲丽希亚与来自广州的陈懿学姐结伴一起到临近的苏州游玩。她们一起体验了中国复兴号高铁的速度与舒适。她们通过12306预订高铁票，到达目的地后入住通过携程App预订好的酒店。在酒店，她们通过美团订了外卖，全程使用了支付宝，无现金支付。稍做歇息之后，她们搭乘网约车来到拙政园，使用新款的华为手机拍了许多园林的美景，通过WeChat（微信海外版）跟远方的家人分享了快乐。而后，家人通过TikTok将这些美好时刻发布到网上，获得世界各国网友的2 000多个赞、200多条留言、50多次转发。这次短途旅行留给了菲丽希亚更多对于中国美丽景色和热情好客的印象。

菲丽希亚经常会与家人视频沟通，全家对中国的国情和社会发展有了更全面、真实的了解。虽然菲丽希亚远赴中国学习和生活，但是家里人非常安心和支持。菲丽希亚和来自世界各国的同学共同在上海学习和生活，体验着中国的繁荣稳定和社会快速发展。人与人之间互相关怀、深厚的历史文化和现代文明交集、人们安居乐业，使她深深爱上了这片土地，爱上了中国！世界人民共同体验社会主义核心价值观中的富强与自由。

富强，即国富民强，是社会主义现代化国家经济建设的应然状态，是中华民族梦寐以求的美好夙愿，也是国家繁荣昌盛、人民幸福安康的物质基础。

自由是指人的意志自由、存在和发展的自由，是人类社会的美好向往，也是马克思主义追求的社会价值目标。

任务实施

任务实施如表1-3所示。

表1-3　任务实施

步骤	操作要求和说明
一、登录百度	1. 打开接入了互联网的计算机，打开浏览器（默认IE） 2. 登录http://www.baidu.com
二、下载：CNNIC第54次报告；阿里巴巴集团2023财务年度报告	1. 搜索CNNIC第54次报告，找到并下载 2. 搜索阿里巴巴集团2023财务年度报告，找到并下载 3. 下载网络营销（电子商务）发展相关的文献资料
三、撰写报告	根据PEST理论（政治、经济、社会、技术等），撰写一份关于网络营销环境的分析报告（约800字）
四、分析从事电子商务的食品行业公司设立的岗位	1. 参考附件2（电子商务公司各岗位说明书） 2. 登录百度，搜索公司组织结构，分析从事电子商务的公司组织结构 3. 分析食品行业公司（贸易型/工贸一体型）的组织结构和相关岗位
五、分析每个岗位的工作内容和职责	根据小组确定下来的岗位，给每个工作岗位确定工作内容和职责

续表

步骤	操作要求和说明
六、注册淘宝、支付宝账号并认证	1. 登录 http://www.taobao.com，点击注册，根据流程一步步完成资料填写，注册完成后选择卖家中心——免费开店 2. 登录 http://www.alipay.com，点击注册，根据要求完成认证
七、效果评估	文件及相关资料下载的准确性、PEST 分析的完整性、分析报告内容的针对性、公司组织结构、对应的岗位设置、对应的职责和工作内容设置等

评价反馈

评价反馈如表 1-4 所示。

表1-4　评价反馈

评分项目	评分标准	分值	得分
资料下载准确度及相关性	CNNIC 第 54 次报告、阿里巴巴集团 2023 财务年度报告、其他相关资料	30	
PEST 分析及分析报告	PEST 分析框架完整性、分析报告结构及相关内容的行业针对性	30	
企业组织结构、岗位工作内容及职责	企业组织结构分析、企业工作部门及岗位设置、工作职责	20	
注册淘宝、支付宝账号并认证	注册淘宝、支付宝账号并认证	20	
合计		100	

知识拓展

一、经销商与代理商

（一）经销商

经销商是指在某一区域和领域只拥有销售或服务功能的单位或个人。经销商具有独立的经营机构，拥有产品的所有权（买断供货商的产品或服务），获得经营利润，多品种经营，经营活动过程不受或很少受供货商限制，与供货商责权对等。

（二）代理商

代理商代厂家打理生意，而不是买断厂家产品；厂家给予代理商佣金。代理商所代理产品的所有权属于厂家，而不是代理商。因为代理商不是售卖自己的产品，而是代厂家转手卖出去，所以代理商一般是指赚取厂家代理佣金的商业单位。

（三）经销商与代理商的区别

经销商与代理商的区别主要在于是否需要从厂家购买产品，取得产品所有权。经销商从厂家购得产品，取得产品所有权，然后销售，其关系是：厂家（生产企业）→经销商→消费者。代理商是代理厂家销售产品，本身并不购买厂家的产品，也不享有该产品的所有权，所有的产品都是厂家的，产品所有权仍然属于厂家，其关系是：厂家（生产企业）→代理商→消费者。代理商促成交易，即代企业打理生意，并通过销售提取佣金。代理商在销售代理范围内代表委托方收集订单、销售产品并处理销售相关事务。

二、网络营销相关证书与职业标准

（一）互联网营销师证书与职业标准

2021 年 11 月，根据《中华人民共和国劳动法》有关规定，人力资源和社会保障部、中央网信办、国家广播电视总局共同制定了互联网营销师国家职业技能标准。互联网营销师共含有四个工种，分别为选品员、直播销售员、视频创推员、平台管理员。

考证内容：职业道德基本知识、计算机及网络应用知识、营销基础知识、传播内容制作基础知识、产品基础知识、安全基础知识、相关法律法规知识。

职业名称：互联网营销师。

职业编码：4-01-02-07。

职业定义：在数字化信息平台上，运用网络的交互性与传播公信力，对企业产品进行营销推广的人员。

职业技能等级：本职业共设五个等级，分别为：五级 / 初级工、四级 / 中级工、三级 / 高级工、二级 / 技师、一级 / 高级技师。

工种等级：选品员、直播销售员、视频创推员三个工种设五个等级，分别为：五级 / 初级工、四级 / 中级工、三级 / 高级工、二级 / 技师、一级 / 高级技师。平台管理员设三个等级，分别为：五级 / 初级工、四级 / 中级工、三级 / 高级工。

培训参考学时：五级 / 初级工不少于 120 标准学时，四级 / 中级工不少于 104 标准学时，三级 / 高级工不少于 88 标准学时；二级 / 技师、一级 / 高级技师不少于 72 标准学时。

鉴定方式：分为理论知识考试、技能考核以及综合评审。理论知识考试以笔试、机考等方式为主，主要考核从业人员从事本职业应掌握的基本要求和相关知识要求；技能考核主要采用现场操作、模拟操作等方式进行，主要考核从业人员从事本职业应具备的技能水平；综合评审针对技师和高级技师，采取审阅申报材料、答辩等方式进行全面评议和审查。理论知识考试、技能考核和综合评审均实行百分制，成绩皆达 60 分（含）以上者为合格。

（二）电子商务师证书与职业标准

2018 年，人力资源和社会保障部为贯彻落实《国务院关于推行终身职业技能培训制度的意见》(国发〔2018〕11号)提出的“紧跟新技术、新职业发展变化，建立职业分类动态调整机制，加快职业标准开发工作”要求，组织开发了“电子商务师”等39个职业技能标准。

考证内容：职业道德基本知识、网络应用知识、电子商务基础、网络营销基础、物流基础、商品基础、客户服务基础、网上支付知识、电子商务法律法规与安全知识、数据分析基础知识、财务分析及投资方案基础。

职业名称：电子商务师。

职业编码：4-01-02-02。

职业定义：在互联网及现代信息技术平台上，从事商务活动的人员。

职业技能等级：本职业共设五个等级，分别为：五级/初级工、四级/中级工、三级/高级工、二级/技师、一级/高级技师。

工种等级：网商、跨境电子商务师、服务电子商务师三个工种设五个等级，分别为：五级/初级工、四级/中级工、三级/高级工、二级/技师、一级/高级技师。平台管理员设三个等级，分别为：五级/初级工、四级/中级工、三级/高级工。

培训参考学时：五级/初级工80标准学时；四级/中级工60标准学时；三级/高级工60标准学时；二级/技师40标准学时；一级/高级技师40标准学时。

鉴定方式：分为理论知识考试、技能考核以及综合评审。理论知识考试主要采用笔试、机考等方式进行，主要考核从业人员从事本职业应掌握的基本要求和相关知识要求；技能考核主要采用现场操作、模拟操作、机考等方式进行，主要考核从业人员从事本职业应具备的技能水平；综合评审主要针对技师和高级技师，通常采取审阅申报材料、答辩等方式进行全面评议和审查。理论知识考试、技能考核和综合评审均实行百分制，成绩皆达60分(含)以上者为合格。

实训练习

本教材实训载体默认为淘宝网“食品/生鲜”品类，其中包括食品行业(农村电商的农副产品)。学生以4人为一小组，对淘宝网食品行业的营业情况进行调研，应用STP理论分析天猫“新农哥旗舰店”，并撰写分析报告。报告内容应该包含对坚果行业的PEST分析、“新农哥”的SWOT分析、4P分析。

要求：

1. 应用Alexa中国、淘宝网后台的生意参谋、阿里指数、蝉妈妈进行分析；
2. 应用PEST分析食品行业/农副产品(农村电商)；
3. 应用SWOT分析“新农哥旗舰店”；
4. 撰写一份600字左右的分析报告。

附件1：本课程内容知识点概览（见图1-3）

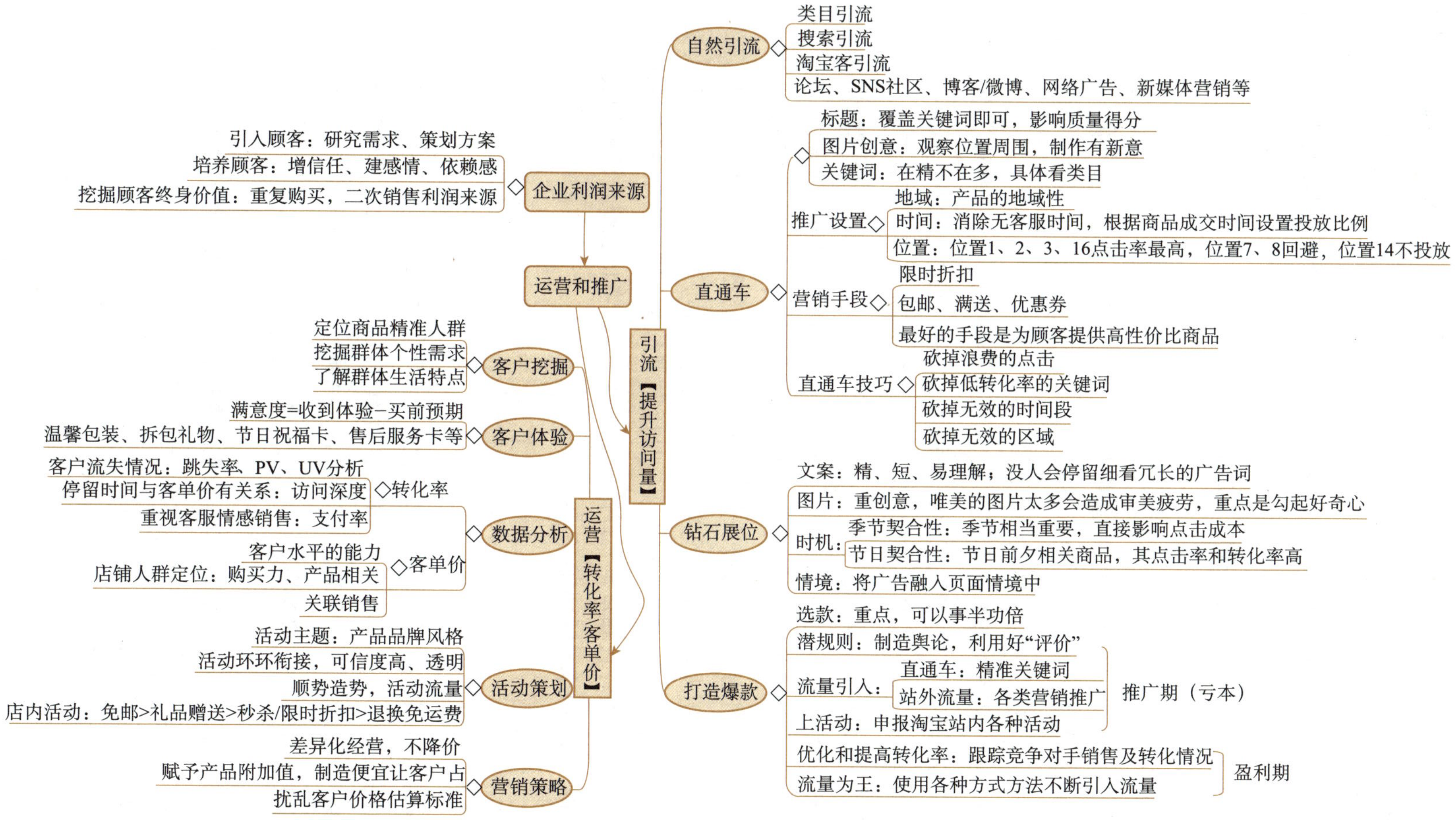

图 1-3　本课程内容知识点概览

附件2：电子商务公司各岗位说明书（见表1–5至表1–10）

表1–5　店长岗位说明书

<table>
<tr><th>岗位名称</th><th>店长</th><th>所在部门</th><th>行政管理部</th><th>直接上级</th><th>市场总监</th><th>直接下级</th><th>店员</th><th rowspan="4">绩效权重</th></tr>
<tr><td colspan="8">工作职责：制定团队目标与计划，并协调各岗位完成目标</td></tr>
<tr><td colspan="2">内部协作</td><td colspan="2">发货部、营销部</td><td colspan="2">外部协作</td><td colspan="2">外部客户</td></tr>
<tr><td colspan="8">职责与工作内容</td></tr>
<tr><td rowspan="4">职责一</td><td colspan="7">制定本店季度目标，并且细分为月、周、日计划</td><td></td></tr>
<tr><td rowspan="3">工作内容</td><td colspan="6">1. 制定月销售目标，并制订月销售计划（计划落实到每周、每天）</td><td>20%</td></tr>
<tr><td colspan="6">2. 针对目标列出实施方案，落实到每周、每天</td><td>5%</td></tr>
<tr><td colspan="6">3. 明确当月目标与计划实施过程中所遇到的问题，提前制定应对策略（如货源、资金周转、其他硬件设施）</td><td>5%</td></tr>
<tr><td rowspan="6">职责二</td><td colspan="7">负责网店整体规划、营销、推广、客户关系管理等系统经营性工作</td><td></td></tr>
<tr><td rowspan="5">工作内容</td><td colspan="6">1. 负责网店日常改版策划、上架、推广、销售、售后服务等经营与管理工作</td><td>5%</td></tr>
<tr><td colspan="6">2. 负责网店日常维护，保证网店的正常运作，优化店铺及商品排名</td><td>5%</td></tr>
<tr><td colspan="6">3. 负责执行与配合公司相关营销活动，策划店铺促销方案</td><td>10%</td></tr>
<tr><td colspan="6">4. 负责收集市场和行业信息，提供有效应对方案</td><td>2%</td></tr>
<tr><td colspan="6">5. 客户关系维护，处理相关客户投诉及纠纷问题</td><td>3%</td></tr>
<tr><td rowspan="5">职责三</td><td colspan="7">负责整个店铺经营状态，协调和管理各岗位人员</td><td></td></tr>
<tr><td rowspan="4">工作内容</td><td colspan="6">1. 每天不定时观察店铺数据，包括量子、直通车、钻石展位的消耗，进行适当的调整并制定对策</td><td>10%</td></tr>
<tr><td colspan="6">2. 监督并指导客服工作</td><td>5%</td></tr>
<tr><td colspan="6">3. 配合并指导美工优化店铺形象，制作广告图</td><td>5%</td></tr>
<tr><td colspan="6">4. 整理和分析快递与发货部的交接问题，提出有效意见并反馈给客服部主管</td><td>5%</td></tr>
<tr><td rowspan="7">职责四</td><td colspan="7">负责老客户关系维护，提升重复购买率</td><td></td></tr>
<tr><td rowspan="6">工作内容</td><td colspan="6">1. 建立老顾客群、帮派、掌柜说等与客户互动的 SNS</td><td>2%</td></tr>
<tr><td colspan="6">2. 整理出不同级别的老顾客，对不同级别的顾客进行相应的维护</td><td>5%</td></tr>
<tr><td colspan="6">3. 整理、分析在客户关系处理中的问题和改善方法，提出有效意见并反馈给客服部主管（可用会员关系管理软件以及表格）</td><td>5%</td></tr>
<tr><td colspan="6">4. 对重要顾客进行不定期的回访</td><td>1%</td></tr>
<tr><td colspan="6">5. 逢营销活动或节日（生日）给老顾客发短信或打电话（表示祝贺）（可用软件或让售前、售后人员去做）</td><td>5%</td></tr>
<tr><td colspan="6">6. 每周统计老顾客同比增长数据并做出调整，提出相应对策</td><td>2%</td></tr>
<tr><td>附加职责</td><td>工作内容</td><td colspan="6">额外加班完成经营目标。没有因为管理不善引发的人员短缺或任务目标不能按时完成的情况</td><td>+20%</td></tr>
<tr><td colspan="8">每个星期随机抽取若干团队主管或店员对店长进行考察并打分，占 75%；月底店长进行自我鉴定，占 25%</td><td>100%
+20%</td></tr>
<tr><td colspan="9">工作时间：自由安排
工资制度：3 500 元（底薪）× 任务完成系数 + 团队绩效分成 + 奖惩</td></tr>
</table>

表1–6　营销部主管岗位说明书

<table>
<tr><th>岗位名称</th><th>营销部主管</th><th>所在部门</th><th>营销部</th><th>直接上级</th><th>店长</th><th>直接下级</th><th>营销部专员</th><th rowspan="4">绩效权重</th></tr>
<tr><td colspan="8">工作职责：完成店长下达的各项营销任务，完成公司各项销售与流量指标</td></tr>
<tr><td colspan="2">内部协作</td><td colspan="2">客服部、技术部</td><td colspan="2">外部协作</td><td colspan="2">渠道</td></tr>
<tr><td colspan="8">职责与工作内容</td></tr>
<tr><td rowspan="8">职责一</td><td colspan="7">网络交易平台 SEO 与营销优化</td><td></td></tr>
<tr><td rowspan="7">工作内容</td><td colspan="6">1. 利用有关软件，对商品关键词进行 SEO 处理</td><td>20%</td></tr>
<tr><td colspan="6">2. 研究消费者的心理需求，优化对应商品描述文案</td><td>5%</td></tr>
<tr><td colspan="6">3. 侦测竞争对手运营情况及市场最新动态，发掘新的商机或商品</td><td>2%</td></tr>
<tr><td colspan="6">4. 研究平台类目及搜索引擎，提炼有用信息，促进店铺经营</td><td>5%</td></tr>
<tr><td colspan="6">5. 利用淘宝箱及网店自带的各种软件，对店铺进行常规优化</td><td>3%</td></tr>
<tr><td colspan="6">6. 研究店铺统计数据，发现潜在问题并及时处理</td><td>3%</td></tr>
<tr><td colspan="6">7. 每星期整理和分析职责一的工作内容，上报给店长</td><td>3%</td></tr>
<tr><td rowspan="6">职责二</td><td colspan="7">网络交易平台内部营销</td><td></td></tr>
<tr><td rowspan="5">工作内容</td><td colspan="6">1. 有价流量的获取（直通车等）的日常优化</td><td>10%</td></tr>
<tr><td colspan="6">2. 淘宝论坛发帖、顶帖，帮派的建立与促销活动的策划与实施</td><td>2%</td></tr>
<tr><td colspan="6">3. 店铺内部活动（增加成交转换率与客单价活动）的策划和实施</td><td>2%</td></tr>
<tr><td colspan="6">4. 交易平台促销活动（增加店铺信誉度及新顾客）的策划和实施</td><td>4%</td></tr>
<tr><td colspan="6">5. 每星期整理和分析职责二的工作内容，上报给店长</td><td>2%</td></tr>
<tr><td rowspan="5">职责三</td><td colspan="7">网络平台外部营销</td><td></td></tr>
<tr><td rowspan="4">工作内容</td><td colspan="6">1. 各大博客、微博的建立与宣传及活动策划和实施</td><td>5%</td></tr>
<tr><td colspan="6">2. 有关行业的门户网站、论坛发帖和顶帖及活动策划和实施</td><td>2%</td></tr>
<tr><td colspan="6">3. 百度贴吧、百度知道等宣传推广活动策划和实施</td><td>10%</td></tr>
<tr><td colspan="6">4. 每星期整理和分析职责三的工作内容，上报给店长</td><td>5%</td></tr>
<tr><td rowspan="5">职责四</td><td colspan="7">与其他岗位的交接管理</td><td></td></tr>
<tr><td rowspan="4">工作内容</td><td colspan="6">1. 积极配合技术部的工作，对技术部所需的素材（商品文案、设计要求等）在不影响自身职务的情况下优化处理</td><td>5%</td></tr>
<tr><td colspan="6">2. 积极配合财务部的工作，对财务部所需的资料（费用细则、活动预算等）在不影响自身职务的情况下优化处理</td><td>5%</td></tr>
<tr><td colspan="6">3. 客服部是最直接面向终端的部门，故要积极向客服部咨询及调查最新的顾客需求及意见，了解市场最新情况</td><td>5%</td></tr>
<tr><td colspan="6">4. 每星期整理和分析职责四的工作内容，上报给店长</td><td>2%</td></tr>
<tr><td>附加职责</td><td>工作内容</td><td colspan="6">根据最新需要与发展，公司会下发一些自愿性的工作任务，可按照兴趣来担任相关职务</td><td>+20%</td></tr>
</table>

续表

<table>
<tr><td>店长根据流量与活动开展质量对营销部主管进行打分，占 75%；月底营销部主管进行自我鉴定，占 25%</td><td>100%
+20%</td></tr>
<tr><td colspan="2">工作时间：不限，在活动参与期间必须出勤
工资制度：底薪 + 利润分配
绩效制度：绩效分数在 65 分以下，绩效系数为 0.5；绩效分数达到 65 分（含 65 分），绩效系数为 1.0；绩效分数达到 80 分（含 80 分），绩效系数为 1.2；绩效分数达到 95 分（含 95 分），绩效系数为 1.5；连续两个月低于 65 分者辞退
知识增值：营销部人员应在平时积极探讨市场营销、网络零售的有关知识</td></tr>
</table>

表1–7　发货部主管岗位说明书

<table>
<tr><th>岗位名称</th><th>发货部主管</th><th>所在部门</th><th>发货部</th><th>直接上级</th><th>店长</th><th>直接下级</th><th>发货部专员</th><th rowspan="4">绩效权重</th></tr>
<tr><td colspan="8">工作职责：完成店长下达的各项仓储及采购、发货任务</td></tr>
<tr><td colspan="2">内部协作</td><td colspan="2">发货部、营销部</td><td colspan="2">外部协作</td><td colspan="2">外部客户</td></tr>
<tr><td colspan="8">职责与工作内容</td></tr>
<tr><td rowspan="5">职责一</td><td colspan="7">商品采购与供应商关系管理</td><td></td></tr>
<tr><td rowspan="4">工作内容</td><td colspan="6">1. 根据订单及仓库的状况及时进行当天商品采购（下午 6 点截止）</td><td>20%</td></tr>
<tr><td colspan="6">2. 积极与不同的供应商联系，搞好关系；密切留意市场情况，获取尽量多的情报</td><td>3%</td></tr>
<tr><td colspan="6">3. 定期整理供应商的资料、名片、宣传单册及联系方式、经营种类</td><td>2%</td></tr>
<tr><td colspan="6">4. 每星期整理采购与供应商关系工作内容，上报给店长</td><td>1.5%</td></tr>
<tr><td rowspan="7">职责二</td><td colspan="7">商品挑选、质检与发货管理</td><td></td></tr>
<tr><td rowspan="6">工作内容</td><td colspan="6">1. 发货前检查商品是否有质量或者损坏等问题，如有一律不予寄出，并及时联系晚班客服告知客人（晚上 8 时—9 时）</td><td>2%</td></tr>
<tr><td colspan="6">2. 遇到因为货物无法采购或者已经断货导致当天不能发出的订单，应联系晚班客服与客户协商退款或者换货（晚上 8 时—9 时）</td><td>2%</td></tr>
<tr><td colspan="6">3. 遇到快递延误或者其他事项导致部分订单或者全部订单不能及时发出，应及时联系晚班客服与客户进行协商（晚上 8 时—9 时）</td><td>2%</td></tr>
<tr><td colspan="6">4. 当天遇到任何问题不能发出的订单，都应在其订单旁标示相应标志并提醒晚班客服注意（晚上 8 时—9 时）</td><td>5%</td></tr>
<tr><td colspan="6">5. 在工作日内及时进行订单的打包处理</td><td>20%</td></tr>
<tr><td colspan="6">6. 定期检查发货部的建设，维护各环节，每星期整理和分析商品挑选、质检、发货流程中的问题，上报给店长</td><td>1.5%</td></tr>
</table>

续表

职责三	商品更新与品类优化管理		
	工作内容	1. 每星期注意观察市场的最新需求、竞争对手、批发市场及客服部的汇报，分析出有竞争力的品类或者商品进行上架更新，商品种类起码 30 种以上，并整理登记，上报给店长	5%
		2. 每星期对性价比不高的商品或滞销商品进行下架处理	3%
		3. 每星期整理上架与下架等的工作内容，上报给店长	1.5%
职责四	网站商品信息维护与各部门的对接管理		
	工作内容	1. 每天留意仓库中的商品和违规的商品，对需要修改属性的商品进行处理，并及时将其重新上架	5%
		2. 及时处理客服部有关商品订单的问题及退款的确认处理（上午 10 时和晚上 8 时）	5%
		3. 每天根据财务部的指引进行有关采购成本、营销收入与支出的统计（上午 11 时）	3%
		4. 及时观察店铺的销售状况，并分析其中有潜力的非人气商品，及时告知营销部对其进行宣传和推广	3%
		5. 每星期整理和分析网站商品与各部门的交接问题，并提出有质量的意见，上报给店长，以文档的形式汇报	1.5%
职责五	反馈与考勤		
	工作内容	1. 每星期把职责一、二、三、四分类别工作情况以文档的形式向店长汇报	4%
		2. 根据客服部联系有效次数及出勤情况进行处理（客服联系无故不回应扣 1 分 / 次，缺席扣 2 分 / 天，有效请假扣 1 分 / 天）	10%
附加职责	工作内容	根据最新需要与发展，公司会下发一些自愿性的工作任务，可按照兴趣来担任相关职务	+20%
店长根据岗位说明书内容逐项评定，占 75%；月底发货部主管进行自我鉴定，占 25%			100% +20%
工作时间：星期一至星期六，上午 11 时到晚上 11 时 工资制度：股权利益分配 绩效制度：绩效分数在 65 分以下，绩效系数为 0.5；绩效分数达到 65 分（含 65 分），绩效系数为 1.0；绩效分数达到 80 分（含 80 分），绩效系数为 1.2；绩效分数达到 95 分（含 95 分），绩效系数为 1.5；连续两个月低于 65 分者辞退			

表1-8　美工部主管岗位说明书

<table>
<tr><th>岗位名称</th><th>美工部主管</th><th>所在部门</th><th>美工部</th><th>直接上级</th><th>店长</th><th>直接下级</th><th>美工部专员</th><th rowspan="4">绩效权重</th></tr>
<tr><td colspan="8">工作职责：拍摄图片，完善已拍的图片，进行优化与平面设计等</td></tr>
<tr><td colspan="2">内部协作</td><td colspan="2">客服部、营销部</td><td colspan="2">外部协作</td><td colspan="2">渠道</td></tr>
<tr><td colspan="8">职责与工作内容</td></tr>
<tr><td rowspan="6">职责一</td><td colspan="7">网站商品图拍摄与商品文案的整合</td><td></td></tr>
<tr><td rowspan="5">工作内容</td><td colspan="6">1. 根据不同商品选择不同的布局、环境，对商品实物进行拍摄</td><td>20%</td></tr>
<tr><td colspan="6">2. 根据不同商品，基于营销部编写的文案，将商品实物图与对应的文案结合，编写具有较强竞争力的商品描述</td><td>20%</td></tr>
<tr><td colspan="6">3. 利用稳定性强的相册对所拍摄图片进行存储管理，做好相应的备份</td><td>3%</td></tr>
<tr><td colspan="6">4. 根据需要对商品图片进行一定的美化或者特效处理（如统一写好“促销”“新品上架”“清仓特卖”等字样，并附上水印）</td><td>2%</td></tr>
<tr><td colspan="6">5. 每星期整理和分析职责一的工作内容，上报给店长</td><td>1.5%</td></tr>
<tr><td rowspan="5">职责二</td><td colspan="7">网站 VI 设计与印刷</td><td></td></tr>
<tr><td rowspan="4">工作内容</td><td colspan="6">1. 设计网站的名片、传单、海报等对外宣传用具</td><td>5%</td></tr>
<tr><td colspan="6">2. 设计网站活动的宣传推广图片</td><td>5%</td></tr>
<tr><td colspan="6">3. 负责网站宣传用品的印刷和购置</td><td>5%</td></tr>
<tr><td colspan="6">4. 每星期整理和分析职责二的工作内容，上报给店长</td><td>1.5%</td></tr>
<tr><td rowspan="4">职责三</td><td colspan="7">网站各种页面和构件的设计与装修</td><td></td></tr>
<tr><td rowspan="3">工作内容</td><td colspan="6">1. 综合参考营销部的调研数据与自身设计理念，对网站各种页面和构建要表达的效果进行分析和描述</td><td>3%</td></tr>
<tr><td colspan="6">2. 根据分析结果，利用淘宝软件或聘请专业网页设计师进行制作并调试，最后对效果进行监督和测试</td><td>7%</td></tr>
<tr><td colspan="6">3. 每星期整理和分析职责三的工作内容，上报给店长</td><td>1.5%</td></tr>
<tr><td rowspan="4">职责四</td><td colspan="7">网站各类活动的气氛营造和布置等工作（校园活动现场布置、体验店装修布置）</td><td></td></tr>
<tr><td rowspan="3">工作内容</td><td colspan="6">1. 协助校园推广团队进行校园活动现场的设计与布置</td><td>5%</td></tr>
<tr><td colspan="6">2.综合体验点负责人与网站的利益要求，装修体验点（房间装饰、摆放效果、灯光投射等）</td><td>5%</td></tr>
<tr><td colspan="6">3. 每星期整理和分析职责四的工作内容，上报给店长</td><td>1.5%</td></tr>
<tr><td rowspan="3">职责五</td><td colspan="7">反馈与考勤</td><td></td></tr>
<tr><td rowspan="2">工作内容</td><td colspan="6">1. 每星期把职责一、二、三、四分类别工作情况以文档的形式向店长汇报</td><td>4%</td></tr>
<tr><td colspan="6">2. 美工部工作不受时间的限制，但部门内部会议要进行考勤（迟到早退扣 2 分 / 次，有效请假扣 1 分 / 次）</td><td>10%</td></tr>
<tr><td>附加职责</td><td>工作内容</td><td colspan="6">根据最新需要与发展，公司会下发一些自愿性的工作任务，可按照兴趣来担任相关职务</td><td>+20%</td></tr>
</table>

续表

<table>
<tr><td>店长根据岗位说明书逐一进行打分，占 75%；月底美工部主管进行自我鉴定，占 25%</td><td>100%
+20%</td></tr>
<tr><td colspan="2">工作时间：不限，在活动参与期间必须出勤
工资制度：利润分配
绩效制度：绩效分数在 65 分以下，绩效系数为 0.5；绩效分数达到 65 分（含 65 分），绩效系数为 1.0；绩效分数达到 80 分（含 80 分），绩效系数为 1.2；绩效分数达到 95 分（含 95 分），绩效系数为 1.5；连续两个月低于 65 分者辞退
知识增值：美工部人员应在平时积极探讨网络零售、商品摄影等有关知识</td></tr>
</table>

表1-9　财务部主管岗位说明书

<table>
<tr><th>岗位名称</th><th>财务部主管</th><th>所在部门</th><th>财务部</th><th>直接上级</th><th>店长</th><th>直接下级</th><th>财务部专员</th><th rowspan="4">绩效权重</th></tr>
<tr><td colspan="8">工作职责：整理公司财务数据，对日常收入、支出等有关财务资料进行记录</td></tr>
<tr><td colspan="2">内部协作</td><td colspan="2">各大部门</td><td colspan="2">外部协作</td><td colspan="2">无</td></tr>
<tr><td colspan="8">职责与工作内容</td></tr>
<tr><td rowspan="5">职责一</td><td colspan="7">网站日常经营记录及报表整理</td><td></td></tr>
<tr><td rowspan="4">工作内容</td><td colspan="6">1. 在特定的地方记录网站的收入与支出，编制每天的财务报表</td><td>10%</td></tr>
<tr><td colspan="6">2. 根据每天的财务报表编制月报、季报、年报</td><td>10%</td></tr>
<tr><td colspan="6">3. 定期编制资产负债表、现金流量表，以数据为网站梳理总的运营情况，及时向股东反映实际情况</td><td>5%</td></tr>
<tr><td colspan="6">4. 整理和分析职责一的工作内容，并向店长汇报</td><td>2%</td></tr>
<tr><td rowspan="4">职责二</td><td colspan="7">网站活动预算审批及涉外经济合同修订</td><td></td></tr>
<tr><td rowspan="3">工作内容</td><td colspan="6">1. 根据各大部门活动需要编写活动预算表并审核</td><td>10%</td></tr>
<tr><td colspan="6">2. 为网站修订各类经济合同，根据网站实际情况给出专业的财务意见</td><td>10%</td></tr>
<tr><td colspan="6">3. 整理和分析职责二的工作内容，并向店长汇报</td><td>2%</td></tr>
<tr><td rowspan="5">职责三</td><td colspan="7">网站采购财务记录事项及工资利润分配管理</td><td></td></tr>
<tr><td rowspan="4">工作内容</td><td colspan="6">1. 根据各大部门需要为其统一购买所需用品</td><td>5%</td></tr>
<tr><td colspan="6">2. 对于各大部门自行购买的用品应及时向其主管咨询并记录所花费用</td><td>5%</td></tr>
<tr><td colspan="6">3. 每月对客服部专员发放工资，每月留存利润按股份比例对股东进行分配</td><td>8%</td></tr>
<tr><td colspan="6">4. 整理和分析职责三的工作内容，并向店长汇报</td><td>2%</td></tr>
</table>

续表

职责四	对网站各部门的财务进行监督		
	工作内容	1. 对于发货部，监督其进货与发货资金运用，有异常情况向店长汇报	5%
		2. 对于营销部，监督其活动资金落实，有异常情况向店长汇报	5%
		3. 对于客服部，监督其备用金的管理和使用，有异常情况向店长汇报	5%
		4. 整理和分析职责四的工作内容，并向店长汇报	2%
职责五	反馈与考勤		
	工作内容	1. 每星期把职责一、二、三、四分类别工作情况以文档的形式向店长汇报	4%
		2. 财务部工作不受时间的限制，但部门内部会议要进行考勤（迟到早退扣 2 分 / 次，有效请假扣 1 分 / 次）	10%
附加职责	工作内容	根据最新需要与发展，公司会下发一些自愿性的工作任务，可按照兴趣来担任相关职务	+20%
店长根据岗位说明书逐一进行打分，占 75%；月底财务部主管进行自我鉴定，占 25%			100% +20%
工作时间：不限 工资制度：股权利益分配 绩效制度：绩效分数在 65 分以下，绩效系数为 0.5；绩效分数达到 65 分（含 65 分），绩效系数为 1.0；绩效分数达到 80 分（含 80 分），绩效系数为 1.2；绩效分数达到 95 分（含 95 分），绩效系数为 1.5；连续两个月低于 65 分者辞退			

表1–10　客服专员岗位说明书

岗位名称	客服专员	所在部门	客服部	直接上级	客服部主管	直接下级	无	绩效权重
工作职责：完成客服部主管下达的各项客户服务任务，为客户提供满意的售前、售后服务								
内部协作		发货部、营销部		外部协作		外部客户		
职责与工作内容								
职责一	处理网站客人购前咨询，引导其完成交易							
	工作内容	1. 严格按照售前流程表引导客人完成咨询购买内容（介绍内容：5%，地址确认：5%，评价提醒：5%）						15%
		2. 对于咨询购买的客人，接手客服帮其查询快递事项；对于没有咨询自动购买的客人，以值班时间为准帮其查询，并备注说明						10%
		3. 整理和分析交易过程中发现的商品问题（如与描述不符、邮费设置、图片有误等）并反馈给客服部主管						1.5%

续表

<table>
<tr><td rowspan="6">职责二</td><td colspan="2">实行客人问责制，处理网站客人有关售后的问题</td><td></td></tr>
<tr><td rowspan="5">工作内容</td><td>1. 严格按照售后解决准则表处理售后相关问题</td><td>10%</td></tr>
<tr><td>2. 及时查看评价管理，遇到不良评价，在两个工作日内做出相应处理</td><td>15%</td></tr>
<tr><td>3. 将售后问题统一记录在特定的位置，并及时告知发货部处理问题</td><td>5%</td></tr>
<tr><td>4. 遇到需要处理的有问题的单子，根据发货部的回复及客人的要求，及时进行备注的再记录</td><td>5%</td></tr>
<tr><td>5. 定期检查服务网点的规划、建设、维护各环节，整理和分析售后服务过程中反馈的数据和信息，及时反馈给客服部主管，保证售后服务质量</td><td>1.5%</td></tr>
<tr><td rowspan="5">职责三</td><td colspan="2">疑难快递处理及发货部对接关系处理</td><td></td></tr>
<tr><td rowspan="4">工作内容</td><td>1. 早班客服每天处理疑难快递（下载快递软件查看及打电话沟通）</td><td>5%</td></tr>
<tr><td>2. 晚班客服每天协助发货部解决当天发货有关问题（晚上 7 时左右）</td><td>5%</td></tr>
<tr><td>3. 遇到任何不能解决的问题，应及时使用通信工具（QQ、阿里旺旺、手机、固定电话等）联系发货部来解决，并及时联系发货部了解问题是否处理完毕，直到处理好为止</td><td>5%</td></tr>
<tr><td>4. 整理和分析快递与发货部的交接问题，提出有效意见并反馈给客服部主管</td><td>1.5%</td></tr>
<tr><td rowspan="4">职责四</td><td colspan="2">客户关系处理</td><td></td></tr>
<tr><td rowspan="3">工作内容</td><td>1. 将已经购买的客人加入微信群、QQ 群、阿里旺旺群</td><td>3%</td></tr>
<tr><td>2. 根据网店内容定期发送促销消息给老客户，并以值班时间为准，对群内客人咨询做出处理</td><td>2%</td></tr>
<tr><td>3. 整理和分析在客户关系处理中的问题和改善方法，提出有效意见并反馈给客服部主管</td><td>1.5%</td></tr>
<tr><td rowspan="3">职责五</td><td colspan="2">反馈与考勤</td><td></td></tr>
<tr><td rowspan="2">工作内容</td><td>1. 每星期把职责一、二、三、四分类别工作情况以文档的形式向客服部主管汇报</td><td>4%</td></tr>
<tr><td>2. 根据出勤情况、请假次数确定考勤分数（迟到早退扣 2 分 / 次，有效请假扣 1 分 / 天）</td><td>10%</td></tr>
<tr><td>附加职责</td><td>工作内容</td><td>根据最新需要与发展，公司会下达一些自愿性的工作任务，可按照兴趣来担任相关职务</td><td>+20%</td></tr>
<tr><td colspan="3">客服部主管每个星期会随机抽取若干客服专员进行考察打分，占 75%；月底客服专员进行自我鉴定，占 25%</td><td>100%
+20%</td></tr>
<tr><td colspan="4">工作时间及轮班制度：上午 9 时 30 分到晚上 12 时。其中：早班从上午 9 时 30 分到下午 4 时 30 分；晚班从下午 4 时 30 分到晚上 12 时。客服小冰星期一、三、五上早班，星期二、四、六上晚班；客服小焦星期一、三、五、日上晚班，二、四上早班
工资制度：500 元（底薪）× 绩效系数 + 销售提成 2%+ 中评修改个数 ×10 元 + 差评修改个数 ×20 元 + 奖惩
绩效制度：绩效分数在 65 分以下，绩效系数为 0.5；绩效分数达到 65 分（含 65 分），绩效系数为 1.0；绩效分数达到 80 分（含 80 分），绩效系数为 1.2；绩效分数达到 95 分（含 95 分），绩效系数为 1.5；连续两个月低于 65 分者辞退</td></tr>
</table>

附件3：德育素养内容与元素

大学生是国家和社会发展的栋梁，德智体美劳全面发展是对大学生的基本要求之一。热爱祖国是青年立身之本、成才之基，学习德育素养内容对大学生的成长是有益的。对国家了解得越多，越能感受到治国理政的复杂性与难度所在。大学生不仅要看事物的表面，还要看到事物的本质，看到事物间的联系。德育素养内容（见表 1-11）的学习与思考有助于大学生树立正确的态度。

表1–11　课程德育素养内容元素表

<table>
<tr><th>德育素养内容</th><th colspan="5">元素</th></tr>
<tr><td>推进习近平新时代中国特色社会主义思想进教材进课堂</td><td colspan="5">坚持不懈用习近平新时代中国特色社会主义思想铸魂育人，引导学生了解世情国情党情民情，增强对党的创新理论的政治认同、思想认同、情感认同，坚定中国特色社会主义道路自信、理论自信、制度自信、文化自信</td></tr>
<tr><td>培育和践行社会主义核心价值观</td><td colspan="5">教育引导学生把国家、社会、公民的价值要求融为一体，提高个人的爱国、敬业、诚信、友善修养，自觉把小我融入大我，不断追求国家的富强、民主、文明、和谐和社会的自由、平等、公正、法治，将社会主义核心价值观内化为精神追求、外化为自觉行动</td></tr>
<tr><td>加强中华优秀传统文化教育</td><td colspan="5">教育引导大学生深刻理解中华优秀传统文化中讲仁爱、重民本、守诚信、崇正义、尚和合、求大同的思想精华和时代价值，教育引导大学生传承中华文脉，富有中国心、饱含中国情、充满中国味</td></tr>
<tr><td>深入开展宪法法治教育</td><td colspan="5">教育引导大学生学思践悟习近平全面依法治国新理念新思想新战略，牢固树立法治观念，坚定走中国特色社会主义法治道路的理想和信念，深化对法治理念、法治原则、重要法律概念的认知，提高运用法治思维和法治方式维护自身权利、参与社会公共事务、化解矛盾纠纷的意识和能力</td></tr>
<tr><td>深化职业理想和职业道德教育</td><td colspan="5">教育引导大学生深刻理解并自觉实践各行业的职业精神和职业规范，增强职业责任感，培养遵纪守法、爱岗敬业、无私奉献、诚实守信、公道办事、开拓创新的职业品格和行为习惯</td></tr>
<tr><td rowspan="3">管理专业群</td><td colspan="5">专业群特色：5 个维度、20 个德育素养</td></tr>
<tr><td>链通</td><td>天下</td><td>信</td><td>韧</td><td>佳</td></tr>
<tr><td>和谐共生
合作共赢
利益共生
风险共担</td><td>国际视野
家国同构
开放包容
兼收并蓄</td><td>诚信服务
自信独立
讲信修睦
守信遵章</td><td>柔韧有为
敢为人先
坚忍不拔
弘毅致远</td><td>精益求精
开拓进取
守正创新
追求卓越</td></tr>
</table>

任务二 网络营销策划

“凡事预则立，不预则废。”营销策划是根据企业的营销目标，以满足消费者需求和欲望为核心，设计和规划企业产品、服务、价格、渠道、促销，从而实现个人和组织的交换目的的过程。网络营销策划是应用互联网的信息化手段，在传统的营销策划方法上加以升级优化。

营销策划是为了改变企业现状，完成营销目标，借助科学方法与创新思维，立足于企业现有营销状况，对企业未来的营销发展做出战略性的决策和指导，带有前瞻性、全局性、创新性、系统性。

营销策划适合任何一种产品或服务，它要求企业根据市场环境变化和自身资源状况做出相应的规划，从而提高产品或服务的销售额，获取利润。营销策划的内容包含市场细分、产品创新、营销战略设计、营销组合等方面。

学生在学习本任务内容的过程中，由于缺乏相关理论基础知识的支撑，因此可根据教学实际情况的需要，将本任务调整到任务十四进行训练。

学习目标

知识目标：

熟悉网络营销策划的内容；

掌握网络营销策划的方法与流程。

能力目标：

能够根据网络营销目标制定营销策划方案。

素质目标：

树立社会主义核心价值观，深刻领会“爱国”价值观的科学内涵。

任务引入

以企业、组织、团队设置的整体经济效益为出发点，为店铺制定一整套切实可行的营销策划方案；以提升市场占有率、品牌知名度和经济效益为目标，提升网络营销的整体销售额、利润、行业竞争力。

相关知识

“策”是指计策、谋略，“划”是指计划、安排，连起来就是有计划地实施谋略。策划是一种需要组织者因时、因地制宜，集天时、地利、人和，整合各种资源而进行的安排周密的活动。

网络营销作为企业传统营销渠道的补充，是创业者用以创业创新的工具。这里涉及的营销策划主要分为新项目的营销策划和现有项目的营销推广策划两大类。管理者通过企业的预期或设立的目标，制定相应可行的营销策划方案，有计划地分解任务并完成预设目标。这里的营销策划重点是项目的推广等营销活动而非商业计划书。

经营管理者可以通过制定完整可行、具有竞争力的营销策划方案来提升网络营销经营过程中的市场竞争力，从而达到提升企业的销售额、市场占有率、客户满意度等营销目标。

一、网络营销策划的构成及基本原则

（一）网络营销策划的构成

网络营销策划一般涉及两个组成部分，即现有营销环境的分析和营销策略的设计，这两部分是相辅相成、缺一不可的。现有营销环境的分析是为制定企业营销策略所做的基础分析，只有对现有营销环境进行准确、深入的分析，企业才能了解其营销现状的机遇和挑战，了解要采取何种营销策略来实现营销的目标。营销策略是网络营销策划的主体，它包括产品或服务以及从创意、制造、分销到售后服务的各个环节，也涉及营销活动的产品策略、定价策略、分销策略和促销策略。

（二）网络营销策划的基本原则

网络营销策划是企业在特定的网络营销环境和条件下，为达到一定的营销目标而制定的综合性、具体性的网络营销策略和活动计划。网络营销策划的基本原则有以下几个：

网络营销
策划原则

1.系统性原则

网络营销是以网络为工具的系统性的企业经营活动，它是在网络环境下对市场营销的信息流、商流、制造流、物流、资金流和服务流进行管理。因此，网络营销策划是一项复杂的系统工程。策划人员必须以系统论为指导，对企业网络营销活动的各种要素进行整合和优化，使“六流”皆备、相得益彰。

2.创新性原则

网络为顾客对不同企业的产品或服务所带来的效用和价值进行比较带来了极大的便

利。在个性化消费需求日益明显的网络营销环境中，企业通过创新来创造与顾客的个性化需求相适应的产品特色和服务特色，这是提高效用和价值的关键。创新带来特色，特色不仅意味着与众不同，而且意味着额外的价值。企业应在顾客需求和竞争者动向的基础上，创造增加顾客价值和效用、受顾客欢迎的产品特色或服务特色。

3.操作性原则

网络营销策划的第一个结果是形成网络营销策划方案。网络营销策划方案必须具有可操作性，否则毫无价值可言。这种可操作性表现为在网络营销策划方案中，策划人员根据企业网络营销的目标和环境条件，就企业在未来的网络营销活动中做什么、何时做、何地做、何人做、如何做的问题进行周密的部署、详细的阐述和具体的安排。网络营销方案是一系列具体的、明确的、直接的、相互联系的行动计划的指令，企业的每一个部门、每一位员工都能明确自己的目标、任务、责任以及完成任务的途径和方法，并懂得如何与其他部门或员工协作。

4.经济性原则

网络营销策划目标与提纲

网络营销策划必须以经济效益为核心。网络营销策划不仅本身消耗一定的资源，而且通过网络营销策划方案的实施，改变企业经营资源的配置状态和利用效率。网络营销策划的经济效率是策划所带来的经济收益与策划方案实施成本之间的比率。成功的网络营销策划，即企业在网络营销策划方案实施成本既定的情况下取得最大的经济效益，或花费最小的网络营销策划方案实施成本取得目标经济收益。

二、网络营销策划的目标与提纲

（一）网络营销策划的目标

网络营销策划的第一步是找出企业在这一时期的网络营销目标。目标设置主要涉及五类：销售目标、增强服务目标、品牌型网络营销目标、提升型网络营销目标以及混合型网络营销目标。

确定目标之后，企业就要考虑为达到目标需采取的网络营销战略和战术。网络营销战略的重点包括：顾客关系的再造，即网络营销能否成功的关键是如何跨越地域、文化和时空差距再造顾客关系；发掘顾客、吸引顾客、留住顾客，了解顾客的愿望以及利用个人互动服务与顾客维持关系，即企业如何建立并巩固自己的顾客网络；定制化营销，即利用网络优势，一对一地向顾客提供独特化、个性化的产品或服务；寻找企业的网上营销伙伴，运用网络组成合作联盟，并以网络合作伙伴所形成的资源规模创造竞争优势，将企业自己的网站与他人的网站关联起来，以吸引更多的网络顾客。企业通过各种营销推广策略的有效推广，可以使顾客更便捷地了解、接触和体验企业的产品或服务。

当企业管理者对网络营销的目标和战略有了一定的认识时，预先做好网络营销管理设置是保证企业营销效果的关键。这部分包括网络营销管理模型的选择和量化指标的确定、网络营销策划管理部门的设置和财务预算、反馈信息的管理。

（二）网络营销策划的提纲

网络营销策划的提纲主要包括以下内容：

（1）整体分析：背景与意义、营销目标、市场特征、行业分析、竞争对手分析、消费趋势、消费者行为、偏好、销售状况等。

（2）产品（公司）SWOT 分析：优势、劣势、机会、威胁。

（3）环境 PEST 分析：政治、经济、社会、科技。

（4）营销战略规划：市场引爆点、市场布局、主导操作思路、运作模式、市场进入与运作思路及设计。

（5）营销战术规划：产品策略、产品定位与细分、渠道选择、渠道拓展顺序、渠道规划、渠道占比、渠道销售量预测分析、上市时间计划。

（6）促销思路概要及促销与推广方案：上市渠道促销计划、上市终端消费者促销计划、上市终端推广计划、媒介促销安排、后期促销跟进计划。

（7）费用预算与监控。

三、营销策划实施

网络营销实施

营销策划实施是指营销策划方案的组织、指挥、控制与协调活动，是把营销策划方案转化为具体行动的过程。企业营销管理部门必须根据营销策划方案的要求，分配企业的人、财、物等各种营销资源，处理好企业内外部的各种关系，加强领导与激励，提高执行力，将营销策划的内容落到实处。

（一）营销策划实施的主要内容

营销策划实施的主要内容有营销策划的组织、领导和监控。

1.营销策划的组织

营销策划的组织就是组建有效的营销组织机构和落实责任人。企业的营销策划方案要靠人实施，因此，企业应在实施前组建有效的营销组织机构并将责任落实到人。对于营销组织机构和人员的落实，企业可以通过组编、调配各职能机构的人员和制定相应的规章制度来实现，确定每个职位的职权范围、职责及相互关系，以便各司其职、各负其责，使企业高效运转。

2.营销策划的领导

营销策划的领导就是企业的营销管理者通过指挥、激励、协调、沟通等机制，确保营销策划方案付诸实施的管理活动。

（1）指挥是指使用命令、沟通、请求或说服等方式发出指令，使某人做某事。营销管理者不仅要发出指令，还必须为执行者实施有关的政策和决策创造条件，并进行后续跟踪检查，以保证计划得到执行。营销管理者下达的命令或指导性意见应该清楚、明确，不至于引起误解，同时应该完整、可行。

（2）激励是指营销管理者对其员工激发和鼓励、调动其热情和积极性的行为。从心理学的角度看，激励是通过外部的某种刺激，激发人的内在动机，形成动力，从而增强或减弱人干某件事的意志和行为。激励包括奖励的正向激励、惩罚的负向激励。

（3）协调是指营销管理者在营销过程中，针对企业内外部出现的矛盾和问题进行调解从而解决问题。营销策划方案的实施涉及企业的各个部门以及企业外相关群体的利益。如果处理不好这些关系，企业的营销策划就难以实施。营销管理者在出现矛盾和问题时，必须协调企业内外部的关系，妥善解决矛盾和问题。

（4）沟通是指营销管理者通过向其员工、其他部门或企业最高决策层传达感受、意见和决定，对员工、其他部门或企业最高决策层施加影响。而企业员工、其他部门或最高决策层也只有通过沟通，才能使营销管理者正确评估自己的领导活动，并使营销管理者及时发现营销过程中存在的问题。另外，沟通还有利于营销管理者与员工、其他部门或企业最高决策层互通信息、联络感情、增强凝聚力、鼓舞士气，从而提高营销效率。

3.营销策划的监控

由于很多问题会阻碍营销策划方案的实施，因此，营销策划方案并不是总能够实施并完成。企业市场营销活动中常见的问题包括计划脱离实际、营销执行力较差和企业各层次的责任不明确。

（1）计划脱离实际。这是指企业营销策划人员在制订营销计划时，没有从客观实际出发，使制订出来的营销计划不可行、脱离实际，如营销计划的指标偏高，使制订出来的计划失去客观基础，或者计划的前提条件脱离企业的实际，又或者长期计划与短期计划相脱节。一旦这些情况发生，营销策划人员必须调整计划。

（2）营销执行力较差。企业内部的信息沟通存在问题，或者企业人员的素质不高，抑或员工的积极性没有得到充分的发挥，这些都会使计划不能得到有效的贯彻和执行。

（3）企业各层次的责任不明确。在营销计划的制订和执行过程中，企业内部各个层次的管理人员担负着不同的责任：企业的高层管理者要制定正确的政策和制度，为企业的营销活动提供正确的思想观念；企业营销部门的管理者要根据企业的总体计划和基本指导思想，制订科学的营销活动计划，并协调基层营销管理人员的工作，发挥其积极性，保证营销计划的贯彻执行；基层营销管理人员（如促销部经理）要根据企业整体的营销活动计划，制订本职能部门的营销活动计划，协调企业内外部各种关系，调动营销人员的工作积极性，使企业的营销计划得到贯彻和实施。

（二）营销策划实施的步骤

营销策划实施包括六个步骤：环境及市场分析、目标设定、战略制定、战术制定、预算编制和项目控制。

1.环境及市场分析

企业首先要明确所处的宏观环境和微观环境，并对宏观环境进行 PEST（政治、经济、社会、科技）分析。同时，企业应掌握微观经营环境中的竞争者、分销商、供应商、消费者信息，应用 SWOT（优势、劣势、机会、威胁）分析技术，避开威胁，利用自身的优势来发掘市场机会。

2.目标设定

企业要做出自身的 STP 分析（市场细分、目标市场选择、市场定位），并将环境和市场分析中确认的机会进行排序，然后基于排序，定义目标市场，设立目标，拟订完成时间表。企业还需要为利益相关者、企业的声誉、技术等有关方面设立目标。

3.战略制定

任何目标都有许多达成途径，战略的任务就是选择最有效的行动方式来完成目标。常见的战略包括扩张型战略（新产品战略、新市场战略、多元化战略、纵向 / 横向一体化战略）、紧缩型战略（紧缩战略、撤退战略）、维稳型战略。

4.战术制定

战术是战略充分展开后的细节。战术是指为达到战略目标所采取的具体行动。营销战术是指企业在决定了目标市场、市场定位后，对企业可以控制的营销手段进行的组合或策划。

5.预算编制

预算是指企业为达到其目标而计划的行为和活动所需要的成本。预算编制是指预算收支计划的拟订、确定及其组织过程。企业应根据自身经营目标科学、合理地编制预算。

6.项目控制

企业必须设立检查时间和措施，及时查看计划完成情况。如果计划进度滞后，企业必须更正目标、战略或者采取措施来纠正这种局面。

四、经营预算控制、营销策划控制与测评

（一）经营预算控制

经营预算控制是指企业日常发生的各项经营活动的预算控制。它主要包括销售预算控制、生产预算控制、直接材料采购预算控制、直接人工预算控制、制造费用预算控制、单位生产成本预算控制、推销及管理费用预算控制等。

营销策划书的预算部分一般包括以下内容：

（1）实施营销预算会产生哪几方面的费用；

（2）实施营销预算的总费用大约是多少；

（3）人的费用、物的费用、销售费用、管理费用分别是多少；

（4）费用预算的依据和核算弹性说明。

（二）营销策划控制

营销策划控制是指市场营销管理者为了监督与考核企业营销活动过程的每一个环节，确保其按照企业预期目标运行而实施的一套规范化约束行为的工作程序或工作制度。

为了控制策划项目的有效执行，企业需要制定营销策划控制流程，主要包括以下三步：

（1）设计营销控制标准；

（2）对营销活动情况进行监测与评价；

（3）制定纠偏方法和流程。

（三）营销策划测评

1.效果测评的主要形式

（1）过程性评价。过程性评价是在项目或活动的实施过程中，为了解动态过程的效果，及时反馈信息并进行调节，使计划、方案不断完善，以便顺利达到预期的目的而进行的评价。“过程”是相对于“结果”而言的，具有导向性。企业实行过程性评价时，应该设立评价原则与评价标准。

（2）终结性评价。终结性评价，又称事后评价，一般是在项目或活动告一段落后，为了解项目或活动的最终效果而进行的评价。终结性评价的目的是检验项目目标是否达标和完成；项目策划初期分配到各个部门和各位工作人员的定额任务是否完成。

终结性评价重视的是结果，借以对被评价者做出全面鉴定，区分出等级，并对整个项目或活动的效果做出评定。

2.实施项目效果测评的原则

（1）有效性原则，即测试的工作是否达到了测试目的。这项原则要求企业在进行测定时，选取真正有效、能确切代表效能的答案作为衡量的依据。

（2）可靠性原则，即测试的结果必须前后连续，以证明其真实性。也就是说，假设多次测定的结果大致相同，其可靠程度就高，否则此项测试必有问题，有必要进一步研究。该原则要求前后测试的对象、所加诸的条件或测定方法前后一致。

（3）相关性原则，即测试的内容必须与研究的问题、寻求的答案有关，不可做空泛无力的努力。该原则要求测试的内容和一切设计应以解决问题为目标，而不应将问题加以改变。

（4）系统性原则，即在评估中考虑任何问题时，都要有系统观念，也就是将拟投资项目当作一个开放的系统看待。

（5）效益性原则，即在项目评估中要以投资效益的好坏作为鉴别项目优劣和取舍的标准。

（6）规范化原则，即评估工作中所采用的定性和定量分析方法，必须符合客观实际，体现事物的内在联系。

素养提升

大学生“爱国心”的修养

菲丽希亚与陈懿学姐来到苏州，她们游览了苏州园林，欣赏了京杭大运河苏州段两岸的夜景。回到酒店后，两人开始了一段年轻人关于理想和未来的交流。陈懿学姐告诉菲丽希亚，目前中国新零售领域正处于快速发展阶段。陈懿学姐希望与社团里的另外两位有共同意向的同学组建团队，结合中国戏曲与民乐细分领域和自己的兴趣爱好，开设“新零售 + 中华非遗文化”特色店铺。她的职业发展规划是：结合所学，毕业后致力于服务社会，发展和弘扬非遗文化。团队成员收集和整理了传统优秀戏曲作品，运用 AI 智能文生图功能，制作戏曲视频，实现自己的职业目标。菲丽希亚对陈懿学姐服务社会、促进社会进步和弘扬国家文化的人生规划频频点头赞赏，也萌生了自己为社会进步和发展而努力的想法。

爱国、敬业、诚信、友善是公民的基本道德规范。爱国既是基于每个人对自己祖国依赖关系的深刻情感，也是调节个人与祖国关系的行为准则。它同社会主义紧密结合起来，要求人们以振兴中华为己任，促进民族团结，维护祖国统一，自觉报效祖国。敬业是对公民职业行为准则的价值评价，要求公民忠于职守，克己奉公，服务人民，服务社会，充分体现了社会主义职业精神。

任务实施

任务实施如表 1-12 所示。

表1-12　任务实施

步骤	操作要求和说明
一、环境及市场分析	1. 分析网络营销项目的宏观环境（PEST） 2. 企业的 SWOT 分析 3. 市场环境分析（竞争、消费者）
二、目标设定	1. 进行 STP 分析 2. 确定项目目标
三、战略及战术制定	1. 制定项目的战略 2. 制定项目的战术（4P）及推广策略 （1）4P 分析 （2）推广策略：搜索引擎；微博 / 博客；论坛（BBS）；QQ、微信、QQ 空间、微信朋友圈、微信公众号；淘宝联盟等
四、预算编制	分析各项成本并列出各项开支：管理与人员成本、推广成本（重点）、耗材与损耗等

续表

步骤	操作要求和说明
五、项目控制	设立检查时间和措施： （1）显性效果监测：利润指标等 （2）隐性效果监测：客户满意度指标等
六、效果评估	策划方案完整性，策划方案可行性，环境与市场分析方法、推广方法，财务预算，效果评估体系

评价反馈

评价反馈如表 1-13 所示。

表1–13　评价反馈

评分项目	评分标准	分值	得分
策划方案完整性	策划方案包括：环境及市场分析、目标设定、战略制定、战术制定、预算编制、项目控制	30	
策划方案可行性	策划方案的项目可分解，工作人员对项目任务明确，并能进行效果评估	20	
推广方法针对性	STP 分析，常用推广渠道有淘宝联盟、微博 / 博客、论坛（BBS）、搜索引擎、微信和 QQ	20	
策划效果评价	项目效果主要包括：访问量、销售量、销售额、客户满意度、好评率、转化率、跳失率	30	
合计		100	

知识拓展

一、营销策划的作用

（一）进一步明确企业营销活动的目的

企业实施营销策划，有利于企业明确未来的任务、目标、投资组合计划、企业扩张的方式和途径。这就可以从根本上消除了企业经营活动的盲目性，凡是与企业营销目标不符的事情就不会发生，耗费企业有限资源的现象也就可以避免。

（二）提高企业营销活动的针对性

任何营销策划方案都是在特定企业营销目标的指导和约束下实施的，这就确保了企业日后营销活动的针对性，即每一项工作、每一项措施都是为了解决企业特定时期将要面临的特定问题。看得准、做得准，营销效果自然有保障。

（三）增强企业营销活动的计划性，避免主观性和随意性

营销策划方案对企业未来时期的活动内容进行了详尽的安排，是企业各个部门、各个员工的行动纲领。一般情况下，只要市场形势没有发生大的变化，企业就应当不折不扣地执行营销策划方案，以促使营销工作规范有序。

（四）实现企业营销活动的个性化和差异化

随着消费者个性的发展及个性化消费的日渐突出，企业要在市场竞争中立于不败之地，就必须依靠个性化和差异化的产品、服务和营销方式实现企业营销的个性化和差异化，从而吸引消费者的目光、抓住消费者的心。虽然个性化和差异化的基础是客观的，是消费者需求特点和竞争者的行为，但是没有策划人员的高瞻远瞩和敏锐的洞察力，这些个性和差异是很难被发现的。对许多企业而言，个性化和差异化营销的开展有诸多难度。

（五）提高企业产品的竞争力和营销效益

在产品工艺和质量差异不大的情况下，企业产品的竞争力来自产品的“卖点”。企业通过新颖、独特和奇异卖点，实施有力的销售手段，提高渠道成员的吸引力，以提高品牌的知晓度、知名度和美誉度。离开了营销策划，上述产品竞争力的支撑点将难以找到和形成。企业营销的效益要得到改善和提高，也需要营销策划的支持。只有通过营销策划，才能提高营销活动的针对性、计划性、主动性和创造性，实现营销效果。

二、营销策划方法

营销策划是对营销活动的设计与计划，而营销活动是企业的市场开拓活动，贯穿于企业经营管理全过程。因此，凡是涉及市场开拓的企业经营活动都是营销策划的内容。以下三种方法是营销策划方法中的常见方法，只要通过市场检测能达到企业经营目标、符合市场需求，就都是好办法。

（一）点子法

从现代营销角度来说，点子是指有丰富市场经验的营销策划人员经过深思熟虑，为营销方案的具体实施所想出的主意与方法。

（二）创意法

创意是指在市场调研前提下，以市场策略为依据，经过独特的心智训练后，有意识地运用新的方法组合旧的要素所得到的结果。

（三）谋略法

谋略是指谋略主体在对抗中战胜对方的手段、方式、途径。谋略属于方法论的范畴，以思想理论性为主要特征，是人与人对抗的方法。谋略法是具体手段，以可操作性为主要特征。

实训练习

运用从“营销策划”课程所学相关知识，对淘宝店铺（坚果类）进行营销推广策划。学生以4人为一小组，分析营销及市场环境、企业关系等信息，为网店制定一套具有竞争力的切实可行的营销推广方案，以提高网店的市场竞争力和销售额。

要求：

（1）分析网络营销项目所处的宏观环境（PEST）、市场环境（竞争、消费者）并进行SWOT分析；

（2）根据STP分析确定项目目标；

（3）确定项目战略；

（4）确定项目战术（4P）及推广策略；

（5）制定项目投资预算；

（6）对项目进行控制和效果评估；

（7）撰写一份完整、可行、具有竞争力的营销策划方案。

附件：网络营销策划方案样本

网络营销策划书

一、背景及意义

随着电子商务的快速发展，网上购物逐渐成为一种时尚，给人们提供了方便、快捷的购物环境。截至2023年12月，我国网络购物用户规模超9亿。网络购物的春天已经到来，发展前景十分广阔。有些网购平台还提供个人网店平台，且有很多是免费的，为大学生在网上开店提供了方便。在创业欲望的驱使下，我们决定在淘宝网上创建自己的网店。

二、营销目标

满足消费者的差异化需求，为消费者提供优质产品和服务。通过推广和宣传网店，提高网店的知名度、流量以及销售量。

三、产品定位及消费者分析

18～35岁的青年消费者：这个年龄段的消费者主要是学生和刚步入社会工作不久的年轻人。他们喜欢并有时间上网，但经济大都不独立或不完全独立。这群人对服装的追求标准主要是流行，是更换服装最快的群体。他们对品牌有一定的认知，但很多人无力购买名牌服装，正是我们网店的目标客户。

四、营销市场分析

（一）市场需求分析

人们对于时尚的追求越来越强烈，对于美的定义也不再单一化，时尚潮人对各种新款服饰及配饰更是爱不释手。因此，我们店铺经营的时尚服装和各种精美饰品一定会有市场。

（二）竞争分析

服装和饰品对于每个商家来说，都是一项热门的选择，市场竞争激烈。如果要在淘宝网脱颖而出，我们必须打造店铺特色，突出店铺服装和饰品的风格，引领潮流。

（1）优势：我们采取网上订货后直接发给买家的模式，这样既可以减少前期投入，又可以减少复杂的管理环节，使我们能专心做店铺的宣传。

（2）劣势：由于新网店、新品牌的知名度不高，信誉度低，创新能力欠缺，管理团队初步建立且成员间需要磨合，销售渠道尚待建立，因此顾客不太敢在新店铺下单购买商品。

（三）风险分析

淘宝网客户可从众多同质店铺中挑选心仪的商品，这对于客户的稳定积累很不利。我们一旦遇上不怀好意的买家或者竞争对手的故意捣乱，几个“差评”便会严重损害店铺声誉。网店生存与发展靠的就是声誉。

五、营销策略

（一）网店推广策略

（1）开通网店。将出售的商品上传到网店。

（2）营销宣传。利用免费工具进行宣传推广，如将网店地址（https://www.××××.com）通过 QQ、微信发给亲朋好友；利用漂流瓶使网店信息向外漂流；利用邮箱，在发送的每一封营销邮件后附上网店地址（https://www.××××.com）。

（3）应用知识营销吸粉，实现品牌销售。在微博、博客、小红书上发表一些对消费者有益的与网店商品相关的文章，让更多的人关注。同时，与其他的知名品牌网站进行超链接，达到互利共赢的效果。

（4）通过网上论坛进行宣传。

（5）通过淘宝联盟推广（淘宝客、钻石展位、直通车）。

（6）通过搜索引擎优化及关键词购买推广。

（二）网店设计策略

（1）为网店添加超链接、友情链接，以提高网站的点击率，发现潜在客户。

（2）优化网店内搜索工具，做到无论输入店铺的名字还是价格都能找到店铺相关的信息。

（3）及时更新网店商品的内容。

（4）开通消费者保障服务，提高消费者对网店的信任度。

（三）商品营销策略

（1）商品策略：确立商品的特色，形成自己的风格，创立自己的品牌。

（2）价格策略：在网店销售商品，比传统市场销售渠道的费用低，因此可采取低价策略。网店定价时大多采用成本加一定利润甚至零利润的方法，比传统市场上同类商品的价格要低。采用这一策略也是为了扩大宣传并快速打开市场。

（3）促销策略。

1）网上折价促销：由于网上销售商品不能给人全面、直观的印象，也不可试用、触摸等，再加上配送成本和付款方式的复杂性，因此选择适当的时机降低价格，可以吸引更多的消费者。

2）设置特价区：专门设置一个特价区，每周拿出一些热销的商品进行低价促销，虽然此款商品的利润低，但可以带旺店铺人气，增加其他产品的销量。

（四）营销物流管理

网店与物流公司签约，获得协议价并采用月结方式。网店应根据顾客的需求安排不同的快递，尽可能选择性价比高的快递公司。

六、财务预算（推广费用）

财务预算（推广费用）如表 1-14 所示。

表1-14　财务预算（推广费用）

内容	说明	预算（元/月）
百度、SOSO 搜搜	关键词竞价，通过首期关键词竞价提升排名，利用产品优势强势打入市场。普通关键词在前三名，热门词在首页右上角居中	15 000
	网盟，根据目标人群设定投放，可进行用户追踪投放	10 000
微博	开通官方微博，利用各种微博营销手段快速积累忠实的粉丝	8 000
品牌传播	百度文库、百度百科等，设定相关关键词，提高权重比	1 000
	MBA 智库，设定相关关键词，提高品牌宣传力度	1 000
	新浪文库，设定相关关键词，提高权重比	1 000
口碑传播	百度问答，利用关键词覆盖，提升品牌形象及口碑传播力度	3 000
	新浪爱问，利用关键词覆盖，提升品牌形象及口碑传播力度	3 000
	SOSO 问问，利用关键词覆盖，提升品牌形象及口碑传播力度	3 000
	豆瓣问答，利用关键词覆盖，提升品牌形象及口碑传播力度	3 000
	知乎问答，利用关键词覆盖，提升品牌形象及口碑传播力度	3 000
	搜狗问答，利用关键词覆盖，提升品牌形象及口碑传播力度	3 000
新闻传播	利用具有新闻价值的事件，或者有计划地策划、组织各种形式的活动，借此制造“新闻热点”来引起媒体和社会公众的注意与兴趣，以达到提高社会知名度、塑造企业良好形象并最终促进商品或服务销售的目的	15 000

续表

内容	说明	预算（元/月）
论坛社区	在相关行业论坛或知名度较高的论坛，通过文字、图片、视频等方式发布商品或服务的信息，让目标客户更加深刻地了解企业的商品或服务	10 000
	利用社区网站的分享和共享功能，在六维理论基础上实现品牌及商品的推广，快速提升知名度	10 000
EDM 营销	通过获取目标用户的数据信息进行商品推广传播	10 000
外链	新网店建立之初，需要通过外链快速带来流量，提高网站权重	15 000
社群营销	开通微信公众号、抖音号进行推广	16 000
小计		130 000

七、项目控制与营销效果评估

（一）项目控制

（1）根据项目任务细分，每天进行访问量及销售量监测；

（2）对项目每周进行销售和客户满意度监测；

（3）每两周进行一次客户回访调研，确定转化率与客单价的准确性。

（二）营销效果评估

（1）店铺的收藏和加购物车是否增加；

（2）通过营销推广活动，网店的知名度是否提高；

（3）销售量及销售额是否提升；

（4）网店客户停留时间和跳失率是否稳定；

（5）店铺的美化与转化提升；

（6）回头率及客户服务满意度提升。

任务三 商品货源与渠道

网络营销作为一种营销方法，其营销的核心与传统营销模式是一致的，即以商品为王。企业只有有了好的商品，再配合服务和推广，才能赢得市场，成功塑造品牌形象。

但是网络营销有自己的特性，网络营销的商品应该包括引流款、利润款、形象款、活动款。正确地选择商品来覆盖营销全盘策略，是需要深入研究的学问。

互联网和网络信息化的普及，信息不对称和不完全情况的减少，使竞争更加激烈，竞争让商品的生命周期大大缩短。在市场结构和商业环境中，传统的工贸一体知名企业一旦进入电商渠道，往往会与同行业纯电商（淘品牌）公司展开竞争并逐渐占据市场优势。一个社会的消费总量在一定时期内一般会保持稳定。商业社会的核心是供应链，与有实力的研发生产制造企业合作才是正确的发展方向，没有企业做支持的大学生创业是非常不可取的。

学习目标

知识目标：

了解网络营销商品与网络营销渠道；

掌握网络营销商品选择的流程。

能力目标：

能够运用产品生命周期理论、波士顿矩阵理论、马斯洛需求层次理论选择商品；

能够分析市场并选择具有竞争优势的商品渠道。

素质目标：

树立中国特色社会主义道路是实现中国式现代化、人民美好生活的坚定信念。

任务引入

进行市场调研，应用产品生命周期理论、波士顿矩阵理论、马斯洛需求层次理论进行分析。

根据调研数据，应用所学的方法对经营的商品进行选择。

掌握商品的获取渠道，选择经营有竞争优势的商品。

相关知识

网络上销售的商品包括有形的实体产品和无形的服务产品。选择或者开发一款符合市场需求的合适产品是成功的第一步，是网店经营成功的关键。企业可以遵循产品生命周期理论、波士顿矩阵理论、马斯洛需求层次理论选择适合和符合市场需求的有竞争力的商品。目前，我国市场占有率高、影响力大的电商平台有天猫、京东、拼多多等。

在信息化快速发展的时代，增加市场信息的透明度，可以减少信息不完全和信息不对称的情况。经过前期的市场培养，大型企业基于核心竞争优势与资金加持，已经在市场上形成了一定的寡头垄断效应，增加了新进企业的行业壁垒和经营困难。这就要求企业在经营中对商品研发与选择更为谨慎。企业在考虑进入市场时，需要重点考虑构建自身的核心竞争力。目前，常见的核心竞争力主要表现为企业品牌知名度、价格优势、差异化的功能优势三类。因此，商品与渠道对构建企业的核心竞争力具有重要意义。本任务将从产品生命周期理论、波士顿矩阵理论、马斯洛需求层次理论来研究企业产品研发方向与选取商品的思路。

企业核心竞争力通常包括三个方面：一是产品特征与功能优势；二是同等产品的价格优势；三是企业的品牌优势。很多企业会以产品特征与功能作为核心竞争力，每年都会投入大量的科研成本研发新的产品或者改进产品本身的功能，使其具有竞争优势。

一、产品

产品：是指能够供给市场，被人们使用和消费，并能满足人们某种需求的任何东西，包括有形的物品、无形的服务、组织、观念或它们的组合。

商品：经济意义上的商品指专门用来交换的产品，即生产者本身并不消费，而是用来向其他生产者交换自己需要的其他产品。

网络营销商品

产品和商品的区别：产品是企业供给市场，满足人们某种需求而生产出来的物品，但是不进行交换；商品是用来进行交换的产品。

（一）产品的分类

在网络上销售的产品，按照性质的不同可以分为两大类：实体产品和虚体产品。

（1）实体产品是指具有物理性状的物质产品。

（2）虚体产品一般是无形的，即使表现出一定形态，也是通过载体体现出来的。虚体产品本身的性质和性能只有通过其他方式才能表现出来。网络上销售的虚体产品可以分为两大类，即软件和服务。

（二）产品的整体概念

产品的整体概念可分为五个层次：

（1）核心利益层次。这是指产品能够提供给消费者的基本效用或益处，是消费者真正想要购买的基本效用或益处。

（2）有形产品层次。这是指产品在市场上出现时的具体物质形态，主要表现在品质、特征、式样、商标、包装等方面。它是核心利益的物质载体。

（3）期望产品层次。在网络营销中，消费者占主导地位，消费呈现个性化的特征，不同的消费者可能对产品的要求不一样，因此产品的设计和开发必须满足消费者的个性化需求。

（4）延伸产品层次。这是指由产品的生产者或经营者提供的购买者需求，主要是帮助消费者更好地使用核心利益和服务。

（5）潜在产品层次。这是指一个产品最终可能实现的附加部分和新增加的功能。企业通过对现有产品的附加与扩展，提供潜在产品和新功能；不断寻求满足消费者的新方法，将潜在产品变成现实产品，能使消费者得到更多的意外惊喜，更好地满足消费者的需求。

二、产品生命周期

（一）产品生命周期各阶段及策略

产品生命周期（Product Life Cycle，PLC）是指产品的市场寿命，即一种新产品从进入市场到被市场淘汰的整个过程。该理论是美国哈佛大学教授雷蒙德·弗农（Raymond Vernon）于1966年在其《产品周期中的国际投资与国际贸易》一文中首次提出的。弗农认为：产品生命是指市场上的营销生命。产品的生命和人的生命一样，要经历引入、成长、成熟、衰退的过程。

1.产品引入期

产品引入期是指产品从设计投产直到投入市场进入测试的阶段。新产品投入市场，便进入引入期。此时产品品种少，消费者对产品还不了解，除少数追求新奇的消费者外，几乎无人实际购买该产品。生产者为了扩大销路，不得不投入大量的促销费用，对产品进行宣传推广。该阶段由于生产技术方面的限制，产品生产批量小、制造成本高、广告费用大、产品价格偏高、销售量极为有限，企业通常不能获利，反而可能亏损。

产品引入期策略如图1-4所示：

价格水平 \ 促销水平	高	低
高	快速掠取策略	缓慢掠取策略
低	快速渗透策略	缓慢渗透策略

图1-4　产品引入期策略

2.产品成长期

产品销售取得成功之后，便进入成长期。产品成长期是指产品通过试销效果良好，购买者逐渐接受，产品在市场上站住脚并且打开了销路。这是需求增长阶段，需求量和销售额迅速上升，生产成本大幅下降，利润迅速增长。与此同时，竞争者看到有利可图，纷纷进入市场参与竞争，使同类产品供给量增加，价格随之下降，企业利润增长速度减慢，最后达到生命周期利润的最高点。

产品成长期策略：（1）改善品质；（2）市场扩张；（3）改变广告宣传重点；（4）适当降价。

3.产品成熟期

产品成熟期是指产品大批量生产并稳定地进入市场销售。经过产品成长期后，随着购买产品人数的增多，市场需求趋于饱和。此时，产品普及并日趋标准化、成本低而产量高，销售增长速度放缓直至转而下降。由于竞争的加剧，同类产品生产企业不得不在产品质量、花色、规格、包装、服务等方面加大投入，从而在一定程度上增加了成本。

产品成熟期策略：（1）市场改良；（2）产品改良；（3）营销组合改良。

4.产品衰退期

产品衰退期是指产品进入淘汰阶段。由于科技的发展以及消费习惯的改变等，产品的销售量和利润持续下降，产品在市场上已经老化，不能适应市场需求，市场上已经有其他性能更好、价格更低的新产品足以满足消费者的需求。此时成本较高的企业就会因无利可图而陆续停止生产，该类产品的生命周期也就陆续结束，直至完全退出市场。

产品衰退期策略：转→撤→攻。

（二）产品生命周期曲线

产品生命周期曲线如图 1-5 所示：

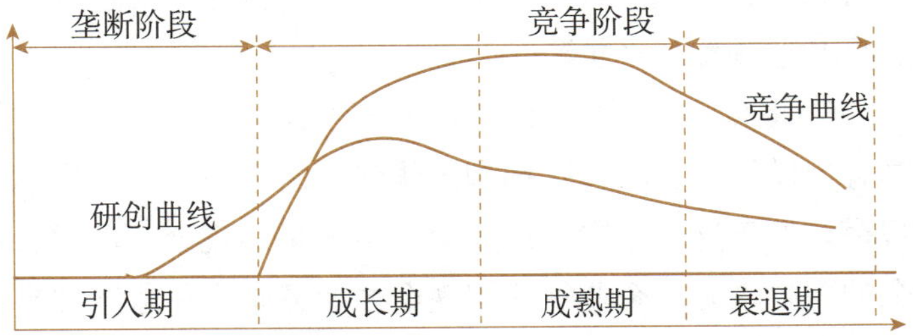

图 1-5　产品生命周期曲线

三、波士顿矩阵

波士顿矩阵（BCG Matrix），又称市场增长率-相对市场份额矩阵、波士顿咨询集团法、四象限分析法、产品系列结构管理法等。该方法是由波士顿咨询集团（Boston Consulting Group，BCG）在 20 世纪 70 年代初开发的。波士顿矩阵将组织的每一个战略业务单元（Strategic Business Unit，SBU）标在二维矩阵图上，从而显示哪个战略业务单元提供高额的潜在收益，以及哪个战略业务单元是组织资源的漏斗。波士顿矩阵的提出者、波士顿咨询集团的创始人布鲁斯·亨德森认为："公司若要取得成功，就必须拥有增长率和市场份额各不相同的产品组合。组合的构成取决于现金流量的平衡。"波士顿矩阵的实质是通过业务的优化组合实现企业的现金流量平衡。

波士顿矩阵的精髓在于把战略规划和资本预算紧密结合起来，将复杂的企业行为基于两个重要的衡量指标分为四种类型，运用四个相对简单的分析来应对复杂的战略问题。该矩阵能帮助多元化公司确定哪些产品易于投资、易于操纵，哪些产品易于获取利润，需要从业务组合中剔除哪些产品，从而使业务组合达到最佳经营成效。

（一）波士顿矩阵的四种业务组合

1.明星型业务（Stars，高增长、高市场份额）

处于这一象限的产品处于快速增长的阶段并且占有支配地位的市场份额，但能否产生正现金流量，取决于新工厂、设备和产品开发对投资的需要量。明星型业务是企业对问题型业务继续投资而发展起来的，可以视为高速成长市场中的领导者，将成为企业未来的现金牛业务。但这并不意味着明星型业务就一定可以给企业带来源源不断的现金流，因为市场还在高速成长，企业必须继续投资，以保持与市场同步增长，并击退竞争对手。企业如果没有明星型业务，就失去了希望。

2.问题型业务（Question Marks，高增长、低市场份额）

处于这一象限的是一些投机性产品，具有较大的风险。这些产品可能利润率很高，但占有的市场份额很小，往往是企业的新业务。为发展问题型业务，企业必须建立工厂，增加设备和人员，以便跟上迅速发展的市场，并超越竞争对手，这意味着大量的资金投入。问题型业务适合采用增长战略，目的是扩大 SBU 的市场份额，企业甚至不惜放弃近期收入来达到这一目标。波士顿矩阵提供了一种简单的方法，通过权衡选择投资回报率相对高且投入的资源占比不太大的方案。

3.现金牛业务（Cash Cows，低增长、高市场份额）

现金牛业务享有规模经济和高边际利润的优势。由于市场已经成熟，企业不必大量投资来扩大市场规模。处于这一象限的产品会产生大量的现金，但增长前景有限。现金牛业务是企业现金的主要来源。企业往往用现金牛业务来支付账款并支持其他三种需要大量现金的业务。现金牛业务适合采用稳定战略，目的是保持 SBU 的市场份额。

4.瘦狗型业务（Dogs，低增长、低市场份额）

处于这一象限的产品既不能产生大量现金，也不需要投入大量现金，这些产品没有提高绩效的希望。瘦狗型业务常常是微利甚至是亏损的，其存在更多的是由于感情上的因素。瘦狗型业务通常要占用很多资源，如资金、管理部门的时间等，往往是得不偿失的。瘦狗型业务适合采用收缩战略，目的在于出售或清算业务，以便把资源转移到更有利的领域。

（二）波士顿矩阵分析图及流程

波士顿矩阵分析图如图 1-6 所示。

波士顿矩阵分析流程如下：

（1）评价各项业务的前景。波士顿矩阵是用“市场增长率”这一指标来表示发展前景的。这一数据可以从企业的经营分析系统中提取。

（2）评价各项业务的竞争地位。波士顿矩阵是用“相对市场份额”这一指标来表示竞争力的。

（3）标明各项业务在波士顿矩阵图中的位置。具体方法是：以业务在二维坐标中的坐标点为圆心画一个圆圈，用圆圈的大小来表示企业每项业务的销售额。

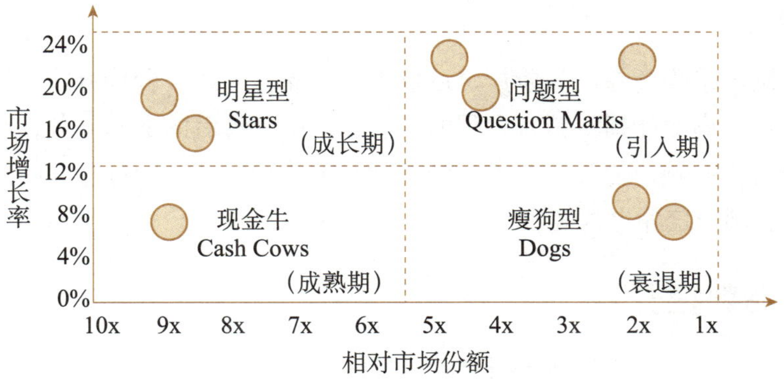

图 1–6　波士顿矩阵分析图

注：x 代表市场集中度趋势。

到了这一步，企业就可以诊断自己的业务组合是否健康了。一个失衡的业务组合就是有太多的瘦狗型和问题型业务，或太少的明星型和现金牛业务。例如：某企业有三项问题型业务，不可能全部投资发展，只能选择其中的一项或两项；某企业只有一项现金牛业务，说明该企业财务状况不佳；某企业有两项瘦狗型业务，这对企业而言负担较重。

（4）确定纵坐标“市场增长率”的一个标准线，从而将“市场增长率”划分为高、低两个区域。确定坐标的方法有两种：

1）将该行业市场的平均增长率作为分界点；

2）将多种产品的市场增长率（加权）平均值作为分界点。

四、产品选择影响因素

影响消费者和采购商选择产品的因素有：质量、价格、特色、服务。

（一）质量

质量是产品的核心竞争力。如果企业售卖的产品质量不好，即便卖了出去，也会有各种各样的售后问题，如退货、换货、投诉、中评甚至差评等，影响企业声誉。

（二）价格

目前，价格便宜依旧是消费者网购的主要影响因素之一。如果企业售卖的产品的价格比网上的同行高很多，或者和现实中的同类产品价格一样，那么在理智的消费者面前，产品是很难卖出去的。因此，企业必须提供性价比较高的产品。

（三）特色

企业应力求提供有特色或个性化的产品。在质量可靠、价格公道的基础上，如果企业的产品比较有特色或个性化，并且这种特色或个性很难在短期内被其他企业广泛模仿，这就是企业的核心竞争力。

（四）服务

供应商应满足采购商在产品质量、运输包装、支付方式、合作方式、退换货服务等方面的要求。供应商要能提供销售全程的售前、售中、售后的配套服务，在后续的销售工作中能及时解决问题，提升消费者的满意度。随着营销活动的进行和时间的积累，企业完善的服务有利于培养忠诚客户，形成口碑营销。

五、产品数据分析

产品数据分析及选择分析

万事开头难，创业者要过的第一关就是考虑卖什么，已经有货源供应渠道以及自产自销的企业和个体工商户也需要通过数据分析软件来分析市场需求与竞争情况。在信息高度发达的时代，充分利用市场数据进行分析是创业的基础，是经营者有效把握市场方向的捷径。通过以下针对市场和消费者行为习惯的分析平台，经营者可以有效分析市场环境和消费者购买行为，从而确定所要经营的商品。

（一）生意参谋

生意参谋（见图 1-7）是最早应用在阿里巴巴 B2B 市场的数据工具。查询入口：https://sycm.taobao.com。2013 年 10 月，生意参谋正式走进淘系。2014 年至 2015 年，在原有规划基础上，生意参谋分别整合量子恒道、数据魔方，最终升级成为阿里巴巴商家端统一数据产品平台。自 2024 年 4 月起，生意参谋免费向商家提供服务。生意参谋向商家提供了市场洞察、流量纵横、品类罗盘等数据收集与分析功能。目前，阿里系依然占据我国超过一半的电商市场，平台数据具有较大的市场代表性。生意参谋有助于商家了解行业、探察宏观，了解采购和供应指数，了解经营大类的市场销售情况，从而准确分析与预测市场动态。

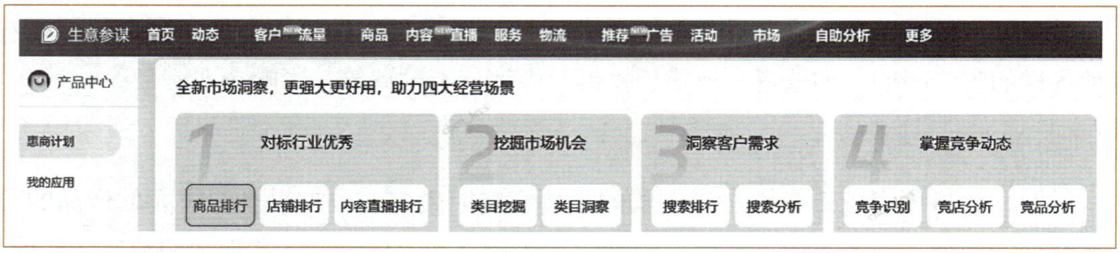

图 1-7　生意参谋

（二）蝉妈妈

蝉妈妈（见图 1-8）是抖音、小红书数据流分析服务平台，是厦门蝉羽网络科技有限公司旗下品牌，致力于帮助国内众多的达人、机构、品牌主和商家通过大数据精准营销，实现“品效合一”。查询入口：https://www.chanmama.com。抖音分析包含：找达人、找商品、找直播、找视频、找品牌。小红书分析包含：找博主、找笔记、找品牌、找品类。

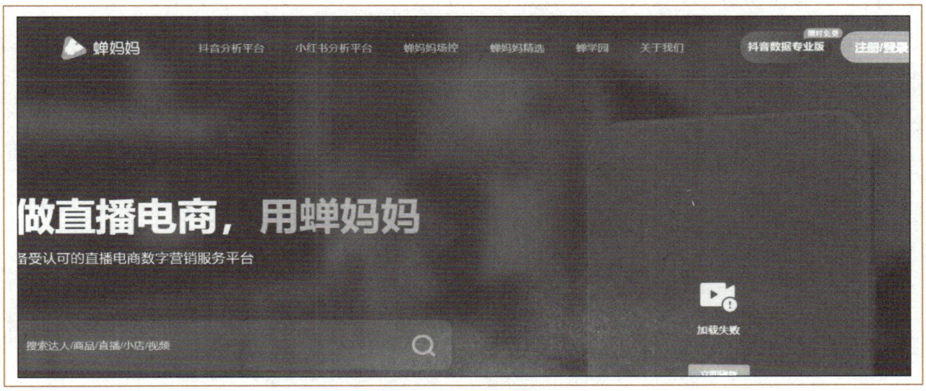

图 1-8　蝉妈妈

（三）百度指数

百度指数（见图 1-9）是以百度海量网民行为数据为基础的数据分析平台，是当前互联网数据时代重要的统计分析平台之一，为众多企业营销决策提供重要依据。查询入口：https://index.baidu.com。百度指数能够告诉用户某个关键词在百度的搜索规模有多大，在一段时间内的涨跌态势和相关的舆论变化，关注这些词的网民是什么样的、分布在哪里，以及他们还搜索了哪些相关的词等行为，帮助用户优化数字营销活动方案。

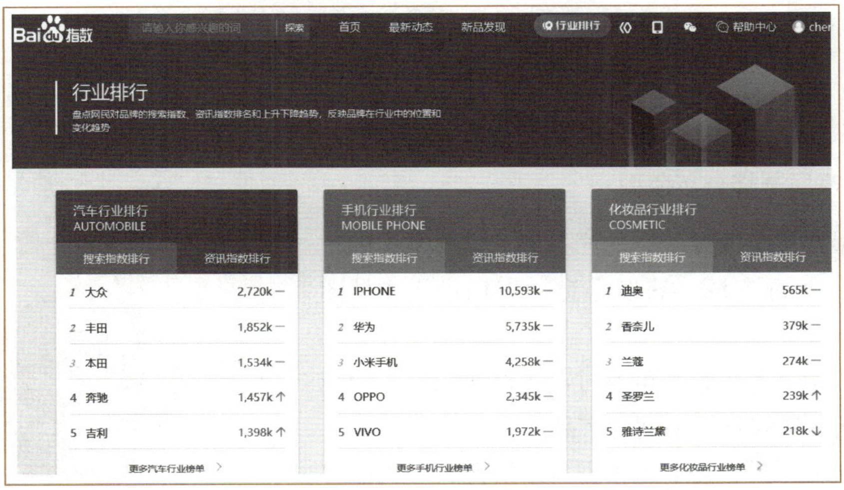

图 1-9　百度指数

（四）腾讯云

腾讯云（见图 1-10）是腾讯倾力打造的云计算品牌，以卓越科技能力助力各行各业数字化转型，为全球客户提供领先的云计算、大数据、人工智能服务，以及定制化行业解决方案和提供可靠上云服务，助力企业和开发者稳定上云。查询入口：https://cloud.tencent.com/。腾讯云中的行业应用、服务与营销分类为企业进行网络营销提供了四力选品智能推荐（Fourpower AI Recommend）（“四力”即“组织力”“商品力”“运营力”“产品力”）、企点营销自动化；营销智能推荐；客户忠诚度管理等数据分析功能，助力企业进行智能化和数字化营销。

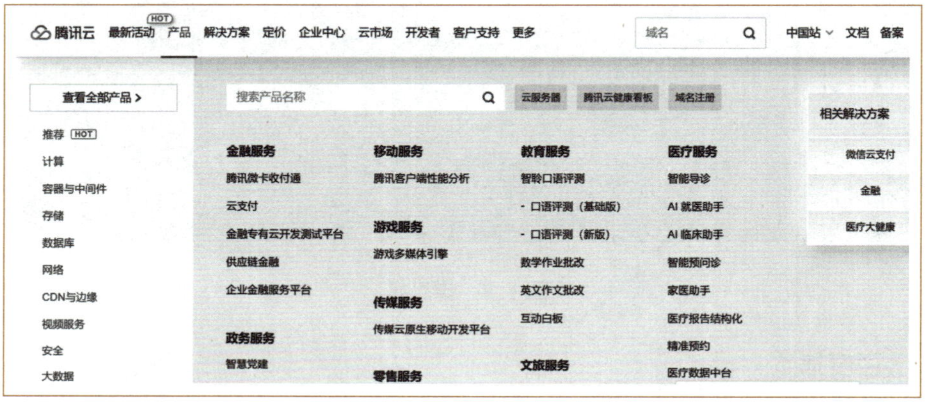

图 1-10 腾讯云

以上平台只是提供数据的部分来源。企业必须结合产品生命周期理论、波士顿矩阵理论，应用市场调研技术，通过对一手数据、二手资料的收集和分析，确立具有市场竞争优势的产品。

随着社交媒体对电商领域的影响加大，当前市场除了以上介绍影响力较大的数据分析平台，深耕短视频领域的新榜（Newrank）数据分析也具有较大的参考作用。

六、产品选择分析

（一）产品选择分析模型

企业最终确定所要经营的产品时，需要考虑的三大因素为：货源资源、获取渠道、市场供需（见图 1-11）。

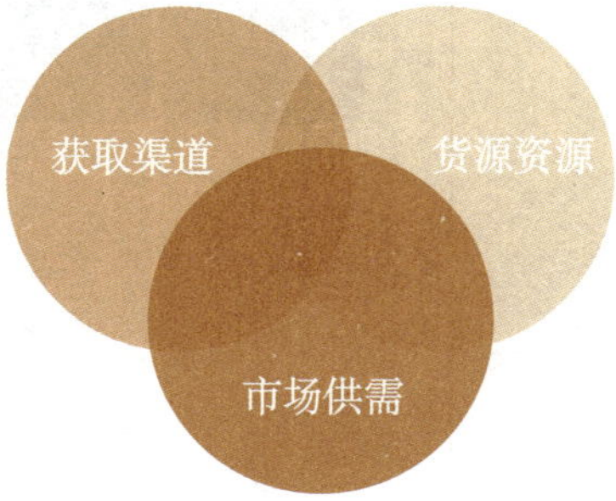

图 1-11 产品选择分析模型

（1）货源资源：企业可通过市场调研、波士顿矩阵理论分析有市场增长空间的产品。

（2）获取渠道：企业可根据有限资源，分析能够通过努力获取产品的方法和途径。

（3）市场供需：企业应分析该产品在市场中的供给和需求情况。

（二）产品选择分析方法

1. FFAB 分析法

企业选择产品时，应该运用推销中经常使用的 FFAB 分析法。因为企业采购的产品一般只是做中转，或者通过加工、包装增值后再转手卖出，所以对产品特性和卖点的分析是必不可少的。FFAB 的含义如下：

Feature：产品或解决方法的特点。

Function：因特点而带来的功能。

Advantage：这些功能的优点。

Benefit：这些优点能给顾客带来的利益。

2. STP分析法

STP 分析，即市场细分（Segmenting）、选择目标市场（Targeting）和产品定位（Positioning）。STP 分析是企业整个营销体系构建的基础，企业应对市场进行细分并选择目标市场，为企业所经营的产品选择不同的定位。

市场不是根据产品品种、产品系列划分的，而是从消费者（最终消费者和工业生产者）的角度划分的，即根据消费者的需求、动机、购买行为的多样性和差异性来划分。

3.产品选择原则

（1）选择适合网上交易的产品；

（2）选择具有地区优势的产品；

（3）选择热销的产品；

（4）选择有潜在市场需求的产品；

（5）寻找新奇特产品；

（6）选择自己熟悉的产品。

七、马斯洛需求层次理论与消费市场划分

网络营销渠道

（一）马斯洛需求层次理论

马斯洛需求层次理论是人本主义科学的理论之一，由美国心理学家亚伯拉罕·马斯洛于 1943 年在《人类激励理论》一文中提出。文中将人类需求像阶梯一样从低到高按层次分为五种，分别是：生理需求、安全需求、社交需求、尊重需求和自我实现需求。

第一层次：生理需求

呼吸	水	食物	睡眠	生理平衡	分泌	性

如果这些需求（除性以外）中的任何一项得不到满足，人类的生理机能就无法正常运

转。换言之，人类的生命就会受到威胁。从这个意义上说，生理需求是人们行动最首要的动力。马斯洛认为，只有这些最基本的需求达到维持生存所必需的程度，其他的需求才能成为新的激励因素，而到了此时，这些已相对满足的需求也就不再成为激励因素了。

激励措施：增加工资、改善劳动条件、给予更多的业余时间和工间休息、提高福利待遇。

第二层次：安全需求

人身安全	健康保障	资源所有性	财产所有性	道德保障	工作职位保障	家庭安全

马斯洛认为，有机体是追求安全的机体，人的感觉器官是寻求安全的工具，科学和人生观被看作满足安全需求的一部分。当然，这种需求一旦相对满足，也就不再是激励因素了。

激励措施：强调规章制度、职业保障、福利待遇，保障员工不失业，提供医疗保险、失业保险和退休福利，避免员工因收到双重指令而混乱。

第三层次：社交需求

友情	爱情	性亲密

人人都希望得到相互的关心和照顾。感情上的需求比生理上的需求更细致，它和一个人的生理特性、经历、教育、宗教信仰都有关系。

激励措施：提供同事间社交往来机会，支持与赞许员工寻找及建立和谐、温馨的人际关系，开展有组织的体育比赛和集体聚会。

第四层次：尊重需求

自我尊重	信心	成就	对他人尊重	被他人尊重

人人都希望有稳定的社会地位，个人的能力和成就得到社会的承认。尊重又可分为内部尊重和外部尊重。内部尊重是指一个人希望在各种不同情境中有实力、能胜任、充满信心、能独立自主。总之，内部尊重就是人的自尊。外部尊重是指一个人希望有地位、有威信，受到别人的尊重、信赖和高度评价。马斯洛认为，尊重需求得到满足，能使人对自己充满信心，对社会满腔热情，体验到活着的价值。

激励措施：公开奖励和表扬，颁发荣誉奖章，在公司刊物发表文章表扬，设置优秀员工光荣榜，强调工作任务的艰巨性以及成功所需要的高超技巧。

第五层次：自我实现需求

道德	创造力	自觉性	问题解决能力	公正度	接受现实能力

自我实现需求是最高层次的需求，是指实现个人理想、抱负，最大限度地发挥个人的能力，达到自我实现境界，接受自己也接受他人，解决问题能力增强，自觉性提高，善于独立处事，要求不受打扰地独处，完成与自己的能力相称的一切事情的需求。也就

是说，人只有干称职的工作，才会感到最大的快乐。马斯洛提出，为满足自我实现需求所采取的途径是因人而异的。自我实现需求是努力挖掘自己的潜力，使自己越来越成为自己所期望的人物。

激励措施：制定工作时处理复杂情况的策略，给有特长的人委派特别任务，在设计工作和执行计划时为下级留有余地。

（二）消费市场划分

根据人类的五个需求层次，可以划分出五个消费市场：

（1）生理需求→满足最低需求层次的市场，消费者只要求产品具有一般功能即可；

（2）安全需求→满足对安全有要求的市场，消费者关注产品对身体的影响；

（3）社交需求→满足对社交有要求的市场，消费者关注产品是否有助于提升自己的社交形象；

（4）尊重需求→满足对产品有与众不同要求的市场，消费者关注产品的象征意义；

（5）自我实现需求→满足对产品有自己判断标准的市场，消费者拥有自己固定的品牌。

需求层次越高，消费者就越不容易得到满足。经济学家认为，消费者愿意支付的价格≌消费者获得的满意度。也就是说，对于同样的产品，满足消费者的需求层次越高，消费者能接受的产品定价也越高。市场的竞争总是越低端越激烈，价格竞争显然是将“需求层次”降到最低，消费者感觉不到其他层次的满意，愿意支付的价格当然也低。

八、产品获取的渠道

（一）自产自销

对拥有自有技术和原材料的企业或者个人来说，这是一种最易管理的产品获取渠道。

（二）原产地进货

农副产品（包括食品）和区域特色产品、非标准产品，往往会因为产地差异和中间渠道环节的多少，最终导致价格差别很大。去掉中间环节、直接联系货源是节省成本、控制产品质量的重要一环。

（三）在网络上寻找生产企业，寻求网店货源代理

生产型企业大部分都支持支付宝担保交易、一件代发货、七天退换货等服务。淘宝供销平台货源中心有非常好的供货途径，企业能够通过申请授权获得代理权。其他各种一件代发货的平台也非常多，只是市场层次参差不齐，企业需要留意。

（四）生产厂家库存和尾单

从成本回收角度考虑，生产厂家为了回收成本，一般情况下库存和尾单的处理价格较低，生产厂家并不会考虑盈利，售价低于成本价的情况常有。在保质保量的前提下，

企业应保持与生产厂家的联系、获取特价产品是提升竞争力的法宝之一。

（五）选择就近的批发市场或网络批发平台进货

企业应根据自身资金运转情况制定预算方案，通过采购获得合理的折扣和价格，更好地把握产品质量和库存数量。进货时，除了选择正确的批发市场外，企业还需要注意以下两点：

（1）掌握常用进货术语。如“拿货价是多少”“这个怎么批发”“拿多少有优惠”等术语都是常用的，切忌问老板“这个怎么卖啊”。

（2）货比三家。同一个批发市场同一个款式的产品可能价格相差较大，企业应货比三家，节省成本。

九、供应链与成本

供应链是指商品从最初的原材料供应到生产加工再到批发零售，最后到达消费者手中的整个过程。企业管理者若在供应链上进行有效管理，将会降低从原材料采购到成品进入消费者手中各个环节的成本。这部分节省出来的成本，可以为企业在定价策略上获得有利的优势。网络市场上，商品的价格优势往往是核心竞争力之一。

供应链管理的意义主要有：（1）提升客户的满意度；（2）降低企业成本（降低库存、减少生产及分销费用）；（3）使企业整体流程最优（错误成本去除、异常事件处理）。

十、产品供应链

企业市场竞争的核心要素是企业供应链建设的完善程度。产品供应链是指从初级生产直到消费的各环节和操作的顺序，涉及产品及其辅料的生产、加工、分销、贮存和处理。产品供应链的范围涉及原材料生产者、产品生产制造商、运输和仓储者、分销商、零售商、产品服务环节以及相关的组织。

电子商务蓬勃发展的当下，信息化技术被广泛应用，电商产品供应链如图1-12所示。

电商产品供应链中对应的核心信息系统如下：

ERP：企业资源计划（Enterprise Resource Planning），这里主要指公司内部使用的系统，包括采购管理、商品管理、营销管理、客户关系管理、售后管理、财务管理、员工管理等。

WMS：仓储管理系统（Warehouse Management System），这里主要指仓库内部使用的系统，包括对仓库出入库的管理、仓配发货（打单、拣货、验货、发货等）的管理等。

OMS：订单管理系统（Order Management System），这里主要指对订单的操作和对订单的监控，如选仓、拆单、合单等操作，对订单各种时效和异常的监控和处理。OMS从概念上也属于ERP系统中的一部分，由于它在供应链体系中特别重要，因此将其单列出来。

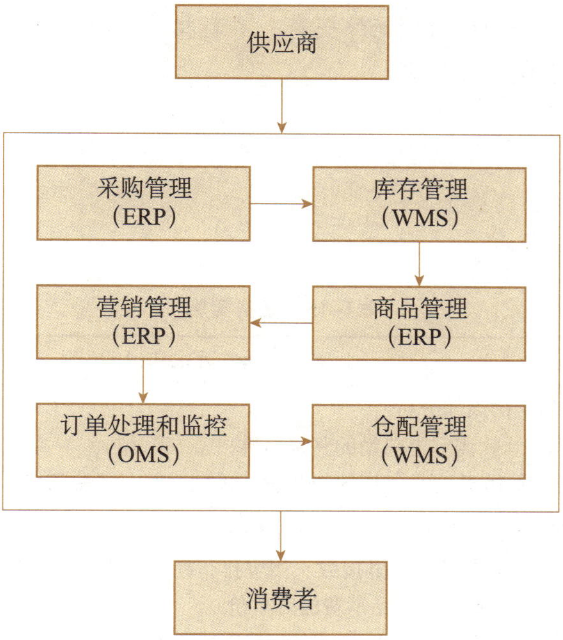

图 1–12 电商产品供应链

素养提升

坚定中国特色社会主义道路自信的苏州老板

菲丽希亚来中国学习之前，已经听闻苏绣的精美。来到中国学习之后，她通过一些视频和平台了解过这种苏州市民间传统艺术。她和陈懿学姐相伴来到苏州高新区镇湖镇的绣品一条街。绣品店的老板告诉她们，苏绣起源于苏州，是四大名绣之一、国家级非物质文化遗产之一。苏绣具有图案秀丽、构思巧妙、绣工细致、针法活泼、色彩清雅的独特风格，地方特色浓郁。在中国特色社会主义道路发展指引下，他店里的商品已经通过亚马逊、全球速卖通等各大跨境电商平台远销世界多个国家和地区，并且很多国家和地区的客户对苏绣的复购率特别高。店老板希望苏绣这一具有中国特色的商品能在互联网的帮助下，更好地分享到世界各地。菲丽希亚听着老板关于苏绣的介绍和发展，看着眼前琳琅满目的作品，高兴的表情溢于言表。陈懿学姐因为从小就热爱和喜欢中国传统文化，帮着菲丽希亚一起挑选了一件绣着苏州园林的围巾寄给了远在德国的祖母。

中国式现代化是我们党领导全国各族人民在长期探索和实践中历经千辛万苦、付出巨大代价取得的重大成果，蕴含着人类社会发展的客观规律，扎根于中华优秀传统文化和中国具体实际，是建设社会主义现代化强国、实现中华民族伟大复兴的光明大道。我们必须倍加珍惜、始终坚持、不断拓展和深化，一以贯之地坚定中国式现代化的理论自觉和道路自信。

任务实施

任务实施如表 1-15 所示。

表1-15 任务实施

步骤	操作要求和说明
一、坚果类商品营销环境分析	1. 产品生命周期分析 2. 列举 10 款淘宝上热销的坚果名称 3. 分析这 10 款商品的产地与产量、采摘时间、消费高峰、运输与保存条件等信息
二、坚果类商品市场定位	1. 应用马斯洛需求层次理论分析消费人群基本层次 2. 应用生意参谋、阿里指数、淘宝排行榜、百度指数、腾讯云大数据及其他网络资料，分析坚果类商品消费的客单价 3. 应用 STP 分析法，为坚果类商品进行市场定位
三、选择并确定商品	1. 应用 FFAB 理论，分析 5 款坚果的特点、功能、优点和利益 2. 应用波士顿矩阵理论，确定市场成长空间较大的 5 款坚果
四、分析坚果类商品的获取渠道	1. 分析确定的 5 款坚果的主要产地及生产时间 2. 分析批发市场及供应商信息 / 代理商信息 3. 确定商品获取渠道与途径、方法
五、确定商品质量、价格、特色、服务条款	1. 采购样本，确定商品质量、价格、特色 2. 商谈确定合作或支付方式等服务条款 3. 确定采购计划和方案 4. 做好供应商管理方案
六、效果评估	产品生命周期分析报告、STP 分析报告、波士顿矩阵分析报告、坚果获取渠道分析报告、供应商服务条款等

评价反馈

评价反馈如表 1-16 所示。

表1-16 评价反馈

评分项目	评分标准	分值	得分
坚果营销环境及定位分析	生意参谋等软件的客单价分析报告，应用 STP 分析法对坚果类商品进行市场定位分析	30	
商品获取渠道分析	生产商、供应商、代理商的信息资料收集情况	30	
商品确定方法应用	FFAB 分析报告，波士顿矩阵分析报告	20	

续表

评分项目	评分标准	分值	得分
供应商合作条款（合同）内容	供应商合作方式和服务条款完善程度	20	
合计		100	

知识拓展

一、供应商开发

（一）供应商开发的基本原则

供应商开发的基本原则即 QCDS 原则（质量、成本、交付与服务并重的原则）。四者中，质量因素是最重要的，企业首先要确认供应商是否建立有一套稳定、有效的质量保证体系，然后确认供应商是否具有生产所需特定产品的设备和工艺能力。其次是成本，企业要运用价值工程的方法对所涉及的产品进行成本分析，并通过双赢的价格谈判实现成本节约。再次，在交付方面，企业要确定供应商是否拥有足够的生产能力、人力资源是否充足、有没有扩大产能的潜力。最后，也是非常重要的一点，企业应检查供应商售前、售后服务的记录。

（二）供应商开发的步骤

步骤一：对特定的分类市场进行竞争分析。企业应了解谁是市场的领导者、目前市场的发展趋势是怎样的、各大供应商在市场中的定位是怎样的，从而对潜在供应商有一个大概的了解。

步骤二：寻找潜在供应商。在对市场进行仔细分析后，企业可以通过各种公开信息和公开渠道得到供应商的联系方式。这些渠道包括供应商的主动问询和介绍、专业媒体广告、互联网搜索等。

步骤三：安排对供应商的实地考察。企业可邀请质量部门的人员和销售人员一起实地考察，并建立供应商情况登记表。

步骤四：报价分析。报价中含有大量的信息，企业应尽可能要求供应商进行成本清单报价，要求其列出材料成本、人工成本、管理费用等，并将利润率明示。同时，企业应比较不同供应商的报价，对其合理性有初步的了解。

（三）注意事项

（1）在价格谈判之前，企业一定要有充分的准备，设定合理的目标价格。对于小批量产品，谈判的核心是交货期，企业应确保具有快速的反应能力；对于流水线、连续生产的产品，谈判的核心是价格，但一定要保证供应商有合理的利润空间。

（2）隐性成本是非常重要的一点。采购周期、库存、运输等都是看不见的成本，企业要将有条件的供应商纳入即时送货系统，尽量减少存货，降低公司的总成本。

二、京东B2B的4种供销模式

FBP：京东给商家一个独立操作的后台，商家五地入库（北京、上海、广州、成都、武汉），从仓储、配送到客服都是京东来操作，京东自营的产品所有能享受的服务，商家都能享受（支持211限时达、自提、货到付款、POS机刷卡），客户体验值最高。

LBP：京东给商家一个独立操作的后台，商家无须入库，要求订单产生后12小时内将商品包装好发往京东的五地仓库，36小时内到达京东的仓库，由京东为消费者开具发票。

SOPL：京东给商家一个独立操作的后台，商家无须入库，要求订单产生后12小时内将商品包装好发往京东的五地仓库，36小时内到达京东的仓库，由商家为消费者开具发票。

SOP：京东给商家一个独立操作的后台，与淘宝商城模式类似，要求订单产生后12小时内发货，由商家承担所有的服务。

FBP是全托管，类似于京东采购模式；LBP不占用京东库存，但是商家要每天发货到京东的仓库；LBP和SOPL的区别在于由京东开发票还是由商家直接开发票给消费者；SOP是直接向消费者发货并开发票。

三、商品需求与评估

每家企业在开展网络营销活动时，增加新产品或者延长产品生命线是经常出现的工作内容。企业在制定经营决策时需要科学依据，保证商品推向市场后最终盈利的概率。在上新产品前，企业应进行商品需求调研与评估，样本参照附件1、附件2。

实训练习

1. 根据默认的食品（坚果类商品）进行商品选择和渠道获取分析。以4人为一小组，以生腰果为采购/代理的目标进行训练。

要求：

（1）登录百度，检索腰果的生产地、生产时间、质量标准，以及消费人群的特征及消费习惯等信息；

（2）分析生腰果的生命周期（消费高峰），分析目前市场上生腰果在波士顿矩阵中的位置，以及其在需求层次理论中的位置；

（3）登录阿里巴巴/淘宝网，检索生腰果的供应商信息，收集销量前20名的供应商信息；

（4）了解各地的生腰果批发市场信息、种植农户信息；

（5）咨询供应商生腰果的供货信息，包括质量、价格、运输包装、合作和支付方式等；

（6）确定供应商 / 代理商 / 分销商的合作条款或协议，制作供应商情况登记表；

（7）撰写一份 800 字左右的商品采购 / 分销的分析报告。

备注：课内时间完成不了的训练任务，可以延长到课外完成，时间为一周。

2. 应用市场调研、波士顿矩阵、产品生命周期分析等方法，参考使用产品选择模型，完成网店经营商品的分析和选择。

要求：

（1）罗列本小组预期经营的产品（3 种以上，不超过 20 种）；

（2）分析各种产品的获取渠道（精确到市场或批发商等）；

（3）分析各种产品的市场供需情况；

（4）确定并选择小组准备经营的产品；

（5）完成一份 500 字以上的产品选择分析报告。

附件1：设计需求表（见表1–17）

表1–17　设计需求表

项目接收设计师：________

目标 / 主题		受众	
投放位置 -1		尺寸 -1	
交稿时间		上线时间	
主要信息	促销价格、促销折扣		
	是否限量、是否有赠品或关联销售		
	促销卖点		
	对应产品	链接	
	特别要求		
投放位置 -2		尺寸 -2	
新页面		新分类	
新产品			
素材提供			
图片地址			
文字地址			
参考设计			
项目信息			
项目组		提交时间	
申请人		审批人	

附件2：产品上新评估表（见表1-18）

表1-18　产品上新评估表

规格代码							
名　　称							
款式细目及评估（进价）							
市场预测及评估							
上新策略							
上新评估	A. 同意上新	B. 改进上新	C. 重新评估	D. 反对上新		评 估 人	
上新渠道	A. 天猫	B. 淘宝	C. 京东	D. 阿里巴巴	E. 拼多多	F. 抖音	G. 其他外网
商品编码		名　　称		标准售价		POS 机售价	
上新时间		首批数量		上新执行人		审　　批	
拍摄说明							
描述说明							
实际上新时间		按时完成		店长满意		签　　字	
销售评估（　　）周		销售数量		销 售 额		毛 利 率	
活动说明							
客服反馈							
产品结论	□淘汰　□改进　□再评估　□正常　□审批						
安全库存		淘汰时间		原因			

任务四　定价与促销

价格既是市场营销组合中唯一能为企业提供收益的因素，又是企业参与市场竞争的重要手段之一。事实表明，定价是否恰当，会直接影响甚至改变消费者的购物行为，进而影响企业产品的销量和利润。因此，如何制定合适的价格，已经成为许多开展网络营销活动的企业竞相关注的焦点。

网络促销是指利用计算机及网络技术向虚拟市场传递有关商品和劳务的信息，以引发顾客需求，唤起顾客购买欲望并促成顾客购买行为的各种活动。

价格和促销是企业营销组合策略的核心内容，是在网络营销经营中除了商品和渠道之外的影响经营结果的重要因素。经营者需要深入研究，以获得市场竞争优势。

学习目标

知识目标：

了解网络营销的定价方法与促销方式；

掌握网络促销的实施程序。

能力目标：

能够应用定价策略、促销策略；

能够应用定价策略获得竞争优势，应用促销策略提高成交量。

素质目标：

树立社会主义核心价值观，深刻领会“爱国、诚信”价值观的科学内涵。

任务引入

通过市场需求分析、消费者分析、网店自身STP定位分析、竞争环境分析，应用定价策略、促销策略为企业（网店）获取市场竞争优势，提高企业整体业绩。

相关知识

网店的商品主要分为引流款、活动款、利润款和形象款四类。如何针对这四类商品进行定价？理论上定什么价格都可以，关键看性价比，只要性价比能促成交易就是合理的定价。因此，性价比标准就变得至关重要。真正的定价是一个战略性问题，企业应该从店铺发展的战略角度出发，熟悉网店流量特点和竞争环境，只有这样才能形成合理的性价比指导标准。

一、网络营销的定价目标、影响因素及特点

（一）网络营销的定价目标

网络营销定价1

企业应根据自身情况选择合适的定价目标。从经济学的角度，成本决定定价的下限，需求决定定价的上限。企业进行网络营销时，常常结合上限和下限进行决策。

1.维持企业生存

这种定价目标只能是企业面临困难时的短期目标，长期目标还是要获得发展，否则企业终将倒闭。

2.获取理想利润

选择此目标，企业必须具备一定的条件，即当产品声誉好且在目标市场上占有竞争优势地位时方可采用，否则还应以长期目标为主。

3.保持和提高市场占有率

这是企业网络营销定价的一个十分重要的目标。因此，企业要实行全部或部分产品的低价策略，以实现提高市场占有率这一目标。

4.应对或抑制竞争

这种定价目标一般适用于实力雄厚的大型企业。中小型企业在激烈的市场竞争下一般是以市场为导向，随行就市定价，从而缓和竞争、稳定市场。

5.树立企业形象

有些企业的定价目标实行的是“优质优价”，以高价来保证高质量产品的地位，以此来树立企业的形象。

（二）网络营销定价的影响因素

影响企业网络营销定价的因素主要有以下四个：

1.成本因素

成本是网络营销定价的基础，也是企业维持生存必须考虑的底线。产品成本是由产品在生产过程、流通过程中耗费的物质资料、劳动力成本、营销成本、管理成本等构成的，可归类为固定成本和变动成本两部分。

2.供求关系

供求关系是影响企业网络营销定价的重要因素之一。当商品供小于求时，价格一般偏高；当商品供大于求时，价格会低一些；在商品供求基本一致时，销售价格将采用买卖双方都能接受的均衡价格。此外，在供求关系中，商品价格还受供求弹性的影响。一般来说，对于需求价格弹性较大的商品，企业可采取薄利多销策略；对于需求价格弹性较小的商品，企业可采取适当高价策略。

3.竞争因素

竞争是影响企业产品定价的重要因素之一。在信息化商业环境比较透明的网络市场，竞争是企业发展的核心动力。企业应考虑商品的供求关系及变化趋势、竞争对手的商品定价目标和定价策略以及变化趋势。在实际营销过程中，以竞争对手为主的定价方法主要有三种：低于竞争对手的价格、与竞争对手同价和高于竞争对手的价格。

4.其他因素

除去上述三个主要因素，市场营销的其他组合因素，如产品、营销渠道、促销手段、消费者心理、财务状况和国家政策等，都会对企业的网络营销定价产生不同程度的影响。

（三）网络营销定价的特点

开放、快捷的互联网使产品的价格信息比较透明，企业、消费者和中间商彼此能够充分地了解。因此，网络营销定价与传统营销定价有很大的不同。网络营销定价具有以下特点：

1.低价位化

（1）互联网成为企业和消费者交换信息的渠道，互联网有助于企业节约成本，减少多次迂回交换造成的损耗。

（2）网络营销能使企业绕过许多中间环节和消费者直接接触，进而使企业产品开发和营销成本大大降低。

（3）消费者可以通过互联网掌握产品的各种价格信息，并对其进行充分的比较和选择，促使开展网络营销的企业以尽可能低的价格出售产品。

2.全球定价化

传统营销市场在一定程度上存在关税壁垒，但是网络营销市场面对的是开放的全球化市场，世界各地的消费者都可以直接通过网络进行交易，而不用考虑网站所属的国家或地区。企业的目标市场已从过去受地理位置限制的局部市场拓展到范围广泛的全球化市场。

3.价格水平趋于一致化

（1）网络市场是一个开放的、透明的市场。在这个市场中，消费者可以及时获得同类产品或相关产品的价格信息，对价格及产品进行充分的比较。这促使企业努力减少因国家、地区等因素的不同而产生的价格差异，进而使价格趋于一致。

（2）方便、快捷的互联网使消费者能够及时获取各种产品的多个甚至全部厂家的价格信息，真正做到货比多家，这也是促使商家定价趋于一致化的重要因素。

4.消费者主导化

在网络市场中，消费者能够及时获取产品及其价格的各种信息，综合这些信息后决定是否接受企业报价。因此，在定价时，企业必须考虑消费者的心理特点和价格预期，以消费者为中心，根据生产成本和消费者心理意识到的产品价值综合定价，以赢得消费者认可，实现双赢。

二、网络营销定价方法

（一）网络营销定价方法一

网络营销定价2

一家以销售为主的网店，产品通常分为四类：引流款、活动款、利润款、形象款。我们所说的网络营销定价，基本上就是把握好这四类产品的定价技巧。

1.引流款

引流款的主要目的是为店铺引入流量。引流款一般都是大众化的产品，相比于类目属性环境下的竞争对手，引流款具有价格或其他方面的优势，从而更利于占领“展示优势”的位置，后期可带来较大的免费流量。引流款不是利润的主要来源，其特点是毛利率低，甚至零利润。

2.活动款

活动款有三大作用：清库存、冲销量、品牌体验。天猫店铺较多采用聚划算、淘抢购等方式，淘宝店铺多采用天天特价、淘金币等方式。活动款通常都是企业前期以高于市场均价水平进行销售，后续在活动推广期间进行折扣促销的产品。贪图便宜而购买产品的客户不是企业的终端目标客户。只是因为价格而在活动期间购买产品的消费者，其复购率非常低。活动款的主要目的是做品牌体验。

3.利润款

一家网店大部分的产品都应是利润款。利润款是盈利产品，关乎网店整体的盈利。企业应根据市场定价区间中等偏高的估值来确定利润率。这类产品流量不大，其流量主要来自引流款和活动款的导入。因此，企业要做好关联销售，有效提升利润款的销售量。

4.形象款

企业应选择一些高品质、高调性、高客单价的极小众产品作为形象款，以迎合目标客户群体中的特定细分人群。形象款应占产品销售中的极小一部分，目的是提升品牌形象。

（二）网络营销定价方法二

1.新上市产品定价

（1）对花色、款式翻新快的时尚新品，可定较高的价格；

（2）对市场上经营稳定的产品，可定适中的价格；

（3）对尚未打开市场但有较大潜力的新品，可以把价格定得稍低些（如设置“新品尝鲜价”），以达到迅速扩大市场占有率的目的。

2.产品成熟期定价

当市场上同类产品竞争激烈，仿制品和替代品日益增多时，利润也达到顶点，此时的定价也需要调整。

具体操作：企业可将产品价格定得低于同类产品，以排斥竞争者，维持销售额的稳定或进一步增长。重点是正确掌握降价的依据和降价幅度，每次调价控制在一定幅度。

3.产品衰退期定价

产品衰退期存在两种情况，企业要根据不同情况采用不同的定价操作：

（1）若替代品满足不了需求，那么旧款可以维持一定的市场份额，不急于降价；

（2）若替代品供应充足，消费者转向替代品，则会加速旧款退出市场的速度，此时企业应果断降价，以保证销量、回收投资。

（三）涨价与降价

1.涨价

什么情况下涨价？例如：企业前期低价冲销量，后期就要涨价，因为经营的基本目标是盈利，这样才可以生存。企业应考虑投资和市场，在合适时机应涨价以获取盈利。企业应采取阶梯式涨价方式，而不能大幅涨价，每次涨价不要超过12%，超过12%就会影响转化率。涨价的考核标准是转化率，而不是简单看销量，也不是说达到多少销量才能涨价。如果转化率高于同行均值，此时企业就可以涨价。

2.降价

如果确定是因为价格过高而影响了转化率，那么企业就要考虑降价。降价之前，企业最好能通过发放优惠券的方法进行测试，如果效果好，那么随时可以降价。降价幅度同涨价一样，一次不要超过12%，也是以转化率为标准。

三、网络促销

网络营销促销

（一）网络促销的作用

（1）告知功能。网络促销能够将企业的产品、服务、价格等信息传递给目标受众，引起他们的注意。

（2）说服功能。网络促销的目的在于通过各种有效的方式，消除目标受众对产品或服务的疑虑，说服目标受众坚定购买决心。企业通过网络促销活动，宣传自己产品的特点，使消费者认识到企业的产品可能给他们带来的特殊效用和利益，进而乐于购买本企业的产品。

（3）创造需求。运作良好的网络促销活动不仅可以诱导需求，而且可以创造需求，发掘潜在客户，扩大销量。

（4）稳定销售。由于某种原因，一个企业的产品销量会时高时低，波动很大。企业通过适当的网络促销活动树立了良好的产品形象和企业形象，往往有可能改变消费者对本企业产品的认识，使更多的消费者形成对本企业产品的偏爱，达到稳定销售的目的。

（5）反馈功能。在网络促销过程中，企业能够获取更多的潜在客户咨询以及实际交易的数据和信息，信息的准确度高、可靠性强，对企业经营决策具有较大的参考价值。

（二）常见的网络促销方式

（1）打折促销。常见方法有：1）限期折；2）名次折（前 *n* 名购买者折扣）；3）会员折（老顾客维护）。

（2）满就送（减）/关联销售。常见方法有：1）买A送B；2）买A，B半价；3）买 *m* 个，送 *n* 个；4）买A，加 *m* 元送B；5）满 *m* 元，返还 *n* 元（返还现金）。

（3）包运费。常见方法有：满 *m* 件或 *m* 元，包平邮/快递。

（4）优惠券。常见方法有：1）定期向老顾客发放；2）平台设置限量领取；3）买满多少送优惠券。

（5）免费试用。设立免费试用条件，让顾客申请，最终只有小部分人能获得。

（6）天天特价。淘宝网“天天特价”定位为小卖家扶持平台，专门扶持有特色的货品、独立货源、有一定经营潜力的小卖家，为小卖家提供流量增长、营销成长等方面的支持。其报名、审核、排期和展现均为系统自动处理，不收取任何费用。

（7）拍卖。常见方法有一元拍、荷兰拍等。

（8）团购。常见方法有聚划算、美团等。

（9）会员制度/积分。大部分的网站都有这一项功能，会员购物可以在交易中自动打折。

（10）赠送红包。卖家可在支付宝账户里冻结一部分钱，作为红包资金送给顾客。

淘宝网店内基本促销工具和全站促销工具展示分别如图1-13、图1-14所示：

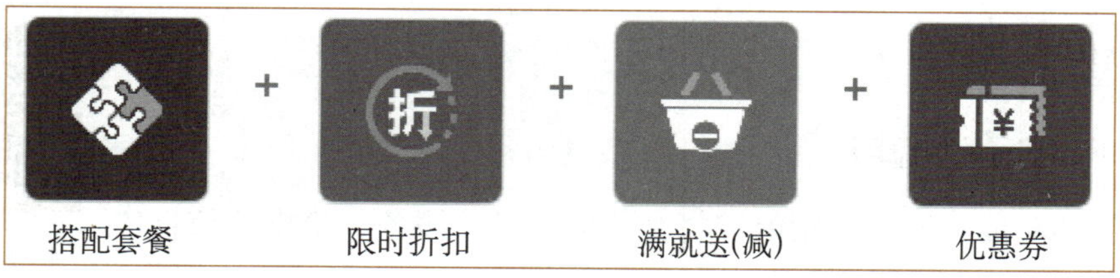

图1-13 淘宝网店内基本促销工具

图1-14 淘宝网全站促销工具

（三）网络促销实施程序

网络促销实施程序由以下六个步骤组成：

1.确定网络促销对象

网络促销对象是针对可能在网上产生购买行为的消费者群体提出来的。这一群体主要包括三部分人员：产品的使用者、产品购买的决策者、产品购买的影响者。

2.设计网络促销内容

网络促销的最终目的是引起购买，这个最终目的是要通过设计具体的信息内容来实现的。消费者的购买过程是一个复杂的、多阶段的过程，企业应根据购买者所处的购买决策过程的不同阶段和产品所处的生命周期的不同阶段来决定促销内容。

3.决定网络促销组合方式

网络促销活动主要通过网络广告促销和网络站点促销两种方式展开。由于企业的产品种类不同、销售对象不同，促销方法与产品种类和销售对象之间会产生多种网络促销的组合方式。企业应根据自己产品的市场情况和消费者情况，扬长避短，合理组合，以达到最佳的促销效果。

4.制定网络促销预算方案

在网络促销实施过程中，企业的首要任务是预算方案的制定，包括：

（1）确定网络促销的目标；

（2）明确网络促销的方法及组合的办法；

（3）明确希望影响的是哪个群体、哪个阶层，是国外的还是国内的。

5.衡量网络促销效果

网络促销实施过程中，企业必须对已经执行的促销内容进行评价，衡量促销的实际效果是否达到了预期的促销目标。

6.加强网络促销过程的综合管理

企业应对网络促销实施过程的有效性进行控制和管理。

素养提升

“富有中国心、饱含中国情”的诚信老板

一个阳光明媚的秋日周末，陈懿学姐所在的戏曲协会与绍兴嵊州的一家越剧演出公司有一场公益活动。一场关于2023年中国非遗文化的义演结束之后，陈懿和菲丽希亚相伴来到了临近的浙江义乌小商品批发市场。小商品市场中琳琅满目的玩偶和工艺品通常都是女孩子的最爱。菲丽希亚和陈懿学姐都忍不住挑选了好多心爱的玩偶，还不忘给寝室同学也捎上了一些。结账的时候，老板说：“小姑娘，欢迎来到浙江义

乌。我们本来是不做零售的，因为你们是远道而来的宾客，我们仅表达对远方客人的欢迎，破例接待。”陈懿和菲丽希亚感谢老板的同时，也为玩偶和工艺品仅收取了92元人民币感到震惊。老板表示，商城主要从事外贸出口批发，生意从来都是童叟无欺，定价公开透明，因为中国供应链的完善，并且少了中间环节的成本，利润合理即可。两人对老板富有中国心、饱含中国情、诚信经营、诚恳待人感到温暖。店老板的“慎独精神”留给她们深刻的印象。

社会主义核心价值观中的“诚信”，即诚实守信，是人类社会千百年传承下来的道德传统，也是社会主义道德建设的重点内容，它强调诚实劳动、信守承诺、诚恳待人。

任务实施

任务实施如表1-19所示。

表1-19　任务实施

步骤	操作要求和说明
一、了解市场及竞争对手	1. 登录淘宝网（http：// www.taobao.com） 2. 依次输入香榧、碧根果、山核桃、开心果 3. 分析这4款产品销量最大的8家店铺，其商品销量、价格以及采用的促销方式
二、定价	1. 根据坚果类商品竞争分析，选择香榧、碧根果、山核桃、开心果 2. 假设这4款商品分别是引流款、活动款、利润款、形象款，请为这4款商品定价 3. 每年12月至次年1月是坚果的消费高峰，分析利润款商品定价的变动与策略 4. 9月香榧上市，请根据产品生命周期为其定价
三、促销	1. 根据坚果类网店的分析情况，选择香榧、碧根果、山核桃、开心果 2. 制定促销预算方案 3. 为店铺设置满就送、买满包邮、限时折扣、优惠券促销 4. 设置全站的促销活动：天天特价、淘金币、免费试用
四、策略应用（涨价、降价）	1. 分析香榧在什么情况下适合涨价 2. 分析香榧在什么情况下应该降价
五、效果评估	定价策略、预算方案、促销方式应用、访问量、销售额

评价反馈

评价反馈如表1-20所示。

表1-20　评价反馈

评分项目	评分标准	分值	得分
定价	定价策略的使用≥3 种，利润款定价区间计算	30	
促销	促销方法的使用≥3 种，促销方法分析	30	
促销与预算方案	促销内容方案、预算方案	20	
效果分析	访问量提升＞200，周销售额提升＞3%	20	
合计		100	

知识拓展

一、企业定价策略的应用

（一）新产品定价策略

常见的新产品定价策略有三种：（1）撇脂定价策略；（2）渐取定价策略；（3）中间定价策略。

（二）产品阶段定价策略

产品阶段定价策略是指在对产品生命周期进行分析的基础上，依据产品生命周期不同阶段的特点而制定和调整价格。主要方法有：（1）引入期（试销期）定价策略；（2）成长期（畅销期）定价策略；（3）成熟期（饱和期）定价策略；（4）衰退期（滞销期）定价策略。

（三）折扣价格策略

折扣价格策略是企业为调动各方面积极性或鼓励消费者做出有利于企业的购买行为而采取的策略。常见的有以下四种：（1）数量折扣策略；（2）季节折扣策略；（3）现金折扣策略；（4）业务折扣策略。

（四）心理定价策略

常用的心理定价策略有以下六种：（1）组合定价策略；（2）尾数定价策略；（3）整数定价策略；（4）期望与习惯定价策略；（5）安全定价策略；（6）特价品定价策略。

（五）相关商品定价策略

相关商品是指与本商品在最终用途和消费购买行为等方面具有某种相互关联性的商品。相关商品定价策略主要有：（1）互补商品定价策略；（2）替代商品定价策略。

（六）地理定价策略

地理定价策略主要包括：（1）FOB 产地定价策略；（2）统一交货定价策略；（3）区

域定价策略；（4）基点定价策略；（5）免收运费定价策略。

二、网络促销知识点补充

（一）网络促销的推进

企业应按照以下步骤推进网络促销活动：（1）用户调研；（2）方案执行；（3）团队安排；（4）活动节奏掌控；（5）备用方案确定；（6）应急方案及措施制定；（7）结果处理、分析；（8）价格梯度调整。

网络促销活动的终极目标是销量，但是企业不能只关注销量，通过活动企业可以得到的数据有很多，如流量、跳失率、转化率、客单价，这些数据非常有用，值得企业深入分析。通过分析哪些数据好、哪些数据差、为什么差，企业可以在今后的网络促销活动中加以改善和优化。企业只有了解消费者的喜好和需求，才能做到迎合消费者的胃口，并最终赢得市场。

（二）网络促销与传统促销的区别

虽然传统促销和网络促销都是让消费者认识产品，引发他们的注意和兴趣，激发他们的购买欲望，并促使其最终实现购买行为，但由于互联网强大的通信能力和覆盖范围，网络促销在时空观念、信息沟通方式、消费群体和消费行为等方面与传统的促销活动相比，均有较大的区别。

1.时空观念的区别

以产品流通为例，传统的产品销售和消费者群体都受地理半径的限制，而网络营销突破了这个半径，使产品流通范围触及全球；传统的产品订货具有时间的限制，而在网络上，订货和购买可以在任何时间进行。时空观念的变化要求网络营销者随之调整自己的促销策略和具体实施方案。

2.信息沟通方式的区别

多媒体信息处理技术提供了近似于现实交易过程中的产品表现形式。双向的、快捷的、互不见面的信息沟通方式将买卖双方的意愿表达得淋漓尽致，也留给双方充分思考的时间。在这种环境下，传统的促销方式显得软弱无力。

3.消费群体和消费行为的区别

在网络环境下，消费者的观念和消费行为都发生了很大的变化。网络购物者是一个特殊的消费群体，具有个性化的消费需求。这些消费者直接参与生产和商业流通的循环，他们普遍大范围地选择和理性地购买商品。这些变化对传统的促销理论和模式产生了重要影响。

网络促销虽然与传统促销在促销观念和手段上有较大差别，但推销商品的目的是相同的。一方面，企业应当理解这种依赖现代网络技术、互不见面、完全通过互联网交流思想和意愿的商品推销形式；另一方面，企业应当通过与传统促销的比较去体会二者之间的差别，吸收传统促销方式的整体设计思想和行之有效的促销技巧，打开网络促销的新局面。

实训练习

学生以 4 人为一小组，根据默认的食品（坚果类商品）给店铺商品定价并开展适当的促销活动，以获取市场竞争优势，提升网店整体销量和销售额。

要求：

（1）登录注册的淘宝卖家中心；

（2）分析坚果销量最大的前 8 家店铺的销售量、定价、促销方式；

（3）根据店铺运营目标，确定店铺引流款、活动款、利润款、形象款的定价；

（4）制定促销预算方案；

（5）根据目标，设置店内活动促销，如满就送、包邮、优惠券、限时折扣；

（6）设置全站促销活动，如天天特价、淘金币、免费试用；

（7）撰写一份 800 字左右的定价与促销分析报告。

备注：课内时间完成不了的训练任务，可以延长到课外完成，时间为一周。

项目二

网络营销推广

任务五　平台电商营销
——爆款打造

网络营销核心内容是围绕公式“成交额 = 访问量 × 转化率 × 客单价”展开的。本任务训练和研究影响成交额的三大因素中的访问量因素，训练内容是应用爆款打造的营销方式来提升网店访问量。

学习目标

知识目标：

理解爆款打造的作用和原理；

掌握爆款打造的流程和运营策略。

能力目标：

能够应用爆款打造来提升网店的访问量。

素质目标：

自觉践行职业精神和职业规范，增强职业责任感。

任务引入

根据网店提升访问量的目标，对店铺坚果类商品经营情况进行分析，选择其中一款商品进行爆款打造。爆款引导消费者进入网店，起到网店数据入口的作用，从而提升店铺流量和销售额。

相关知识

从成交总额（GMV）或月活跃用户数（MAU）的角度来评价，淘宝 / 天猫、京东、拼多多依然是主流电商平台。淘宝 / 天猫、京东、拼多多等平台占据了我国电子商务市场近70%的市场份额。平台之间虽然有一定的差异，但是平台营销的基本理念是一致的。平台网店经营中，打造爆款商品的能力是衡量一家店铺运营成功与否的关键指标。

爆款是指那些销量特别大的某一个单品或某一类商品。网店通过打造某一个明星商品获取流量，进而为下一步的购买转化做准备。打造爆款是为了提升网店的曝光量，积累人气，提升排名和销量，以及带动店铺的关联销售，从而提高整体销售额，获得更多利润。

“无爆款，不店铺”一直是网店运营的核心内容。虽然淘宝网2015年的新规中降低了销量的权重，提升了转化、评价等因素的权重，但目前这一指标还是影响消费者购买行为习惯和淘宝网自然搜索排序的重要因素，它影响网店的综合指数（DSR）权重得分，并最终影响商品在显示页面的排位。

淘宝网搜索结果中，有综合排序、人气排序、销量排序、信用排序和价格排序五种。日常网店在运营中，电商产品结构定位有四类产品，分别是引流款、活动款、利润款、形象款。结合淘宝网商品展示规则，爆款依然是一个店铺生存和发展的重要条件。

二八定律（原则），又名80/20定律、帕累托法则。在对宁波地区的部分连锁企业实体店铺的调研中我们发现，不仅店铺80%的利润来自20%的顾客，而且店铺通常只有20%的商品热销，其他80%的商品销量很少，但这80%的商品一旦减少或撤柜，将影响另外20%的商品的销量。结合校企合作的天猫旗舰店和京东商城店数据分析我们发现，网店也存在同样的情况。也就是说，能正常运营盈利的店铺都有20%的热销商品，这就是我们要研究的爆款。只是对于网店来说，爆款不仅影响最终的销售额，而且影响网店的综合指数。

爆款一般是能进入商品主要关键词销量排名第一页的商品，常指前4排16个商品。因此，打造爆款的第一步是计算出打造爆款所需要达到的数量，即前面4排16个商品的销量加权平均数。通过市场调研我们发现，在购买非标准商品时，选择按销量排序的人约占30%；在购买标准商品时，选择按销量排序的人约占20%。

一、爆款打造基础

（一）爆款产生的原因

认识爆款打造与选品

1.羊群效应

调研数据显示：消费者具有从众心理，有很多人购买某商品，大家自然而然会觉得该商品不错。

2.购买记录和评价

购买记录本身是对这一商品的肯定，评价则能透露出更多信息。特别是不好的评价，能够使该商品信息展示得更加完整和真实，从而使消费者全面了解，便于其做出是否购买的决定。

3.淘宝网推荐策略

淘宝网是单品为王，主推商品而不是商家。有一个形象的比喻可以说明这一点：传统店铺的客户都是从大门进来的，而在淘宝网，客户是从窗户进来的。淘宝网单品入口的流量通常超过主页流量。热卖商品的权重越高，越会被推荐至首页，为整个店铺带来巨大的流量。

（二）打造爆款的作用

（1）爆款是网店的数据入口；

（2）爆款能够直接拉动店内的关联销售，从而带来直接的利润；

（3）爆款能够带来好的口碑，提高店内的 DSR 动态评分；

（4）爆款能够提高产品销量，提高店铺及宝贝排名，使自然流量增多，节约广告投入。

（三）爆款打造原理

1.消费者行为习惯

从消费者行为学、社会心理学研究理论引申，消费者通常希望在最短的时间，希望“快、准、省”地找到符合自己需要的、性价比高的商品。研究发现，消费者购物时，在电商平台浏览商品的过程中，最终在前面 5 页展示的商品中购买的比例超过 70%。

2.电商平台规则

2023 年，我国社会消费品零售总额达 47.1 万亿元，全国网上零售总额达到 15.42 万亿元，而平台电商占据网络零售近 70% 的市场份额。所以，企业在进行市场经营时，应紧跟“互联网 +”时代步伐，开设电子商务渠道是正确的发展策略。电子商务的重点是平台电商。所以，企业应以目前市场占有率最高的几个平台——“淘宝、京东、拼多多、美团”为研究对象，研究平台商品的推广规则，努力让商品能够进入消费者习惯的购物范围。这就是爆款打造的意义。

电商平台爆款打造原理如图 2-1 所示。

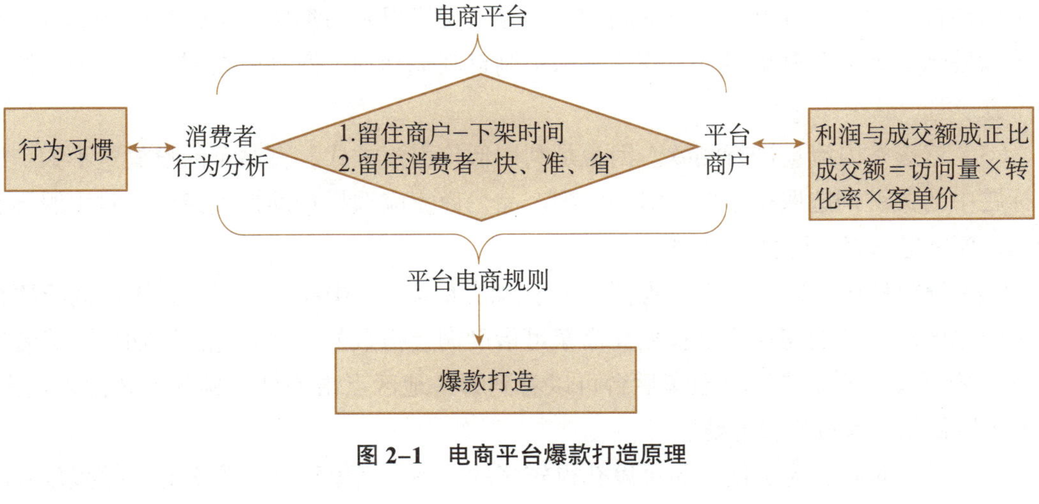

图 2-1　电商平台爆款打造原理

二、产品选款和产品测款

（一）产品选款

打造爆款的第一步是商家在平台店铺中挑选1～2款产品进行测试，最终确定适合用来打造爆款的产品。选款的原则一般包括以下5个方面：

（1）所选产品应有库存以及良好的供货渠道，保证货源充足。只有在确保库存足够的情况下才能推广，否则会导致爆款推广后没有货发，或不能按约定时间发货。如果是预售产品，商家应在产品详情页中说明发货时间。

（2）所选产品在市场上应有一定的竞争力。商家应选择当期热销的产品，而不是过时的产品，选择点击率、转化率、停留时间、收藏数量高的产品。

（3）所选产品应有高性价比。产品的价格不能太高，同时质量要过关。

（4）分析市场，赢得先机。商家不能总选择市场上的爆款产品。即便该款产品现阶段比较畅销，但当进货后上架时，该款产品可能已经过了销售的旺季，也就失去了爆款的价值，因此，商家需要分析产品的市场趋势。

（5）商家应尽量选择卖点鲜明的产品。

（二）产品测款

产品测款，即针对初选的产品进行销售测试，通过消费反馈对产品进行综合评估，为最终的定款提供数据依据。商家刚开始打造爆款时，可根据自身情况投放直通车。通常有两种做法：一是低价引流测款；二是高价烧车①测款。低价引流测款的方式比较经济实惠。产品测款流程如下：

（1）明确要测款的产品，确定好标题、详情页、营销文案、关联产品等。

（2）选择两款产品进行测试，制订两个计划，基于每个计划形成四个创意。创意要有不同的推广图片、标题，注意标题和图片营销文案以及后期所选关键词的相关性，然后轮播展示。如果要测更多款，商家可以再制订其他计划。商家应在同一个计划中测试两个款。

（3）首选站内流量进行测款。因为是利用低价引流方式，直通车的投放量不大，所以标题中的关键词选取很重要。对于农副产品，商家应选择精准性关键词；对于服饰类产品，商家应选择广泛性关键词。

（4）投放地区。以服装类目为例，由于测款大部分集中在换季初期，因此商家要根据不同地区对产品的需求区别投放。商家可借助淘宝指数的“搜索地区”功能，或者其他可以分析地区的工具。直通车后台可以看到哪些地区点击率高、哪些地区搜索量大，商家可以依据结果调整投放地区。

（5）投放时间。为了使产品可以获得较多的展现，商家可从上午8时开始投放，晚

① 车：指淘宝直通车。

间12时结束。测试期间，商家应尽量增加无线端流量。因为无线端流量大，商家容易获取直观数据，如点击率、收藏等。至于具体哪个时段最佳，商家可结合自身店铺的流量分布调整，这样更有针对性。

以上设置好之后，商家就可以开始稳定地投放了，并关注相关的直通车变动情况。因为是低价引流，选词、出价都是比较低的，测款周期也比较长，基本在3～5天。其间商家需要关注的是点击量、点击率、投入产出比、转化率、成交笔数、收藏、加购物车等，然后分析有数据反馈的关键词，删减无用词，增加有用词。

（三）测款数据指标

1.点击率

点击率直接反映买家是否对产品感兴趣。有潜力的产品在没什么销量的条件下依然可以获得较高的点击率。图片的设计创意也有很大影响，简单、直接的图片能够反映真实、有效的数据。

2.收藏、加购物车

收藏和加购物车的数据反映了某款产品的潜力，收藏、加购物车越多，说明潜在客户越多，商家全力引流后，潜在客户转化为成交客户的概率越高。通常而言，收藏、加购物车的比重在15%～30%属于高水平。

3.转化率

转化率直接反映买家对产品的认可度。如果商家刚开始进行产品测试时，就有很高的转化率，那么这款产品适合打造成爆款，在后续的推广力度下该款产品会有更大的销量。商家转化的数值和行业持平也是不错的表现。

4.页面停留时间、访问深度

页面停留时间越长，说明买家对产品的关注越多，购买这款产品的可能性就越大。访问深度有助于商家更好地优化产品详情。

5.跳失率

某产品的跳失率越高，说明该产品越不受欢迎，吸引力越小，前提是产品的内页已做好。

三、爆款打造操作流程

爆款打造流程

（一）筛选期（明确目标）

打造一款爆款之前，商家首先要明确目标：爆款销量目标是多少？选择哪款商品？投入多少广告预算？然后对市场及商品进行分析、分解、调研，以经营者的身份分析市场，从消费者的角度分析其对商品的需求。

（1）商家应以经营者的身份调查市场，了解市场环境，从而确立爆款目标销量。商家应根据搜索关键词查看行业销量前4排的商品，确定目标销量、店铺日均UV（独立访客人数）、日销量，并根据所选推广工具计算出推广预算是否在店铺可承受范围之内。

（2）商家应从消费者的角度选择商品。商家可运用直通车测试法，从店铺内选择5～6款比较有潜质的商品，同时加入直通车测试一周。然后商家应根据直通车转化情况，从数据出发，转化成交高者胜，筛选访客数多、平均访问时间长、跳失率低的潜力单品，进行爆款培养。爆款的价格要低于店铺的平均客单价。同时，商家可利用生意参谋等软件找出竞争对手的热销商品。

（二）培养期（投放推广）

商家确定要打造的商品后，便进入爆款培养阶段。商家进行投放推广时，需要完成以下事项：

1.优化商品，调整页面

三要素：主图、标题、价格。商品主图是否传递出商品的卖点与利益点？商品详情页中，卖点有没有突出？有没有细节展示、多角度展示？是否有售后保障？是否从消费者角度出发，打消并解决了消费者的疑虑与问题？等等。

2.推广引流

推广工具有秒杀、限时折扣、满就送、包邮、优惠券、搭配销售等，商家可以通过优惠促销来刺激买家，让其在最短的时间内做出购买决策。商家可根据店铺情况及之前的推广预算，选择合适的推广方式。如果以直通车为主，商家应对直通车进行调整，筛选关键词，调高出价，修改推广内容，更替图片进行测试。

3.客服推荐与反馈

除了优化页面、推广引流，销售环节的客服营销转化也是非常关键的一步。商家应不定时抽查客服人员的聊天记录，搜集消费者的反馈信息，确认客服人员是否进行了重点推荐等。商家可从客服人员反馈的信息中获知消费者关注的信息，从而进一步调整。

4.老客户营销

由于商家向老客户营销的精准度相对较高，因此商家利用老客户的资源进行爆款的初始推广具有绝对的优势。商家相关人员可在日常工作中建立QQ群、微信群，以维护老客户。商家综合运用老客户营销和推广工具，有助于资源互相交叉，从而促使销量快速提升。

5.合法刷单

商家相关人员可推荐老客户和朋友圈的潜在客户购买，待其收货好评后返其佣金，或者以低折扣的亏本价格吸引老客户和圈内朋友购买以增加成交量。

（三）成长期（加大推广、数据监测与跟踪）

对商品各项运营数据的监测及跟踪是核心要点。根据数据分析，商家能够确定成长期的工作重点与方向。在培养期，商品已经有一定的销量，流量基本稳定，转化也趋于稳定。此时，商家应该增加流量，主要方法有以下几个：

1.优化标题

自然搜索是淘宝网优质的免费流量。在培养期，商品已经有了一定的销量基数，这时，商家可在标题关键词中加入热度词。商家改过一个关键词后，基本上15分钟后就能看到是否有效果。

2.加大推广力度

商家应继续优化关键词，测试点击率和质量得分是否有效提升，从而调整出价排名，同时删除质量得分低的关键词和无转化且点击成本高的关键词。另外，单靠关键词所带来的流量有限，商家也要开通类目出价和定向出价。开通了类目出价和定向出价后，相对应的直通车的流量正常情况下会提升。

3.店铺内流量导入

店铺内流量导入可以从三方面入手：（1）店铺首页的横幅广告推荐导入；（2）商品详情页推荐导入；（3）左侧栏推荐位推荐导入。

4.免费活动流量

在成长期，商家需要大量的流量导入，除了自然搜索、推广工具的使用外，商家可利用各种活动资源进行流量冲锋。商家需要综合应用各种营销推广工具打造爆款，并充分利用论坛、微博 / 博客、QQ群、微信群等平台宣传促销信息。

（四）成熟期（反馈分析）

在成长期疯狂增长后，商品的流量、转化率、销量等各项数据都已接近峰值。商品的转化率基本达到7%～8%，销量大幅提升。

打造爆款能否达到最终的目标，关键看执行操作过程中能否关注每个细节。例如：转化率上不来，除了商品页面问题外，客服人员有没有推荐？顾客的评价是否反映了一些问题？搜索流量下降，是因为商品标题进行了调整、商品被投诉降权，还是因为搜索规则发生了变化？商家应从结果中寻找问题、寻找原因，从而找出对应的解决方案，直至解决问题。

四、爆款打造运营策略

爆款打造是电商平台运营的核心业务，关系到企业和店铺的生存与发展。不同的行业和产品在爆款打造运营过程中，有一定的共性策略（见表2-1）。

表2-1　爆款打造运营策略

第一阶段（筛选期）	第二阶段（培养期）	第三阶段（成长期）	第四阶段（成熟期）
1. 产品上新，测图测款，多点开花 2. 确定主推款、活动款 3. 建立可控流量：推广流量、老客户、自然流量	1. 优化主图、详情页、评价 2. 打造极致爆款，类目排名进入前20或更高 3. 活动资源位选择与对接	1. 关联搭配，赠品，提高客单价 2. 培养第二阶梯产品，抢占类目排行，三款以上产品 3. 加大广告投放，为大促活动蓄水	1. 大促爆发 2. 产品种草及老客户维护 3. 爆发期过后营销策略应用

素养提升

诚实守信的职业规范

转眼来到11月，“双11”是电商的一个重要购物节。在陈懿学姐的影响下，菲丽希亚也本土化了。她喜欢通过电商平台淘各种中国特色的艺术品，购买中国风的旗袍，也会跟风购买具有地方特色的零食。这次她买了一份四川麻辣风味的“张飞牛肉干”。品尝了一小包后，麻辣味让她颇感压力，因为吃不惯，只能无奈退货。网店对这笔退货快速进行了同意处理，平台也进行了“先行赔付”。一次特殊的购物体验让菲丽希亚对中国特色社会主义法治观念有了进一步的认识，对各行业的职业规范和职业精神有了更深的了解和认可，这也成了她向家人和国外小伙伴炫耀的话题。菲丽希亚深刻体会了在中国生活的便捷、国家治理有序、社会各行业规范有序，店家的职业服务精神令她印象深刻。

任务实施

任务实施如表2-2所示。

表2-2　任务实施

步骤		操作要求和说明
一、筛选期	选款	1. 分析网店现有商品的浏览量、页面停留时间、转化率和销量 2. 分析预选商品的收藏人气、库存、页面停留时间、跳失率 3. 筛选确定2～3款商品
	测款	1. 利用QQ、微信、短信，向老客户发放优惠券，让老客户优先选择商品 2. 利用微博/博客、论坛进行推广，运用直通车、淘宝客推广 3. 判断流量、转化率、销量
二、培养期		1. 根据前期数据进行SEO优化 2. 客服话术培训
三、成长期		1. 淘宝客、直通车加大力度 2. 深化SEO、详情页转化率监控优化 3. 微博/博客、帮派造势 4. 参与站内站外活动
四、成熟期		1. 维系引爆阶段的活动，增加回馈活动 2. 爆款连带效应——以老带新，梯级成长 3. 详情页关联销售方案
五、效果评估		商品的曝光量、访问量、转化率、销量等

评价反馈

评价反馈如表 2-3 所示。

表2-3 评价反馈

评分项目	评分标准	分值	得分
选款流程	选款方法及流程、测款方式及效果	30	
免费推广工具应用、付费推广工具应用	爆款培养期，对论坛、微博 / 博客的推广应用；直通车、淘宝客、其他付费推广的应用	30	
曝光量与流量	商品曝光量＞500，点击量＞60	20	
转化率与销量	商品转化率达到 1%，有 5 件以上的销量	20	
合计		100	

知识拓展

一、爆款打造失败的原因及解决方法分析

（一）失败原因

（1）对打造爆款没有清晰的认知，不知道从何处下手，没有具体的步骤和方法。

（2）商品详情页设计得不完善，商品本身没有测试，对同行没有进行对比分析，以确定自己的优势。

（3）问题的解决方法错误，如频繁修改标题、主图。

（4）没有统计数据的习惯，而是随性地打造爆款。一旦出现问题，商家无法作出准确分析和判断。

（二）解决方法

针对以上失败原因，商家可参考以下几种解决方法：

（1）选定一款商品，打开生意参谋软件，分析其市场行情；

（2）从市场行情中淘词，选取商品对应的核心关键词，越匹配越好；

（3）将选好的关键词放到阿里指数中，从搜索量、年龄段等方面进行分析；

（4）运用钻石展位自定义法、直通车单品法、直通车店铺推广法、店内导流法等方法测款；

（5）制订爆款未来 1 个月的推进计划，包括流量、转化率、直通车何时介入、创意如何做、测试主图等；

（6）安排“买家秀＋文字评论”内容，准备布局评价内容；

（7）策划好商品详情页内容，进行价格评估，拟定标题优化进阶方案；

（8）每日更新微淘、微博 / 博客，与粉丝形成互动，引导更多的买家关注店铺动态；
（9）形成互动之余引导更多的买家进行社区分享。

二、爆款后续工作——推出新品

一种产品进入市场后，其销量和利润都会随时间推移而改变，呈现由少到多再由多到少的过程，由诞生、成长到成熟，最终走向衰退。这就是产品的生命周期现象。

根据产品的生命周期理论，处于衰退期的产品即将下线，这时商家不可以盲目订货，而应清理库存，在下一个爆款来临之前将库存清完。商家应在产品下市之前选定新的产品并重新将其打造成爆款。

三、测试商品排名

由于很多电商平台具有千人千面的智能推广功能，因此，商家在经营的过程中，如果需要确定爆款商品在某个关键词下的自然排名，可以借助第三方排名分析软件，如淘大象、口袋查排名等。通过第三方工具，商家在打造爆款的过程中，可以关注自己拟打造商品的实时排名。这里需要注意，以淘宝平台为例，商品排名的数据是实时更新的，晚上 7:00 至 10:00 期间，每 30 分钟更新一次；而在其他时间，每 15 分钟更新一次。

另外一个技巧是查找淘宝榜单。商家可打开淘宝 App，在搜索页输入“天猫榜单”，即可查看天猫各品类的热销榜、好价榜、新品榜、好评榜。

实训练习

对坚果类目店铺的商品进行分析。学生以 4 人为一小组，初选符合基本条件的商品，通过测试后，应用免费和付费的推广方式进行爆款的打造，提高小组网店的曝光量、访问量和转化率。

要求：

（1）为坚果类目店铺选择欲打造爆款的商品。

（2）根据店铺现状及经营目标，分析爆款打造 4 个阶段的工作内容：

1）筛选期（明确目标）；

2）培养期（投放推广）；

3）成长期（加大推广、数据监测与跟踪）；

4）成熟期（反馈分析）。

（3）结合爆款打造流程撰写一份工作任务进度表。

（4）撰写一份 500 字左右的爆款打造分析报告。

附件：××公司2023年新开设的天猫商城爆款打造计划（见表2-4）

表2-4 ××公司2023年新开设的天猫商城爆款打造计划

<table>
<tr><th>目的（O）</th><th>目标（G）</th><th>策略（S）</th><th>衡量（M）</th><th>行动方案（T）</th></tr>
<tr><td rowspan="14">单店相册类目排名前8，够4人基本运营费用</td><td rowspan="6">全年目标销售额330万元</td><td rowspan="3">爆款打造</td><td rowspan="3">爆款综合搜索排名前10</td><td>月销量持续增加后稳定</td></tr>
<tr><td>关键词优化，直通车及钻石展位定向配套，评价、问答及时维护</td></tr>
<tr><td>花色持续更新，根据消费者意见适时进行改进</td></tr>
<tr><td rowspan="3">次爆款打造</td><td rowspan="3">两款次爆款二级词综合搜索排名前10</td><td>选择精准度高的单品作为次爆款，通过阿里旺旺、微信做好客户体验，带动次爆款销量</td></tr>
<tr><td>关键词优化，直通车及钻石展位定向配套，评价、问答及时维护</td></tr>
<tr><td>与市场产品有明显的差异</td></tr>
<tr><td rowspan="8">全年店铺价值42万元</td><td rowspan="2">全店动销率提升</td><td rowspan="2">全店动销率80%以上</td><td>固定会员日、直播时间，微淘定时更新及互动</td></tr>
<tr><td>运作微信公众号，吸引粉丝浏览关联销售，客单件在两件以上</td></tr>
<tr><td rowspan="2">广告占比</td><td rowspan="2">ROI控制在1∶1.8以内</td><td>直通车、钻石展位</td></tr>
<tr><td>麻吉宝、淘宝客</td></tr>
<tr><td rowspan="2">商品成本占比</td><td rowspan="2">商品成本占比小于50%</td><td>结构工艺改进，降低成本价格</td></tr>
<tr><td>产品相对集中，增加爆款产量</td></tr>
<tr><td rowspan="2">物流包装成本占比</td><td rowspan="2">物流包装成本占比小于10%</td><td>相册规格统一，赠送配件统一</td></tr>
<tr><td>做好服务，减少售后</td></tr>
</table>

月份	1月	2月	3月	4月	5月	6月	7月	8月	9月	10月	11月	12月	合计
销售额（万元）	10	10	12	18	25	32	36	36	36	35	45	35	330
店铺价值（万元）	0	0	1.2	2.7	2.8	4.8	5.2	5.2	5.2	4.2	5.5	5.2	42
爆款销量（件）	1 000	1 000	1 200	1 800	2 500	3 200	3 600	3 600	3 600	3 500	4 500	3 500	33 000
次爆款销量（件）													
爆款销量占比	69%	69%	69%	69%	69%	69%	69%	69%	69%	69%	69%	69%	69%

任务六 淘宝联盟推广——淘宝三驾马车投放

企业网络营销体系构建的核心内容模块是平台营销。平台营销除了爆款打造以外，还有一个重点工作就是使用平台重点推广工具以获取平台流量。本任务的训练内容是应用淘宝联盟万相台的营销推广方式来提升网店访问量。

学习目标

知识目标：

了解淘宝联盟万相台的使用；

掌握淘宝三驾马车——关键词推广（直通车）、淘宝客推广、精准人群推广（引力魔方）的应用。

能力目标：

能够运用淘宝联盟万相台来提升网店的访问量。

素质目标：

树立社会主义核心价值观，深刻领会“自由、平等”价值观的科学内涵。

任务引入

根据网店提升访问量的目标，对店铺坚果类商品经营情况进行分析，应用淘宝联盟推广的营销推广方式来提升网店的曝光量和点击率。淘宝联盟推广的应用有助于增加店铺流量和销售额。

相关知识

目前，平台电商依然是企业在电子商务渠道中的重要领域。平台电商的核心任务是打造爆款引流产品，使店铺在平台规则下，获得综合排序靠前的自然流量竞争优势。在爆款打造的培养期、成长期，店铺需要推广引流、加大推广力度来获得曝光量，从而提升访问量。企业可基于淘宝平台的应用，使用本任务所介绍的工具和方法来实现爆款打造的目标。

认识淘宝三驾马车

网盟就是网站的广告联盟，由大量的网站组成联盟并通过联盟平台帮助广告主实现广告投放。它是精准投放广告的方式之一，主要是将广告主的广告投放到相应的行业网站上。投放的网站可以由广告主自行选取，投放的广告以文字、图片等形式出现。对于网站主特别是大量个人站长来说，网盟是网站盈利的重要方式。而对于广告主而言，网盟推广实际上是搜索引擎推广的延伸。企业进行搜索引擎优化或者竞价排名时，借助的是搜索引擎这个平台；企业在网盟上推广时，借助的是大量的网站。总体来看，网盟推广虽然没有搜索引擎推广那么精确，但是它覆盖了潜在客户更多的上网时间。其收费模式有按点击收费、按展现收费等。

目前，我国广告市场中占有率和影响力较大的网盟有百度联盟、淘宝联盟（见图 2-2）、腾讯广告联盟、搜狗网盟等。

图 2-2 淘宝联盟

企业的销量由线上销量和线下销量构成。以淘宝网为例，线上销量来源分为直销店、分销店、淘宝客。淘宝推广工具的核心目标，是围绕网店提升访问量和转化率。大部分企业是围绕打造店铺爆款展开业务。近几年的市场调研发现，淘宝和京东的大部分商家在新产品进入市场时，普遍采用高佣的淘宝客进行推广，待储备了一定销量和人气之后再提价销售，在打压对手的同时获取了市场和利润。当前，淘宝直通车与引力魔方已经整合在万相台模式下，商家可根据推广目标和受众特点选择合适的推广方式。

万相台是一个一站式数智经营操作系统，旨在简化商家的营销工作，提高推广效率，并降低操作成本。万相台整合了多种营销工具和资源，包括搜索、推荐等，以实现跨渠道流量分配和人群流转承接，这个平台基于人工智能技术，能够自动匹配相关的营销方案，以达成商家的拉新、测款、新品推广等目标。万相台提供了多种营销场景，如消费者运营、货品运营、活动场景和内容场景，以便商家根据不同的需求选择合适的推广策略。

2024 年 8 月，万相台无界版整合了直通车、引力魔方及万相台三个推广工具的功能，变为七大营销场景，包括关键词推广（即原来的直通车）、精准人群推广（即原来的引力魔方）、货品运营、消费者运营、活动运营、店铺运营、内容运营。

一、淘宝直通车推广

淘宝联盟应用

淘宝直通车（关键词推广）是为专职淘宝卖家量身定制的、按点击付费的效果营销工具，为卖家实现商品的精准推广。它是由阿里巴巴集团下的雅虎中国和淘宝网进行资源整合而推出的一种全新的搜索竞价模式。其竞价结果在淘宝网（以“图片 + 文字”的形式显示）展示，位于搜索页面的右边和最下方。商家可以对每件商品设置多个关键词，并对每个竞价词自由定价，商家可以看到商品在淘宝网上的排名位置。

（一）淘宝直通车的功能

（1）全店推广；

（2）爆款打造；

（3）潜力培养；

（4）库存清仓。

（二）淘宝直通车推广方式

（1）商品推广（包括关键词推广、定向推广）；

（2）店铺推广。

（三）淘宝直通车投放三要素

（1）投放关键词；

（2）投放对象；

（3）投放排位。

（四）淘宝直通车推广搜索核心内容

（1）类目出价的开通；

（2）关键词的匹配；

（3）关键词质量得分；

（4）关键词设置思路。

（五）淘宝直通车推广流程

（1）后台充值开通账户；

（2）选择推广计划；

（3）选择商品；

（4）编辑推广内容；

（5）选择关键词；

（6）启用类目出价；

（7）设置默认出价；

（8）完成商品推广。

（六）质量得分

直通车作为一种付费推广工具，其扣费方式为：

扣费=下一名出价×下一名质量得分/本人质量得分+0.01元

我们可以看到，质量得分关乎费用和排名。淘宝直通车关键词的质量得分越高，每次点击的费用就越低，同时，商品推广信息的展现排名也会随质量得分的提高而升高。质量得分是淘宝直通车的一个关键因素。质量得分主要用于衡量关键词与商品推广信息和淘宝网用户搜索意向之间的相关性，其计算依据涉及多种因素，核心组成部分如下：

（1）关键词相关性，即关键词和商品本身信息的文本相关性；

（2）类目相关性，即关键词和商品所属类目的相关性；

（3）属性相关性，即关键词和商品属性的相关性；

（4）其他相关因素，如 DSR、淘宝网用户对商品推广信息的反馈等。

在推广过程中，商家可以通过后台监控关键词的质量得分和排名情况（见图 2-3）。

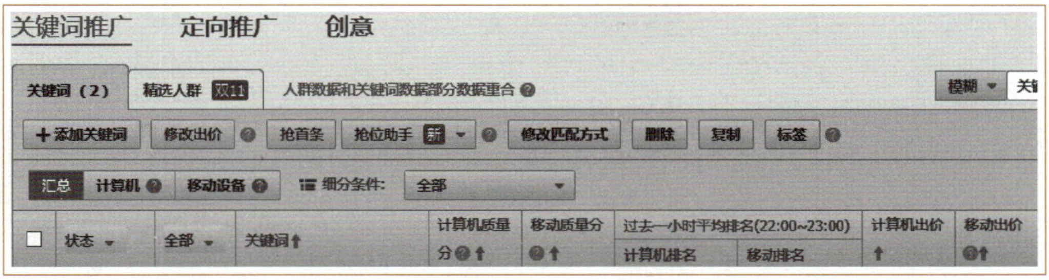

图 2-3　淘宝直通车推广后台

二、淘宝客推广

淘宝客推广是专为淘宝卖家提供淘宝网以外的流量和人力，帮助推广商品，成交后卖家才支付佣金的一种推广方式。

淘宝客推广是一种按成交计费的推广模式，淘宝客只要从淘宝客推广专区获取商品代码，任何买家（包括淘宝客自己）经过淘宝客的推广（链接、个人网站、博客或者社区发的帖子）进入淘宝卖家店铺完成购买后，都可得到由卖家支付的佣金。帮助淘宝卖家推广商品并按照成交效果获得佣金的人（可以是个人或者网站）即淘宝客。买家通过支付宝交易并确认收货时，系统会自动将应付的佣金从卖家收入中扣除并在次日记入淘宝客的预期收入账户。预期收入账户每个月的 15 日都会进行月结，月结后，佣金正式转入淘宝客的收入账户。

（一）淘宝客推广流程中的参与角色

淘宝客推广流程中的参与角色包括淘宝联盟、卖家、淘宝客和买家。买家泛指终端消费者，其他角色介绍如下：

（1）淘宝联盟。淘宝联盟是帮助卖家推广商品、帮助淘宝客赚取佣金的推广平台，平台在每笔推广的交易中抽取相应的服务费用。

（2）卖家。卖家是佣金支出者，其将需要推广的商品投放至淘宝联盟平台，并设置每卖出一件商品愿意支付的佣金。

（3）淘宝客。淘宝客是佣金赚取者，其在淘宝联盟中找到卖家发布的商品，并且推广出去。当消费者通过淘宝客推广的链接购买成交后，淘宝客就能够赚到卖家所提供的佣金（其中一部分需要作为淘宝联盟的服务费）。

（二）淘宝客运作原理

淘宝客运作原理如图 2-4 所示。

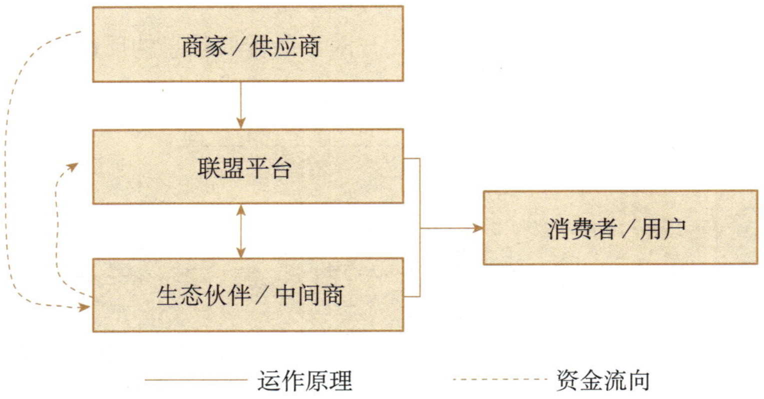

图 2-4　淘宝客运作原理

（三）淘宝客推广计划

淘宝客推广计划有以下 4 种：

（1）通用计划。卖家加入淘宝客推广之后自动生成的计划，一般是淘宝客以单品或店铺的形式推广商品。

（2）活动计划。卖家报名淘宝客发起的招商活动后，由系统自动生成的计划，便于查看报名参加活动的商品及活动效果。

（3）如意投计划。系统根据卖家设置的佣金比例及报告综合质量情况，将商品智能地推送到爱淘宝搜索结果页，在中小型网站橱窗推广等页面上展现。

（4）定向计划。卖家在后台自行创建的计划，可与通用计划佣金比例不同，还可设置是否需要审核、是否公开（见图 2-5）。

三、引力魔方

引力魔方（精准人群推广）是阿里妈妈推出的一种广告管理工具（见图 2-6）。引

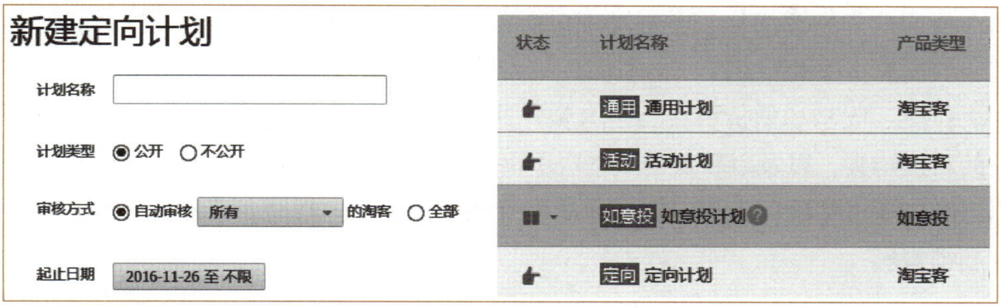

图 2–5　新建定向计划

力魔方是超级推荐的全新升级版本，是融合了猜你喜欢信息流和焦点图的全新推广产品（超推 + 钻石展位的结合体）。原生的信息流模式是唤醒消费者需求的重要入口，资源位的增加，全面覆盖了消费者购前、购中、购后的消费全链路。引力魔方的主要功能包括数据分析和营销推广。它融合了“猜你喜欢”信息流和焦点图等元素，基于阿里巴巴的大数据和智能推荐算法，帮助店铺激发潜在消费者的兴趣，高效吸引新客户，强化转化，从而完成营销闭环。

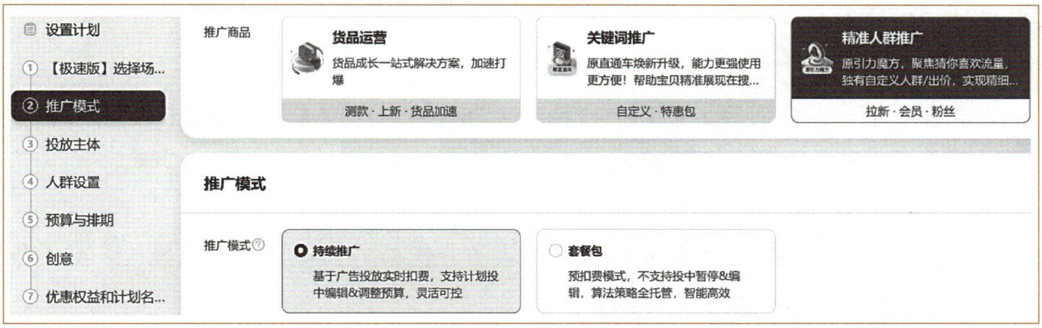

图 2–6　引力魔方（精准人群推广）

（一）引力魔方的作用

引力魔方是一种针对淘宝店铺的推广工具，主要用于提高店铺的曝光率和转化率，增加流量和提升销售额。引力魔方的作用包括：

（1）唤醒有商品需求的消费者。引力魔方能覆盖商品销售前中后期的各个阶段，触及有商品需求的消费者。

（2）快速入池和冷启动。引力魔方有助于减少商品的冷启动时间，快速获得手淘推荐流量。

（3）人群定位和调整。引力魔方通过调整人群，使得流量和转化更加精准，提供更准确的数据分析和优化。

（4）智能出价和投放策略。引力魔方利用大数据和深度技术，智能筛选潜在消费者，实现目标最大化。

（5）资源位和创意优化。引力魔方根据不同的资源位和目标人群，进行创意的优化和调整，提高点击率和转化率。

（6）拉新、收割和低价引流。引力魔方通过不同的计划和策略，吸引新客户，促进老客户的再次购买，以及以较低的成本吸引潜在客户。

引力魔方通过精准的人群定位、智能出价和创意优化，帮助商家提高店铺的曝光率、转化率和销售额。

（二）引力魔方投放流程与步骤

引力魔方投放流程与步骤有以下几个：

1.设置推广模式

（1）商品推广：针对单一商品来进行投放，每条计划最多支持的商品主体上限为20个。

（2）店铺推广：以店铺首页为推广主体，这种比较适合店铺权重较高、产品相关性强、联动营销做得较好的店铺。

（3）自定义URL：当投放主体选择自定义URL时，就是利用承接页替代，整体逻辑和店铺推广差不多。

2.人群设置

人群设置主要包括店铺人群和平台精选人群设置。店铺人群包括粉丝人群、领券未使用人群、深度行为人群；平台精选人群包括类目忠诚用户、易转化人群等。

3. 预算与排期

预算与排期包含每日预算和每周预算的设置；出价方式包含控产比投放、最大化拿量、控成本投放，以及高级设置的内容。

（1）投放资源位：首页“猜你喜欢”、购中购后“猜你喜欢”、全屏微详情等。

（2）投放区域设置。

（3）分时折扣设置。

4.创意设置

引力魔方支持自定义与智能创意，同个计划下可同时绑定该两类创意，绑定的创意将同步沉淀至创意库中。引力魔方“自定义创意”支持创意库选择及本地上传图片、视频创意、创意库已保存的创意。如果选择智能创意，则系统根据宝贝相关元素及自定义创意，自动制作适配各尺寸的创意。

四、平台电商联盟推广的作用

平台电商联盟推广的作用主要包括以下六个方面：

（1）吸引更多关注、积累粉丝。通过推广，店铺可以增加曝光度，吸引更多人关注店铺的产品和活动，进而培养潜在客户。

（2）增加流量，促进成交，增加销量。推广能够带来更多的访问者，从而提高店铺的流量和销量。流量和销量之间存在正比关系，即流量越多，销量潜力越大。同时，推广可以增加产品的吸引力，提高转化率，直接促进销售。

（3）提高店铺排名。店铺通过推广增加了收藏数量和流量，提高了在电商平台上的排名，有利于爆款打造，使店铺更容易被买家发现。

（4）建立品牌形象。通过推广，店铺可以塑造和提升整体形象。这包括商品选择、店铺装修和各种宣传手段，从而向买家展示店铺的独特魅力和个性。

（5）刺激老客户购买。店铺应与老客户保持联系，定期发送促销信息，从而增加老客户再次购买的可能性，培养客户忠诚度。

（6）降低运营成本。通过联盟推广，店铺可以降低获取新客户的成本，优化营销预算。

平台电商联盟推广不仅是增加销量和吸引关注的有效手段，而且是建立品牌形象和培养客户忠诚度的重要途径。

素养提升

厚重古朴的西安城，自由平等的生活

菲丽希亚就读于上海X大学“世界史专业”。她从课堂学习和各种旅游网盟平台广告中了解到西安，心里时刻期望着能到这一座历史悠久、多朝古都的城市实地参观和学习。碰巧，12月中旬，上海X大学与西安交通大学有一场大学生交流活动。菲丽希亚积极报名参加了活动，第一次来到了历史文化名城西安。利用交流学习之外的空闲时间，菲丽希亚参观和游览了陕西历史博物馆、西安城墙、秦始皇兵马俑博物馆、大唐不夜城等多处景点。同行的老师告诉菲丽希亚，中国拥有5 000多年的文明史。在中国共产党的领导下，国家繁荣稳定，人民的生活已经全面进入了自由、平等的状态。作为一名历史学专业的学生，菲丽希亚对世界各国过去和现状都有一定的认识和了解。站在古城墙上，通观历史，她深刻体会到了中国当今社会的自由、平等。回到学校之后，陈懿学姐约菲丽希亚一起观看电影《人民万岁》，菲丽希亚进一步感受到自由、平等来之不易。

自由是指人的意志自由、存在和发展的自由，是人类社会的美好向往，也是马克思主义追求的社会价值目标。平等指的是在法律面前一律平等，其价值取向是不断实现实质平等。它要求尊重和保障人权，人人依法享有平等参与、平等发展的权利。

任务实施

任务实施如表2-5所示。

表2–5　任务实施

步骤	操作要求和说明
一、注册 / 登录淘宝联盟	1. 在浏览器中输入 http://www.alimama.com（可以通过淘宝卖家中心后台的推广频道进入） 2. 注册淘宝联盟账号或使用淘宝账号 3. 登录淘宝联盟管理后台
二、淘宝客	1. 设置通用推广计划 2. 设置定向推广计划 1）店铺装修；2）商品加入淘宝客计划；3）设置佣金；4）确定推广 3. 设置如意投 1）热卖搜索推广；2）热卖商品推广
三、淘宝直通车	1. 登录淘宝直通车管理后台，选品 2. 确定关键词（选词：系统推荐词、直通车后台流量分析、搜索下拉框、组合关键词），推广图设计，投放时间、投放地域设置，定向推广设置，人群溢价设置 3. 关键词出价（直通车投资回报率分析、盈亏平衡点） 4. 质量得分提升（删除 30 天无成交的关键词）
四、钻石展位	1. 登录淘宝联盟后台，充值、上传素材 2. 制订计划 3. 确定推广 4. 申报站内站外活动
五、投放分析	1. 质量得分指标分析 2. 投资回报率分析 3. 数据报表分析
六、效果评估	商品及店铺的曝光量、访问量、转化率、销量等

评价反馈

评价反馈如表 2–6 所示。

表2–6　评价反馈

评分项目	评分标准	分值	得分
淘宝客投放流程，导入店铺流量、转化率	淘宝客设置流程，商品的收藏人气、页面停留时间、跳失率	30	
淘宝直通车投放流程，导入店铺流量、转化率	淘宝直通车设置流程，商品的收藏人气、页面停留时间、跳失率	30	
钻石展位投放流程，导入店铺流量、转化率	钻石展位设置流程，商品的收藏人气、页面停留时间、跳失率	20	
数据监控能力	淘宝网三驾马车投放过程中的选款测试、曝光量及数据报表分析	20	
合计		100	

知识拓展

一、直通车知识

（一）直通车的推广手段

关键词推广的特点：搜索营销、锁定买家、流量精准。

定向推广的特点：流量大、点击单价低、测款效果好、投资回报率（ROI）高。

店铺推广和类目推广的特点：费用低、转化低、精准性偏差、提升品牌宣传。

（二）直通车的指标解析

直通车的重要指标有四个：CTR、PPC、ROI、转化率。

影响直通车指标的因素如图 2-7 所示。

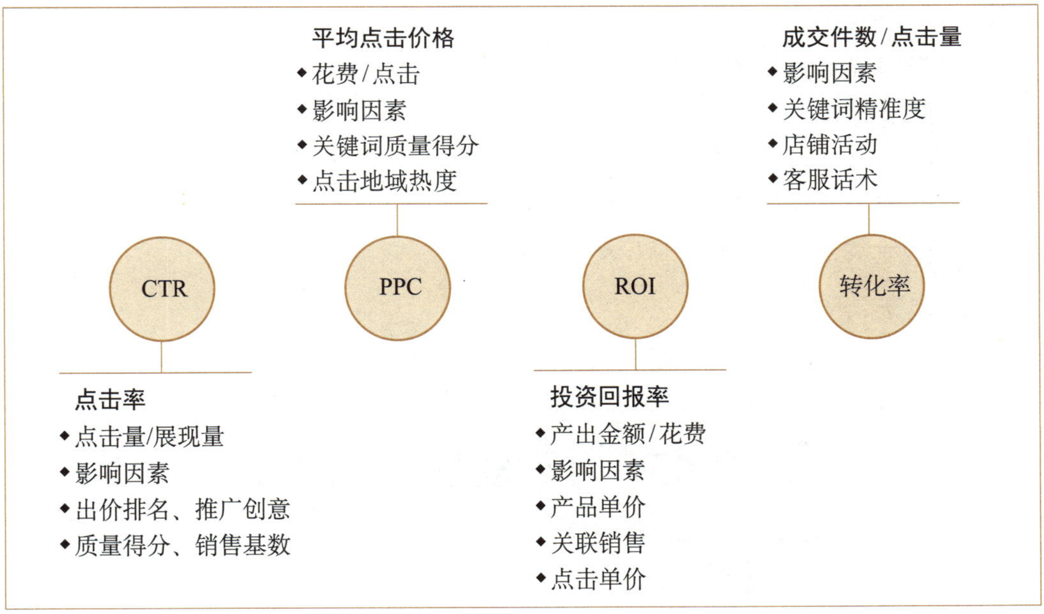

图 2-7　影响直通车指标的因素

二、淘宝客知识

（一）影响淘宝客推广选择的因素

（1）佣金高（同行业）；

（2）信誉高（皇冠店铺或者天猫，相对更喜欢天猫，因为天猫有额外的补贴）；

（3）销量高；

（4）推广量大。

以上四个因素说明：淘宝客在选择产品的时候，首要考虑的是商品的转化率。

（二）提高淘宝客推广效果的手法

（1）调整淘宝客佣金比例设置（将佣金提高至15%～30%）；

（2）推广前挑选优秀的商品；

（3）按季节推广合适的商品；

（4）设置有吸引力的标题、简介；

（5）淘宝客推广额外奖励吸引。

实训练习

学生以4人为一小组，对坚果类目店铺的营销环境进行分析；围绕网店的爆款打造目标，应用淘宝客、淘宝直通车、引力魔方进行投放；提高小组网店的曝光量、访问量和转化率。

要求：

（1）确定店铺推广目标；

（2）制订淘宝客推广目标计划；

（3）制订淘宝直通车推广目标计划；

（4）制订钻石展位推广目标计划；

（5）撰写一份500字左右的推广分析报告。

任务七　搜索引擎营销

网络营销核心内容是围绕公式“成交额＝访问量×转化率×客单价”展开的。本任务训练和研究影响成交额的三大因素中的访问量因素，训练内容是应用搜索引擎营销来提升网店访问量。

学习目标

知识目标：

了解搜索引擎的作用；

掌握搜索引擎的工作原理与搜索引擎营销的主要模式及操作流程。

能力目标：

能够运用搜索优化；

能够应用搜索引擎工具来提升网店的访问量。

素质目标：

树立社会主义核心价值观，深刻领会“法治”价值观的科学内涵。

任务引入

根据网店提升访问量的目标，分析搜索引擎营销的作用、模式及操作流程。通过应用搜索引擎的收录、百度关键词购买及竞价推广、淘宝直通车，网店可提高曝光率、点击量。

相关知识

认识搜索引擎营销

搜索引擎营销是基于搜索引擎平台的网络营销，企业利用用户对搜索引擎的依赖和使用习惯，在用户检索信息的时候将营销信息传递给目标用户。搜索引擎营销的基本思想是让用户发现信息，并通过点击链接进入网页，进一步了解所需要的信息。

搜索引擎营销作为网站推广的常用方法之一，在没有建立网站的情况下很少被采用（有时也可以用来推广网上商店、企业黄页等）。搜索引擎营销以企业网站为基础，企业网站设计的专业性对搜索引擎营销的效果会产生直接影响。搜索引擎营销的内容主要包含搜索引擎优化（SEO）、付费排名、精准广告以及付费收录。

搜索引擎营销的作用是企业信息被搜索引擎收录，并在用户搜索的结果中排名靠前，达到向目标受众推广产品和服务的目的。用户通过搜索发现信息，并通过搜索结果页点击进入网站 / 网页进一步了解其所需要的信息，有助于企业品牌推广。

一、搜索引擎工具简介

（一）国外常用工具

1. Alexa

Alexa（见图 2-8）是互联网上首屈一指的免费提供网站流量信息的公司，创建于

1996 年，一直致力于开发网页抓取和网站流量计算。Alexa 排名是常被引用的用来评价某一网站访问量的指标之一。总部位于美国旧金山的 Alexa 是亚马逊集团旗下的子公司。

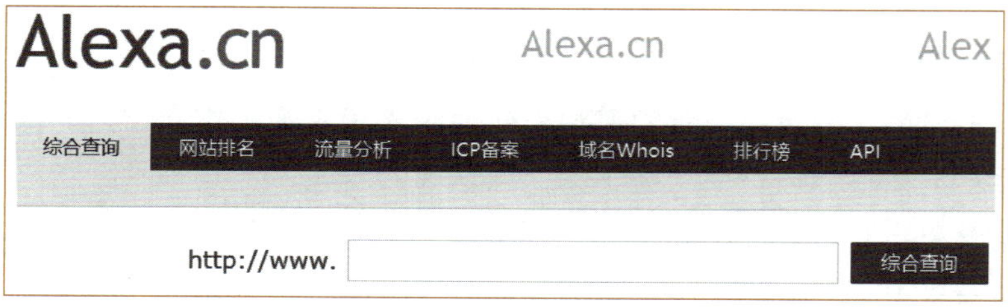

图 2-8　Alexa 界面

2.Google

1998 年，拉里·佩奇和谢尔盖·布林在美国斯坦福大学的学生宿舍内共同开发了 Google 在线搜索引擎（见图 2-9），并迅速传播给全球的信息搜索者。现在的 Google 是一家跨国科技企业，业务包括互联网搜索、云计算、广告技术等，同时开发并提供大量基于互联网的产品与服务，其主要利润来自 AdWords 等广告服务。2023 年 12 月，由世界品牌实验室（World Brand Lab）编制的 2023 年度“世界品牌 500 强”排行榜显示，Google 位列第四位。

图 2-9　Google 界面

3.雅虎（Yahoo）

雅虎（见图 2-10）是历史最久的“分类目录”搜索数据库之一，也是重要的搜索服务网站之一。其服务包括搜索引擎、电邮、新闻等，业务遍及多个国家和地区，为全球超过 5 亿的独立用户提供多元化的网络服务。雅虎有英、中 、日、韩、法、德、意、西班牙、丹麦等 12 种语言版本，各版本的内容互不相同，提供目录、网站及全文检索功能。雅虎的目录分类比较合理，层次深，网站提要严格、清楚，网站收录丰富，检索结果精确度较高。

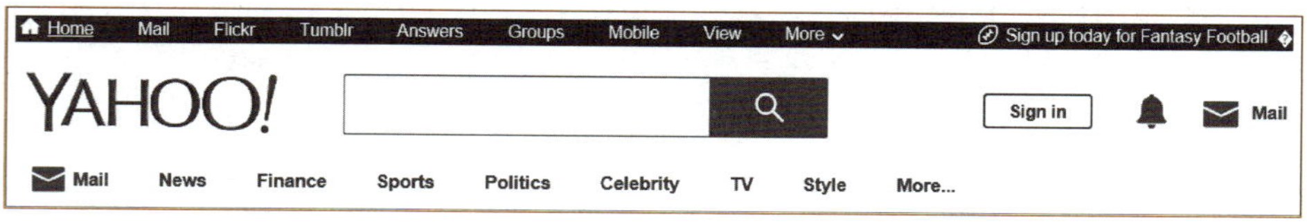

图 2-10　Yahoo 界面

（二）国内常用工具

1.百度（Baidu）

1999 年底，李彦宏携搜索引擎专利技术，从美国硅谷回国，于 2000 年 1 月在北京中关村创建了百度公司。百度（见图 2-11）是目前全球最大的中文搜索引擎网站。百度通过以网络搜索为主的功能性搜索，以贴吧为主的社区搜索，针对各区域、行业所需的垂直搜索，以及门户频道、IM 等，全面覆盖中文网络世界所有的搜索需求，目前国内市场份额超 50%。

图 2-11　百度界面

2. 360搜索

360 搜索（见图 2-12），原名好搜搜索。2016 年 2 月 1 日，好搜搜索更名为 360 搜索，域名也从“haosou.com”切换为更易记忆、更易输入的“so.com”。360 搜索属于全文搜索引擎，是目前应用广泛的主流搜索引擎之一，包括新闻、网页、问答、视频、图片、音乐、地图、百科、良医、购物、软件、手机等应用。360 搜索推出了摸字搜、照妖镜、安心购、良心医、周边号、万花筒和随心谈七种武器，功能涵盖便利性、安全性、可信赖、实时性、本地化服务、社交功能等多个方面，满足用户在移动环境下使用搜索引擎的习惯和需求，目前国内市场份额约 10%。

图 2-12　360 搜索界面

3.搜狗（Sogou）

2004 年 8 月 3 日，搜狐公司推出全球首个第三代互动式中文搜索引擎（见图 2-13），

图 2-13　搜狗搜索界面

目的是增强搜狐网的搜索技能，主要经营搜狐公司的搜索业务。在经营搜索业务的同时，搜狐也推出了搜狗输入法、搜狗高速浏览器。2022 年 8 月 8 日，搜狗搜索 App 已正式停止服务，后续搜狗搜索 App 将无法使用，而搜狗搜索引擎服务可继续在网页端使用。

（三）其他搜索引擎

除了以上列举的搜索引擎之外，其他比较著名的搜索引擎有：Bing（美国）、Wlw（德国）、Splut（英国）、Hit-Parade（法国）、Yandex（俄罗斯）、Goo（日本）、Ciao（西班牙）、Jubii（丹麦）、Niceone（爱尔兰）、Godado（意大利）、Infoo（瑞典）、神马（中国）等。

二、搜索引擎营销的主要模式

（一）免费登录分类目录

这是最传统的网站推广手段，方法是企业登录搜索引擎网站，并在搜索引擎中免费注册相关信息，由搜索引擎将企业网站的信息添加到分类目录中。

（二）收费登录分类目录

与免费登录分类目录方法相似，这是一种需要付出一定费用才能够实现的搜索引擎营销方法。企业登录搜索引擎网站，在搜索引擎中注册相关企业信息，由搜索引擎将企业网站的信息添加到分类目录中。

（三）搜索引擎优化

企业通过对网站本身的优化，使之符合搜索引擎的搜索习惯，从而获得较好的搜索引擎排名。真正的搜索引擎优化不仅要符合搜索引擎的搜索习惯，而且应该符合用户的搜索习惯。通过搜索引擎优化，不仅要使网站获得较好的搜索引擎排名，而且应该使网站获得更多的业务机会和效益。

（四）搜索推荐（智能推荐）

这是付费搜索引擎营销的一种方式，又称搜索引擎广告、付费搜索引擎关键词广告等。企业可根据网站介绍与产品或服务介绍，结合营销预算，制定并实施推荐引擎营销策略，通过人群标签定向，圈定目标受众，以付费方式获得不同广告位置网页信息的强势展现机会。今日头条就是搜索推荐成功应用的典型代表。淘宝 TANX 也是根据用户浏览访问习惯而推送的一种广告推广方式。

（五）关键词竞价排名

这是一种按效果付费的网络推广方式，由百度在国内率先推出。企业购买该项服务后，通过注册一定数量的关键词，其推广信息就会根据企业对关键词投入的价钱和权重计算，率先出现在用户相应的搜索结果中。竞价排名按照效果计费，根据给企业带来的潜在访问量计费，没有访问量不计费。企业可以灵活控制推广力度和资金投入，投资回报率高。

三、搜索引擎营销目标

搜索引擎营销目标可以细分为以下四个层次：

（一）存在层

搜索引擎存在层的目标是在主要的搜索引擎 / 分类目录中获得被收录的机会。这是搜索引擎营销的基础，离开这个层次，搜索引擎营销的其他目标也就不可能实现。搜索引擎登录包括免费登录、付费登录、搜索引擎关键词广告等形式，目的是增加网页的可见性。

搜索引擎营销方法与流程

（二）表现层

搜索引擎营销目标是在被搜索引擎收录的基础上尽可能获得好的排名，即在搜索结果中有良好的表现，因而可称为表现层。用户关心的只是搜索结果中靠前的少量内容，如果关键词检索时网站在搜索结果中的排名靠后，企业则需要利用关键词广告、竞价广告等形式作为补充手段来改善。

（三）关注层

这是一个关于网站访问量指标的问题，也就是通过搜索结果点击率的提升来达到提高网站访问量的目的。只有受到用户关注，经过用户选择后的信息才可能被点击，因此称为关注层。

（四）转化层

访问量的增加最终转化为企业实现收益的提高，因此称为转化层。转化层是前面三个目标层次的进一步提升，是各种搜索引擎方法所实现效果的集中体现，但并不是搜索引擎营销的直接效果。收益是由访问量转化所形成的，访问量转化为收益是网站的功能、服务、产品等多种因素共同作用的结果。

简单地说，搜索引擎工具可以实现四个层次的营销目标：

（1）被搜索引擎收录；

（2）在搜索结果中排名靠前；

（3）提升用户的点击率；

（4）将浏览者转化为客户。

四、搜索引擎的工作原理

搜索引擎的工作原理包括以下三个过程：一是在互联网中发现、搜集网页信息，同时对信息进行提取，建立数据库；二是由检索器根据用户输入的查询关键字，在索引库中快速检出文档；三是进行文档与查询的相关度评价，对将要输出的结果进行排序，并将查询结果返回给用户（见图 2-14）。

1.在互联网中发现、搜集网页信息——建立数据库 → 2.用户输入关键字查询，在索引库中检出文档——用户查询 → 3.查询的相关度评价，输出检索结果并排序——输出检索结果

图 2-14　搜索引擎的工作原理

完成搜索营销目标的第一阶段工作是制作一个落地页。方式是：（1）企业购买域名与服务器，自建官网；（2）企业以第三方平台提供的网店或者二级网站，或者提供搜索功能的服务公司提供的临时落地页作为载体，将检索结果呈现给目标用户。

五、搜索引擎推广示例

（一）全网搜索引擎营销

基于全网的搜索引擎营销在我国最有代表性的工具是百度。下文以百度为研究对象，其他的搜索引擎功能类似，我们可以举一反三进行理解。

百度是全球最大的中文搜索引擎及最大的中文网站，是全球领先的人工智能公司之一，于 2005 年 8 月在美国纳斯达克上市。百度的愿景是成为最懂用户并能帮助用户成长的全球顶级高科技公司。截至 2024 年 4 月，从 Alexa 获得的数据显示，百度 UV 三个月平均值为 4.518 亿，PV 高达 26.703 亿。2024 年百度第一季度财报显示，百度 App 平均月活用户达到 6.76 亿。

百度搜索推广是基于百度搜索引擎，在百度搜索结果的显著位置展示企业推广信息，并帮助企业将网民有效转化为客户的一种营销方式。企业可以让推广信息在自己指定的时间段和地域展示，当网民根据搜索关键词点击信息并打开企业网站时再扣取费用，这有助于企业以最低、最合适的投入获得最优营销效果。

百度推广主要包括五大类型，具体内容如表 2-7 所示。

表2-7　百度推广类型

推广类型		类型描述
一、搜索推广	标准推广	搜索推广是基于全球最大的中文搜索引擎——百度，在搜索结果显著的位置展示企业的推广信息，只有当客户点击了广告，企业才需要付费。
	高级样式	
	线索通	
二、信息流推广		信息流广告是在百度 App、百度首页、百度贴吧、百度手机浏览器等平台的资讯流中穿插展现的原生广告。
三、聚屏推广		聚焦数字化线下媒体，资源包括 OTT 智能电视、楼宇商超屏幕、影院娱乐屏幕及出行屏幕等，满足企业的品牌推广诉求。

续表

推广类型	类型描述
四、开屏推广	百度开屏整合百度优质品牌广告流量，以 App 开屏广告的样式进行强势品牌曝光。
五、百青藤推广	“百度系 + 百青藤”联盟资源，碎片化场景全覆盖，支持开屏、Feed、PC、视频等多种样式，广告展现无死角。

（1）百度推广可以创建 100 个计划，每个计划可以创建 1 000 个单元，每个单元可以建立 50 个创意和 5 000 个关键词。

（2）竞价整体流程分为 7 步：分析并选择关键词、划分账户结构、撰写创意、确定指定着陆页、账户调价、定制相关报表、账户优化。

（3）百度标准搜索推广步骤为：建立计划、建立单元、书写创意、选词、竞价、确认、完成。

百度整合营销功能在商业中的应用模块如图 2-15 所示。

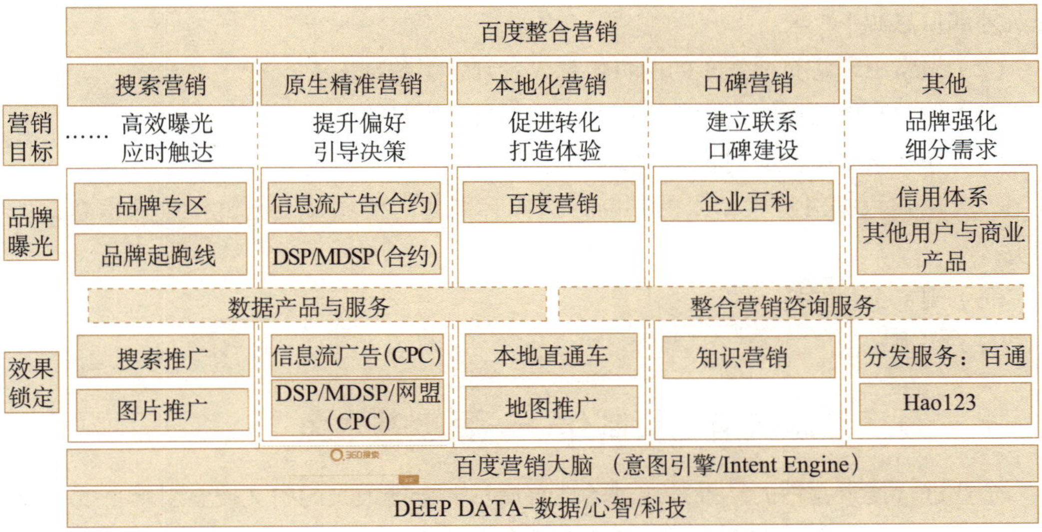

图 2-15 百度整合营销功能在商业中的应用模块

资料来源：浙江国技互联集团有限公司，2023.

（二）站内搜索引擎营销

大型电商平台站内搜索引擎是各大商家都在竞争的资源。淘宝网作为我国平台电商的代表，站内有超过 1 000 万家网店。消费者从淘宝网购物的习惯性动作依然是在淘宝网站内搜索商品或店铺（见图 2-16）。卖家如何通过淘宝网站内搜索展现自己的商品是经营的重点工作。

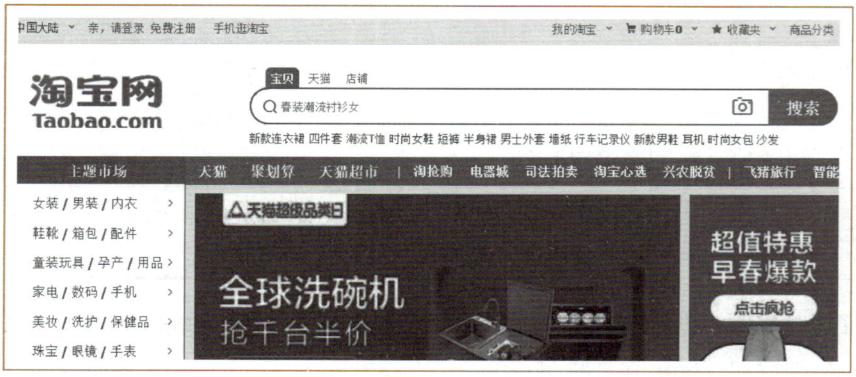

图 2-16　淘宝网站内搜索引擎

六、搜索引擎营销操作流程

搜索引擎营销的操作流程有以下几个：

（1）企业将信息发布在网站上，形成以网页形式存在的信息源（包括企业内部信息源及外部信息源）；

（2）搜索引擎将企业发布的网页信息收录到索引数据库中；

（3）用户利用关键词进行检索（对于分类目录则是逐级目录查询）；

（4）在检索结果中罗列相关的索引信息及其链接；

（5）用户根据对检索结果的判断，选择有兴趣的信息并点击链接进入信息源所在网页；

（6）浏览企业网站；

（7）实现转化。

七、百度信息流落地页制作——百度基木鱼

企业进行搜索营销的结果是通过落地页展示。全球最大的中文搜索引擎百度于 2019 年推出聚合优质资源的基木鱼。作为百度全新的内容生产平台，基木鱼致力于解决广告投放全生命周期的营销痛点，提供全面的免费建站能力，帮助广告主快速实现多类型线索收集，支持全链路数据监控，以满足广告主多场景的解决方案需求。寓意商家能像搭积木一样在百度高效安个“家”，做生意如鱼得水。

（一）百度基木鱼的优势

（1）全面的建站能力，落地页呈现更丰富。基木鱼支持 H5、小程序等多种落地页类型，为广告主提供海量丰富的行业模板、智能单页、多页站点、文章页、应用下载、视频、门店等多种模板。

（2）更强大的编辑器，可视化编辑，高效便捷操作。基木鱼编辑器包含 49 种免费商

用版权字体、模块化拼装“一键拖拉拽”内容调整，同时支持多类型组件叠加布局，基础组件、营销组件、活动组件、布局组件、商户组件、动态商品组件 6 大类型的自定义组件编辑。

（3）多维度线索收集，满足多种线索转化诉求。基木鱼中的营销通营销组件由电话、咨询、表单、抽奖、卡券等组件组成，广告主可选择一种或多种类型线索收集来满足自己的营销目标。

（4）落地页数据一站式监控，各站点与组件数据清晰明了。数据筛选可按照时间、投放渠道、站点类型、页面筛选；支持查看多种数据。

（5）实现广告创意与落地内容的千人千面，将最优质的内容及服务呈现给用户。通过内容素材库的打通，基木鱼将助力广告主实现广告创意与落地页内容的千人千面，增强内容与用户需求的相关性。

（二）百度信息流落地页制作流程

（1）进入百度信息流的基木鱼平台。百度信息流的基木鱼平台功能包括首页、我的站点、选择模板、管理小程序、我的素材、站点分析、营销组建（见图 2-17）。

在平台首页，广告主可以查看昨日的数据、最近 7 日的数据，以及转化数据，如电话按钮、表单提交、在线咨询等。

（2）新建落地页站点。在我的站点里面可以进行站点管理，也就是各个不同的落地页管理，制作好的落地页都会保存在这里。

（3）选择模板预设值。这里可以根据不同的行业来选择一款落地页风格，方便快速设计和制作落地页。

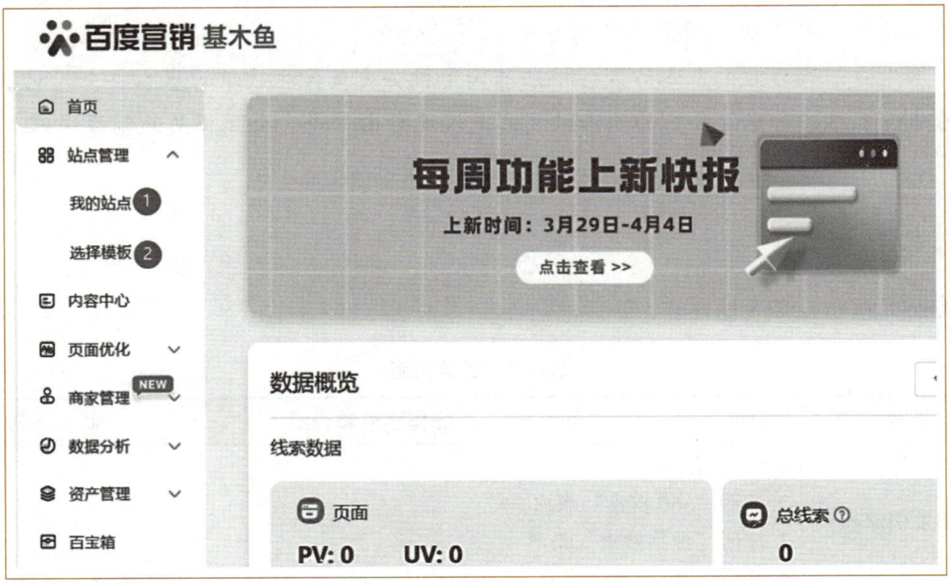

图 2-17　百度基木鱼

（4）搭建落地页组件。基本的组件就是图文编辑，拖动组件即可，最主要的是营销组件，常见的有表单、咨询、电话、线索转化按钮监控，设计好布局后点击提交即可。

（5）新建百度小程序。新建店铺是加入百度小程序的前提，这里主要是填写相关简介、产品标识等。

（6）素材管理。在这里可以使用正版图片，也可以支持自己上传的素材图片。

（7）站点分析。站点分析栏目比首页的基础数据会显示得更详细，以图表的形式展现，可以看到近期一段时间的趋势。

素养提升

中国——法治的国度

某天，菲丽希亚和陈懿学姐一起在图书馆自修室学习。日常生活和学习中遇到问题的时候，她们都会使用搜索引擎来寻找解决问题的方法。最近菲丽希亚在做作业和论文研究时，登录百度搜索查阅资料，发现搜索结果页面上有些内容下方标注着“广告”符号，感到不解。学姐解释道：曾经因为搜索标识不清晰，导致一些广告推广的内容无法辨别，给消费者造成了一些问题。现在，为了社会更加健康、稳定，中国相关法律法规不断健全。其中，《中华人民共和国广告法》第十四条规定：广告应当具有可识别性，能够使消费者辨明其为广告。大众传播媒介不得以新闻报道形式变相发布广告。通过大众传播媒介发布的广告应当显著标明“广告”，与其他非广告信息相区别，不得使消费者产生误解。在与学姐的交流中，菲丽希亚对中国企业严格遵守法律法规、合法运营的基本准则和社会责任感到敬佩，她也感受到周边人民的安居乐业，对依法治国给予了高度的肯定。

法治是治国理政的基本方式，依法治国是社会主义民主政治的基本要求。它通过法治建设来维护和保障公民的根本权利，是实现自由平等、公正正义的制度保证。

任务实施

任务实施如表2-8所示。

表2-8　任务实施

步骤	操作要求和说明
一、搜索引擎账户注册	1. 注册百度账户 2. 注册“360搜索”账户 3. 注册“搜狗搜索”账户 4. 注册“夸克 Quark”账户 5. 注册“头条搜索”账户

续表

步骤	操作要求和说明
二、网站收录	1. 登录注册的各大搜索引擎账户 2. 通过注册的搜索引擎，找到收录入口 3. 填写网址和关键词收录网站
三、百度搜索推广	1. 登录百度推广后台，检索 3 款坚果类商品，检索关键词 2. 根据关键词推荐，添加至现有的推广计划 / 推广单元 3. 按步骤完成：建立计划、建立单元、书写创意、选词、竞价、确认、完成
四、搜索引擎优化	1. 优化淘宝网店内 3 款商品的关键词 2. 对所选 3 款商品进行标题关键词优化 3. 对所选 3 款商品进行内容优化
五、淘宝搜索推广	1. 登录淘宝卖家后台 2. 登录淘宝直通车 3. 创建新的推广计划，选择商品，添加创意，设置关键词 4. 根据淘宝网排行榜、阿里指数选择关键词 5. 根据盈亏平衡点设置出价
六、提升质量得分	1. 选择商品：新疆薄皮核桃，在推广计划的推广单元中添加关键词 2. 选择全时段、大区域，折扣设置为 115% 3. 选择中心匹配或者广泛匹配，开通移动端 4. 查看点击量、点击率、转化率，删除展现量太低的关键词
七、效果评估	关键词选择情况、展现 / 曝光量、点击率（导入网店的浏览量）、淘宝直通车质量得分

评价反馈

评价反馈如表 2-9 所示。

表2-9　评价反馈

评分项目	评分标准	分值	得分
计划及单元设置	新建计划 1 个，设置 4 个单元，添加关键词＞50 个	30	
曝光量、浏览量	曝光量＞2 000，浏览量（点击率）＞20（1%）	30	
直通车质量得分	商品关键词的质量要求高于 7 分	20	
商品关键词排位	要求商品排名进入前 3 页	20	
合计		100	

知识拓展

一、搜索引擎计价方式

（一）CPM（千人成本）

按访问人次收费已经成为网络广告的惯例。CPM（Cost Per Mille），即在广告投放过程中听到或者看到该广告的每千人平均分摊到的广告成本。

（二）CPC / PPC（每点击成本）

CPC（Cost Per Click）/PPC（Pay Per Click）计价方式是指每点击一次便计费一次。这一方式对广告主来说是宣传推广的最优方式，但有不少经营广告的网站觉得不公平。例如：虽然浏览者没有点击，但是他已经看到了广告，对于这些看到广告却没有点击的流量来说，网站无法获得收益。

（三）CPA（每行动成本）

CPA（Cost Per Action）计价方式是指按广告投放实际效果，即按回应的有效问卷或订单来计费，而不限广告投放量。为规避广告费用风险，只有当用户点击广告后，广告主才按点击次数付费给网站。

（四）CPR（每回应成本）

CPR（Cost Per Response）计价方式是指以浏览者的每一个回应计费。这种广告计价方式充分体现了网络广告“及时反应、直接互动、准确记录”的特点。因为得到广告费的机会比 CPC 还要渺茫，目前几乎所有网站都不使用这种方法。

（五）CPP（每购买成本）

CPP（Cost Per Purchase）计价方式是指广告主为规避广告费用风险，只有在用户点击广告并进行在线交易后，才按销售笔数付费给网站。

（六）包月方式

包月方式即广告网站按照“一个月多少钱”的固定收费模式来计价。不管效果好坏，不管访问量有多少，一律一个价。

（七）PFP（按业绩付费）

在 PFP（Pay For Performance）计价方式下，对广告发布平台来说，如果浏览者不采取任何实质性的购买行动，就不可能获利。目前许多网站并不接受这种计价方式。

（八）TMTW（来电付费广告）

这种计价方式由 SEOTMTW（SEO 研究中心）和 SEMTMTW（SEO 服务中心）共

同推出，是指展示不收费、点击不收费，只有接到客户有效电话才收费。

（九）其他计价方式

广告主在开展特殊营销活动时，会提出以下方式个别议价：

（1）CPL（Cost Per Lead）：以搜集潜在客户名单多少来收费。

（2）CPS（Cost Per Sale）：以实际销售产品数量来换算广告刊登金额。

二、搜索引擎优化内容

搜索引擎营销的核心工作是进行搜索引擎优化（SEO）。搜索引擎优化是指利用搜索引擎的规则提高网站在有关搜索引擎内的自然排名。

（一）内部优化

（1）Meta 标签优化：如 Title（标题）、Keywords（关键词）、Description（产品描述）等的优化。

（2）内部链接的优化：如相关性链接、锚文本链接、各导航链接及图片链接等的优化。

（3）网站内容更新：每天保持站内的更新（主要是文章的更新）。

（二）外部优化

（1）外部链接类别：博客、微博、论坛、新闻、分类信息、贴吧、问答、百科、社区、空间、微信等相关信息，尽量保持链接的多样性。

（2）外链建立：每天添加一定数量的外部链接，使关键词排名稳定提升。

（3）友链互换：与一些和企业网站相关性比较高、整体质量比较好的网站交换友情链接，巩固关键词排名。

（三）链接优化

1.网站地图

网站应建立一个完整的网站地图，同时将网站地图的链接放在首页，使搜索引擎能很方便地发现和抓取所有网页信息。

2.网站优化

（1）每个网页最多距离首页 4 次点击就能到达；

（2）网站的导航系统最好使用文字链接；

（3）网站导航中的链接文字应该准确描述栏目的内容；

（4）整站的 PR 传递和流动；

（5）网页的互相链接；

（6）链接静态化；

（7）避免蜘蛛陷阱；

（8）比较合理的链接结构通常是树形结构。

（四）关键词选择

（1）使用百度推广助手中的关键词工具选择适合推广的关键词；
（2）通过调研选取关键词；
（3）通过查看统计日志选取关键词；
（4）重视长尾关键词；
（5）将关键词进行多重排列组合；
（6）尽量不要使用行业通用词；
（7）善于利用地理位置；
（8）确定关键词的价值；
（9）注意关键词的时效性；
（10）分析竞争对手。

实训练习

1. 学生以 4 人为一小组，对小组网店的商品进行分析。通过搜索引擎营销推广，提升网店的曝光率和访问量，以达到提升品牌知名度和店铺销售额的目标。

要求：
（1）通过注册的 5 个搜索引擎进行网店信息收录；
（2）制作一份百度推广的竞价排名方案；
（3）结合商品，在开通淘宝直通车的网店后台建立推广计划、设置推广单元；
（4）选择商品进行关键词设置、出价、排名预估；
（5）制作一份提升关键词质量得分的方案；
（6）撰写一份 500 字左右的搜索引擎营销分析报告。

2. 淘宝直通车投放盈亏平衡点计算。

总花费 = 流量 × PPC

总利润 = 流量 × 转化率 × 单品利润

总花费 < 总利润

PPC < 转化率 × 单品利润

根据店铺转化率和单品利润计算主推款通过淘宝直通车引流不亏本的 PPC 承受值，制作表格，计算盈亏平衡下可承受的最大 PPC 值。

任务八 网络社区营销

除了平台营销、搜索引擎营销，社群营销也是企业全渠道营销的一项重点工作。社群营销模块包括网络社区（论坛）营销、微博 / 博客营销、微信 / 微商营销、视频营销、知识营销和社交平台营销等。与社群营销的其他工具一样，网络社区营销的核心任务也是内容营销。本任务沿着社群营销的发展历程，讲授和训练论坛营销和内容营销，训练应用论坛营销来提升网店访问量。

学习目标

知识目标：

理解网络社区营销的作用与方法；

掌握网络社区营销的操作流程；

熟悉内容营销的类型与主题；

掌握软文营销的策略。

能力目标：

能够应用网络社区营销（内容营销）来提升网店的访问量。

素质目标：

树立社会主义核心价值观，深刻领会“和谐、友善”的科学内涵。

任务引入

根据网店提升访问量的目标，分析网络社区营销的作用、筹划要点及操作流程；撰写社区营销活动方案、注册论坛账号、编写软文、发布信息、评价效果、反馈改进。

相关知识

网络社区（论坛）从 1999 年开始兴起，到 2006 年其用户群体达到顶峰。网络社区营销的核心工作是内容营销。通过软文，以内容营销的方式进行企业产品、服务与品牌信息的推广与传播。

社交媒体的发展过程如图 2-18 所示：

论坛 → 贴吧 → 微博 → 微信 → 知乎/百家号/小红书等 → 短视频/直播

1999年　2003年　2009年　2011年　2013年　2016年（以抖音为例）

图 2-18　社交媒体的发展过程

网络社区是一种存在于互联网上的虚拟社区，它为成员提供了一个自由交流的空间。网络社区的形式多样，包括但不限于论坛、贴吧、公告栏、群组讨论、个人空间等。

网络社区营销是指企业利用网络社区这种网络交流的平台，通过文字、图片、视频等方式发布企业的产品和服务信息，从而让目标客户更加深刻地了解企业的产品和服务，最终达到企业宣传自身品牌、加深市场认知度的网络营销活动。

言论自由（Freedom of Speech）是一种基本人权，指一个国家公民，通过各种语言形式，针对政治和社会中的各种问题表达其思想和见解的自由。

《中华人民共和国宪法》（以下简称《宪法》）规定："中华人民共和国公民有言论、出版、集会、结社、游行示威的自由。"但自由是相对的，公民在行使言论自由权利时，不得违反《宪法》中的其他内容，包括颠覆《宪法》所规定的国家政权制度；损害《宪法》所赋予的国家的、社会的、集体的利益或其他公民合法的自由和权利；捏造或者歪曲事实进行诬告陷害；故意传播谣言，扰乱社会秩序等。任何挑战国家主权、国家安全、社会稳定的言论都不属于言论自由的范畴。

一、社交媒体

论坛营销的方法与流程

社交媒体（Social Media）是指互联网上基于用户关系的内容生产与交换平台。社交媒体是人们彼此之间分享意见、见解、经验和观点的工具和平台，现阶段主要包括社交网站、微博、微信、博客、论坛、播客等。社交媒体在互联网的沃土上蓬勃发展，爆发出令人眩目的能量，其传播的信息已成为人们浏览互联网的重要内容，不仅制造了人们社交生活中争相讨论的一个又一个热门话题，而且吸引了传统媒体争相跟进。

（一）国内社交媒体

国内社交媒体包括微信、微博、抖音、小红书、快手、Bilibili、知乎、QQ 等。

由于后文会详细介绍，因此这里重点介绍网络社区（论坛）。

当前的社交媒体中，网络社区（论坛）依然是比较有影响力的工具。随着社交媒体的发展与迭代，论坛用户群体在减少。但是地方性基于 LBS（本地生活服务）的论坛依然在中年群体的生活中，占据着一定的市场。论坛营销是社群营销的"鼻祖"，主要模式为事件营销、内容营销。网络社区（论坛）的影响力主要分为国际性、全国性、地方性三种。我国比较大型且有影响力的论坛有：

1.天涯社区

天涯社区创立于1999年3月1日，是以论坛、博客、微博为基础交流方式，综合提供个人空间、相册、音乐盒子、分类信息、站内消息、虚拟商店、来吧、问答、企业品牌家园等一系列功能服务，并以人文情感为核心的综合性虚拟社区和大型网络社交平台。相关数据显示，巅峰时天涯社区注册用户超过1.3亿，月覆盖用户超过2.5亿，拥有大量高忠诚度、高质量用户群。在2018—2019年间，天涯社区渗透率、MAU出现断崖式下滑。2022年天涯社区的月均浏览量更是低至59万。2023年4月，天涯论坛发布了一条暂停服务的消息，做出了升级架构的决定。

2.百度贴吧

贴吧是百度旗下独立品牌，也是全球最大的中文社区之一（见图2-19）。贴吧的创意来自百度首席执行官李彦宏，即结合搜索引擎建立一个在线的交流平台，让那些对同一个话题感兴趣的人们聚集在一起，方便地展开交流和互相帮助。贴吧是一种基于关键词的主题交流社区，它与搜索引擎紧密结合，准确把握用户需求。

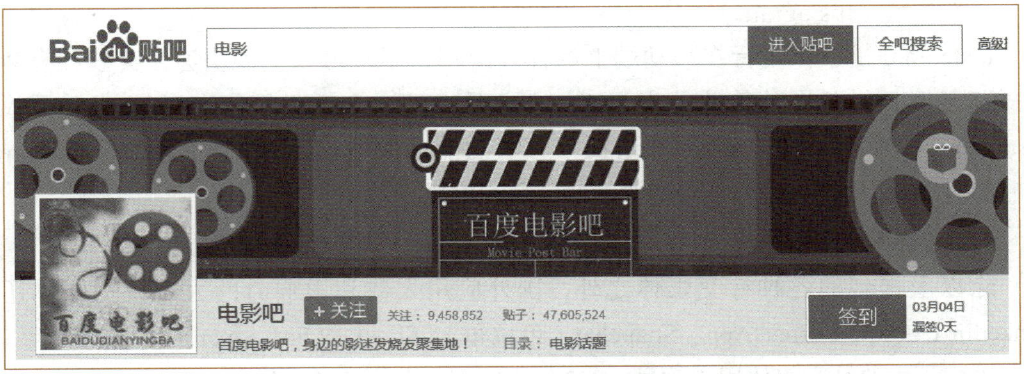

图2-19　百度贴吧

贴吧的使命是让志同道合的人相聚。贴吧的组建依靠搜索引擎关键词，不论是大众话题还是小众话题，都能精准地聚集大批同好网友，展示自我风采，结交知音，搭建别具特色的“兴趣主题”互动平台。贴吧目录涵盖社会、地区、生活、教育、娱乐、游戏、体育、企业等方方面面。

3.其他论坛

除以上提到的海内外影响力较大的社区和论坛之外，还有人大经济论坛（经管之家）、猫扑、西祠胡同、东方财富网股吧、虎扑体育论坛等在Alexa.com排名靠前、用户数和影响力较大的综合性或专业性论坛。

（二）国外社交媒体

1.脸书（Facebook）

Facebook 是马克·扎克伯格于 2004 年 2 月 4 日在美国创立的社交网络服务网站，总部位于美国加利福尼亚州。2012 年 3 月 6 日，Facebook 发布 Windows 版桌面聊天软件 Facebook Messenger。2021 年，Facebook 更名为 Meta，Facebook、Instagram、WhatsApp 和 Messenger 这四个应用程序被称为 Meta 的应用程序系列。截至 2024 年 4 月，Meta 月度活跃用户人数为 32.7 亿人，2024 年第一季度总营收为 364.55 亿美元。

2.红迪网（Reddit）

Reddit 是一个全球知名的社交新闻聚合论坛和内容分享网站，允许用户以匿名或注册身份发布和评论各种主题的帖子。Reddit 成立于 2005 年 6 月，目前是美国第五大网站，流量仅次于 Google、YouTube、Facebook 以及 Amazon（亚马逊），拥有超过 3.3 亿的月活跃用户。Reddit 的用户可以通过投票（赞成或反对）来表达他们对帖子的喜好程度，得分较高的帖子会被放到首页，形成一个在线社区进行讨论和交流。此外，Reddit 还允许用户创建自己的论题部分，既可以是非正式的也可以像社团一样正式，从而形成一个互动性极强的社区平台。

3.照片墙（Instagram）

Instagram 是一款运行在移动端上的社交应用，用户可以一种快速、美妙和有趣的方式将随时抓拍的图片彼此分享。2012 年 4 月 10 日，Facebook 宣布以 10 亿美元收购 Instagram。2013 年，Instagram 开通视频直播功能。根据 SimilarWeb 的数据，Instagram 拥有超过 16 亿用户，是当今最受欢迎的应用程序之一。

4.国外其他社交媒体

除以上提到的各种社交媒体之外，国外应用人数和影响力巨大的社交媒体还有 Linkedin（领英）、WhatsApp、Snapchat（色拉布）、Flickr 和 Foursquare（四方网）等。

国内外主要社交媒体用户数量（2024 年 11 月）如图 2-20 所示。

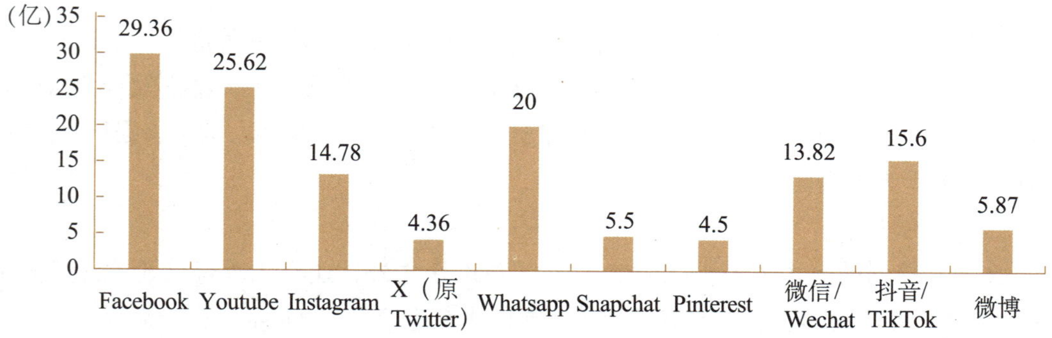

图2-20　国内外主要社交媒体用户数量（2024年11月）

二、专业术语与名词

网红：又称网络红人，在互联网和信息技术广泛应用的背景下，个体以其在个人魅力、社会威望和社会交往方面的特殊表现和在网上提供足以引起其他网民关注、连接和互动的特别内容，迅速在网上蹿红的一类特定的人。

达人：在某一领域非常专业、出类拔萃的人物，通常指在某方面很精通的人，即某方面的高手。

素人：平常的普通人；没有专长或特殊才华的人。

关系营销：广义的关系营销是指企业通过识别、获得、建立、维护和增进与客户及其利益相关人员的关系，通过真实的交换和服务，与包括客户、供应商、分销商、竞争对手、银行、政府及内部员工的各种部门和组织建立一种长期稳定的、相互信任的、互惠互利的关系，以使各方的目标在关系营销过程中得以实现。

三、网络社区营销的作用

（一）口碑效应：提升品牌知名度

论坛是一种社区媒体交流工具。在论坛中，用户可以找到基本的相关信息；论坛门槛低，任何人都可以免费注册参与，轻松发帖。很多用户参与论坛是出于娱乐、休闲的需要，或是想结交朋友、与别人分享自己的生活。论坛中的人都是活生生的人，通过网友在日常生活中的互相传播会增强宣传效果，口碑效应明显。

（二）心理感染：引导消费者体验企业的产品

论坛上的事件很多发生在用户身边，与其生活有紧密的关系。论坛上生动的内容会使很多用户对某一论坛产生深厚的感情。通过论坛这个平台，用户可以接触并体验企业的产品。

四、网络社区营销操作流程

（一）收集整理论坛

企业应对所收集的论坛进行分类（如娱乐、地区、女性、财经、综合等）及属性标注（如人气、严肃程度、是否支持链接）。

（二）注册账号

企业应注册统一的中文账号，以提高后续发帖效率。企业注册账号时应确保所有账号资料填写完整，上传头像，用户名应使用中文，这样可以使账号更加正式，增强账号的可信度。

（三）发布主题

企业可将事先撰写好的软文发布到论坛相应的板块，要求找准板块并分析板块内容及气氛，防止主题与板块内容偏差太大，导致删帖。必要时，企业可根据板块内容调整文章标题或内容，使软文最大限度地贴近主题。

（四）主题跟踪

主题发布后，企业应将主题链接整理成文档存放，以便后续进行效果分析及维护。同时，企业要做到定期回访主题，回访项目包括检查主题是否被删除，是否被执行管理操作（如加精、提升、置顶、掩埋），是否有人回复、提出问题或者质疑，回复用户的疑问，顶帖。

（五）账号维护

对于热门论坛，企业需要建立高级账号，使用该高级账号与论坛成员建立互动关系，提高账号知名度、美誉度、权威性，使该账号成为该论坛的舆论领袖，从而使该账号发布的主题更具说服力。

（六）效果评估

效果评估参数：发布论坛数、发布主题数、帖子浏览量、帖子回复量、帖子被加精或置顶率、删帖率等。

五、网络社区营销策划要点

（1）企业只有对专业的论坛帖子进行策划、撰写、发放、监测、汇报，才能在论坛空间高效传播，包括各种置顶帖、普通帖、连环帖、论战帖、多图帖、视频帖等。

（2）论坛活动具有强大的聚众能力，企业应该以论坛作为平台举办各类踩楼、灌水、贴图、视频等活动，调动网友与品牌之间的互动。

（3）企业可利用事件营销，通过策划网民感兴趣的活动，将品牌、产品、活动内容植入传播内容，引发新闻事件，导致传播的连锁反应。

六、内容营销

内容营销

内容营销（Content Marketing）是指不需要通过付费投放广告或进行推销，就能使用户获得信息、了解信息并促进信息交流的营销方式。企业常通过图片、文字、动画等介质传达有关信息给客户，促进销售。内容营销平台大体分为两种：传统媒体，如报刊、户外、通信、广播、电视等；自媒体，如博客、微博、微信公众号、百度贴吧、论坛等。

（一）内容营销策略

内容营销策略涵盖软文、社交媒体、新闻稿、音频、播客、博客、微博、音乐、动画、图片、信息图、在线教学或电视广播、幻灯片、视频、研讨会、App、游戏等多种表现形式。常见的内容营销策略常结合或利用以下 7 种内容：

（1）热点性内容：指某段时间内搜索量迅速提高、人气关注度节节攀升的内容。

（2）时效性内容：指在特定的时间内具有较高价值的内容。

（3）即时性内容：指充分展现当下所发生的事件的内容。

（4）持续性内容：指含金量不受时间影响，无论在哪个时间段都不受时效性限制的内容。

（5）方案性内容：指具有一定逻辑性、符合营销策略的内容。

（6）实战性内容：指通过不断实践在实战过程中积累丰富经验而产生的内容。

（7）促销性内容：指在特定时间内进行促销活动产生的内容。促销性内容的价值体现在更加快速地促销产品、提升企业形象上。

（二）内容标题与内容题材

内容营销的基本思路是只有持续为消费者带来利益和好处的内容，才能让其持续关注。内容营销的核心表现是软文。软文（Advertorial）是相对于硬性广告而言的，是指由企业的市场策划人员或广告公司的文案人员负责撰写的文字广告。通常是以故事的形式将文章内容与广告完美结合，从而达到广告宣传效果。软文的基本类型和内容营销的标题方式及举例分别如表 2-10 和表 2-11 所示。

表2-10 软文的三种基本类型

软文类型	描述
新闻型	新闻报道、新闻通稿、媒体访谈
行业型	权威论证、观点交流、人物访谈、实录
用户型	综合型、促销型、争议型、经验型、知识型、故事型、恐吓型、悬念型、娱乐型、总结归纳型、爆料型、情感型

表2-11 内容营销的标题方式及举例

标题方式	举例
新闻式	● 21 金维他，与 46 名援藏干部高原同行 ● 寻找一个被淡忘的传奇
疑问式	● 这到底是谁的错 ● 为何老鼠怕猫也怕狗
祈使式	● 别再让孩子沉迷游戏 ● 请对自己的健康负责
故事式	● 一个关于冰啤酒的谎言 ● 不寻常的嫁妆
恐吓式	● 你是否上了黑名单 ● 皱语，女人的咒语
炫耀式	● 老婆出了个好主意 ● 这么好的宝贝，不该被忽略

续表

标题方式	举例
数字式	● 女人 20、30、40 ● 1 月 26 日，发现 126 位最美志愿者
聊天式	● 妈妈，我在学校很不开心 ● 说说上海女人对老公
建议式	● 家长，你该重视了 ● 给贤妻良母提个醒
真理式	● 失眠人的噩梦，该结束了 ● 夏补，我们知道的太少
利益式	● 失眠，今天有救了 ● 20 年近视，10 秒解决
号召式	● 儿女们行动起来，保卫我们的父母 ● 把失眠赶出宁波
悬念式	● 瓶子打碎之后 ● 天鹅之死
反问式	● 爸妈失眠，你管不管 ● 孩子的想法，不该关注吗

撰写正文首先要构思的是内容题材，常见的内容题材类型如表 2-12 所示。

表2-12　常见的内容题材类型

题材类型	描述
事件型	符合网友价值观的具备话题传播力的人物及事件的内容
亲历型	讲述网友身边真实的生活故事和体验的内容
攻略型	解决网友生活中碰到的疑难问题，给网友带来帮助的内容
搞笑型	轻松、有趣，能够让网友会心一笑的内容
揭秘型	能够满足网友窥探欲望，不同于官方新闻角度资讯的内容
悬疑型	能够激发网友好奇心，引发不断猜测和讨论的内容
感动型	能够给网友带来视觉或心灵的美好和感动的内容
典藏型	具备收藏价值的经典内容。可能是优秀的网民原创作品（文字、图片、视频、Flash），甚至是经典的广告创意

（三）内容营销实施

1.内容营销策划

首要任务是企业应根据目标制定一份营销策划方案，考虑如何处理品牌与内容的关系，如何最大化地实现品牌传播效果，如何与品牌整体战略相匹配。内容营销策划一般涉及四个方面:（1）营销背景;（2）产品受众;（3）营销目标;（4）策略与应对。

2.内容营销实施流程

第一步：内容的策划。企业应从用户遇到的问题角度出发策划内容，了解用户遇到了什么问题，其关键点在于给用户提供解决方案。

第二步：内容的组织。企业应考虑给用户带来什么利益，直接、简洁地将其提炼出来。实施这一步时要注意内容的友好性、简洁、有趣。

第三步：内容的投放。企业应将自媒体变成品类的入口，利用内容吸引用户，并将用户引导至企业的自有平台上来。

第四步：内容的传播。一是企业吸引用户搜索信息，让他们主动获取信息，尽量避免强行推送；二是企业刺激用户进行分享，用户在分享的时候也是一种营销。

3.内容营销效果分析

企业可以通过查看各发布平台的相关数据，如阅读量、转发量、点赞数等，分析内容营销的总体效果，并总结实施过程中出现的问题及收获。

素养提升

互帮互助的社会——邻里和谐友善

菲丽希亚的性格乐观、积极，在中国居住近半年后，她已经有些本土化了。学习之余，她会积极通过本地的论坛了解地方习俗和活动，并积极参与本地的社会文学类活动。春节临近，菲丽希亚像往常一样登录“上海论坛”，发现了一则“新妈妈求母乳”的热帖。内容为新生孩子妈妈，刚生下一位可爱的小公主，可是没有母乳，孩子喝奶粉过敏，求助母乳的帖子。帖子下方有30多位母亲的建议，其中有4位母亲愿意提供自己的母乳。菲丽希亚为这位小公主能够得到帮助感到高兴。回顾四周，我们的生活环境中人们这种互帮互助的邻里友善情感也影响着菲丽希亚更积极地参与公益志愿者服务。

社会主义核心价值观“友善”强调公民之间应互相尊重、互相关心、互相帮助、和睦友好，努力形成社会主义的新型人际关系。

任务实施

任务实施如表2-13所示。

表2-13 任务实施

步骤	操作要求和说明
一、账号注册 / 论坛账号信息维护	1. 在全国各大知名专业性网站注册账号，每个论坛不少于 5 个 2. 对于已经注册的论坛账号要完善个人信息，如年龄、昵称、个性头像、个性签名等
二、策划论坛营销事件 / 活动	根据企业商品特点，结合时令、节假日策划有奖活动
三、软文编写 / 内容创作	标题要吸引人，图文并茂（收集相关照片）；结合商品 / 服务信息，编写对消费者有意义或有帮助的故事
四、论坛软文推广 / 互动	将信息发布在合适的板块或灌水专区、杂谈之类的板块；对争议性评论，要正确引导回帖；在策划的营销活动中进行互动
五、加精、置顶	购买论坛币，申请加精、置顶。每天顶帖、回帖、转发、给好评，保持帖子在首页时间达 5 天以上
六、效果评估	发布论坛数、发布主题数、帖子浏览量、帖子回复量、帖子被加精或置顶率、删帖率等

评价反馈

评价反馈如表 2-14 所示。

表2-14 评价反馈

评分项目	评分标准	分值	得分
浏览量、回帖量	单帖浏览量＞500；除水军外，回帖量＞10	40	
软文质量	标题吸引人，故事内容完整，有质量；图文并茂	40	
软文推广	发布板块适当，水军数量＞10 人，有置顶	20	
合计		100	

知识拓展

一、网络社区营销的原则

（一）选择符合产品的论坛

在实施网络社区营销时，企业一定要根据产品的特性选择合适的网络社区（论坛），最好是能够直击目标客户的论坛。

（二）巧妙设计帖子的内容

作为传递产品信息的载体，信息传达的成功与否主要取决于帖子的标题、主帖与跟帖三部分。一个帖子应该做到既能吸引网民点击，又能巧妙地传递产品的信息，同时让网民感觉不到它是广告帖。

（三）及时跟踪并维护帖子

帖子发出后，企业需要后期跟踪维护，不能让帖子沉下去，尤其是人气比较旺的网络社区，沉帖就不能起到营销的作用。企业应及时顶帖，可以使帖子始终处于第一屏，被目标用户浏览。企业维护帖子时不要一味地夸奖，应把握尺度，从反面辩驳。

二、网络社区营销的技巧

（1）分析目标用户群体的习惯与活动范围；

（2）精心策划符合网友喜好的论坛营销事件或活动；

（3）积累相关人脉资源，会对开展网络社区营销提供很大支持；

（4）做好统计分析以了解网络社区营销的成功与失败之处，从而加以改进。

三、网络社区营销的禁忌

（1）禁止使用同一个 ID 发帖、回帖；

（2）禁止发表反党、反人民的言论；

（3）禁止挑动是非，引起暴乱。

四、内容传播的相关法律法规

《中华人民共和国宪法》第三十五条规定：中华人民共和国公民有言论、出版、集会、结社、游行、示威的自由。

《中华人民共和国宪法》第四十一条规定：中华人民共和国公民对于任何国家机关和国家工作人员，有提出批评和建议的权利；对于任何国家机关和国家工作人员的违法失职行为，有向有关国家机关提出申诉、控告或者检举的权利，但是不得捏造或者歪曲事实进行诬告陷害。对于公民的申诉、控告或者检举，有关国家机关必须查清事实，负责处理。任何人不得压制和打击报复。

《中华人民共和国刑法》第二百四十三条规定：捏造事实诬告陷害他人，意图使他人受刑事追究，情节严重的，处三年以下有期徒刑、拘役或者管制；造成严重后果的，处三年以上十年以下有期徒刑。

《中华人民共和国刑法》第二百九十一条规定：编造虚假的险情、疫情、灾情、警情，在信息网络或者其他媒体上传播，或者明知是上述虚假信息，故意在信息网络或者其他媒体上传播，严重扰乱社会秩序的，处三年以下有期徒刑、拘役或者管制；造成严重后果的，处三年以上七年以下有期徒刑。

实训练习

学生以4人为一小组，以小组网店经营的农副产品或坚果类产品为载体，根据营销目标，通过网络社区（论坛）营销推广品牌，提升品牌知名度，通过论坛数据导入，提高网店的曝光量和访问量。

要求：

（1）注册3个以上人气论坛，每个网络社区（论坛）注册10个账号；

（2）策划一次论坛营销活动；

（3）结合商品特性撰写一篇软文；

（4）通过网络社区（论坛）发布软文并跟踪效果；

（5）撰写一份300字左右的网络社区（论坛）营销分析报告。

任务九 微博/博客营销

社群营销正在快速发展，微博/博客在社交媒体的受众数量快速增加，影响力也日益增强。网络营销的核心内容是围绕公式“成交额=访问量×转化率×客单价”展开的。本任务训练和研究影响成交额的三大因素中的访问量因素，训练内容是应用微博/博客营销来提升网店访问量。

学习目标

知识目标：

熟悉微博/博客营销的作用；

理解微博/博客营销的方法；

掌握微博/博客营销的操作流程。

能力目标：

能够应用微博/博客进行商业活动；

能够应用微博/博客营销策略来提升网店的访问量。

素质目标：

树立社会主义核心价值观，深刻领会"自由"价值观的科学内涵。

任务引入

根据网店提升访问量的目标，分析微博 / 博客营销的作用、技巧及操作流程；撰写微博 / 博客营销方案、注册微博 / 博客账号、编写软文、发布信息、评价效果、反馈改进。

相关知识

博客（Blog）是一种新型的个人互联网出版工具，是网站应用的一种新方式。博客为每个人提供了一个信息发布、知识交流的传播平台。博客使用者可以很方便地用文字、链接、影音、图片建立起自己个性化的网络世界。博客内容发布在博客托管的网站上，如博客网、新浪博客等。博客托管网站往往拥有大量的用户，有价值的博客内容会吸引大量潜在用户浏览，从而达到向潜在用户传递营销信息的目的。

微博是微型博客（Microblog）的简称，是一种基于用户关系的信息分享、传播以及获取平台，用户可以通过 WEB、WAP 以及各种客户端组建个人社区，发布博文并定期更新信息，实现即时分享。最早也是最著名的微博是美国的 Twitter（推特）（现已更名为 X）。2009 年 8 月新浪网推出"新浪微博"，成为我国门户网站中第一家提供微博服务的网站；2014 年 3 月，"新浪微博"正式更名为"微博"。

博客营销是指通过博客网站或博客论坛拉近博客作者和浏览者之间的距离，利用博客作者的知识、兴趣和生活体验等传播商品信息的营销活动。博客营销的本质是公关行为。

一、著名的微博/博客平台

微博是一种基于用户关系，通过关注机制来分享简短实时信息的广播式社交媒体。微博以文字、图片、视频等多媒体形式，实现信息的即时分享、传播互动。

微博起源于社交媒体。社交媒体是指互联网上基于用户关系的内容生产与交换的平台，是人们彼此之间分享意见、见解、经验和观点的工具和平台。

1994 年曙光 BBS 站上线，意味着基于社交属性的论坛应用开始。随后社交媒体经历了论坛→贴吧→ 微博→ 微信→百家号 / 小红书等→ 短视频 / 直播的发展过程。社交媒体逐渐深入人们生活并稳定下来。2024 年 3 月，微博月活跃用户达 5.98 亿，日活跃用户达 2.57 亿；X（原 Twitter）活跃用户近 6.66 亿。

（一）国内微博 / 博客平台

1.新浪微博/博客

新浪博客是朋友之间互相了解最新动态、生活等情况的途径，是社交的一部分。博客单篇文章发表字数限制为 20 000 字符（10 000 汉字），字符数量包括代码、标点符号、文字颜色、字体大小以及图片、空格等。

微博（见图 2-21）是由新浪网于 2009 年 8 月推出的提供微型博客服务的社交网站。用户可以通过网页、WAP 页面、手机客户端、手机短信、彩信等方式发布消息或上传图片。我们可以把微博理解为“微型博客”或者“一句话博客”。用户可以将看到的、听到的、想到的事情写成一句话或以图片的形式，通过电脑或者手机随时随地分享给朋友。

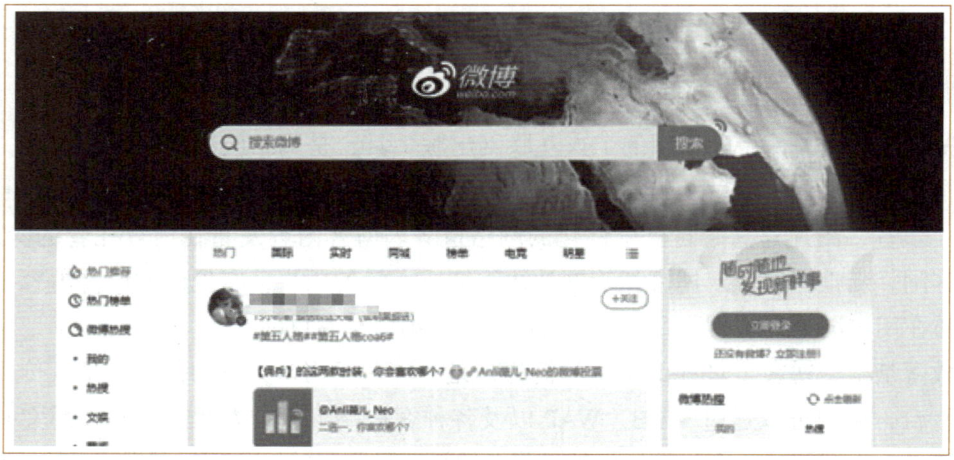

图 2-21　微博

2. CSDN博客

CSDN（Chinese Software Developer Network，CSDN）博客（见图 2-22）创立于 1999 年，是中国最大的 IT 社区和服务平台，为中国的软件开发者和 IT 从业者提供知识传播、职业发展、软件开发等全生命周期服务，满足他们在职业发展中学习及共享知识和信息、建立职业发展社交圈、通过软件开发实现技术商业化等刚性需求。

图 2-22　CSDN 博客

（二）国外微博 / 博客平台

1.推特（Twitter）

Twitter（见图 2-23）是一个广受欢迎的社交网络及微博服务网站，允许用户将自己的最新动态和想法以短信形式（推文）发布（发推），可绑定即时通信软件。Twitter 面向全体用户放宽了字数限制。2006 年 3 月，博客技术先驱、Blogger 创始人埃文·威廉姆斯（Evan Williams）创建的新兴公司 Obvious 推出了 Twitter 服务。2023 年 7 月，推特进行品牌升级，改名为“X”，同时更新了平台颜色和标志。

图 2–23　推特（Twitter）

2.缤趣（Pinterest）

Pinterest 创立于 2009 年 12 月，是一家以兴趣为基础的图片分享类社交网站。Pinterest（Pin+Interest），意思是把自己感兴趣的东西用图钉钉在钉板（PinBoard）上，允许用户创建和管理主题图片集合，如事件、兴趣和爱好。页面底端自动加载，用户无须翻页，让用户不断发现新图片。

（三）其他微博

除了以上提到的国内外影响力极大的微博外，还有国外的 Google+、VK、Flickr、Tagged 等，以及国内博客园等在各专业领域也有较大的影响力。

二、微博/博客营销的作用

认识微博营销

企业在日常运作中可以利用微博/博客与消费者进行更多的直接沟通、发布产品信息和传播企业品牌。微博/博客营销的主要作用有：

（一）直接带来潜在用户

微博/博客网站往往拥有大量的用户群体，有价值的微博/博客内容会吸引大量潜在用户浏览，从而达到向潜在用户传递营销信息的目的。企业运用这种方式开展网络营销，是微博/博客营销的基本形式和直接的价值表现。

（二）降低网站推广费用

网站推广是企业网络营销工作的基本内容。大量的企业网站建成之后都缺乏有效的推广措施，从而造成网站访问量过低，降低了网站的实际价值。企业营销人员在微博/博客内容中适当加入网站信息，能以较低的成本进行网站推广，降低了付费推广的费用，提升了网站的访问量。

（三）为用户通过搜索引擎获取信息提供机会

多渠道信息传递是网络营销取得成效的保证，微博/博客文章提高了可见性，从而增加了用户通过搜索引擎发现企业信息的机会。访问量较大的微博/博客网站比企业自身网站的搜索引擎友好性更高，用户可以比较方便地通过搜索引擎发现相关内容。微博/博客内容提高了企业在搜索引擎中的可见性。当用户利用相关的关键词检索时，企业网页和信息的出现容易引起用户的注意，从而达到利用搜索引擎推广网站的目的。

（四）增加企业网站的链接数量

获得其他相关网站的链接是一种常用的网站推广方式，当一个企业网站知名度不高且访问量较低时，往往很难找到有价值的网站与自己链接，通过在微博/博客中为本企业的网站建立链接则是顺理成章的事情。拥有微博/博客文章发布的资格增加了网站链接的主动性和灵活性，不仅可以为网站带来新的访问量，而且增加了网站在搜索引擎排名中的优势。

（五）以较低成本对读者行为进行研究

当微博/博客内容比较受欢迎时，微博/博客网站也成为企业与用户交流的场所。用户有问题时可以在微博/博客文章中提出，其他用户可以发表评论，企业可以从中了解用户的看法。企业可在微博/博客中设置在线调查表的链接，便于有兴趣的用户参与调查互动，有助于扩大在线调查表的投放范围，增进与用户的交流，使得在线调查更有交互性。这样能增强在线调查的效果，降低调查研究费用。

（六）建立权威网站品牌效应

坚持对某一领域的深度研究，加强与用户的多层面交流，为企业获得用户的品牌认可和忠诚提供了有效的途径。一个人如果想成为某一领域的专家，最好的方法之一就是建立自己的博客。如果你坚持不懈，你所营造的信息资源将会带来可观的访问量，这些资源能够为个人持续不断地写作文章提供更多的帮助，形成良性循环。

（七）降低被竞争者超越的潜在损失

微博/博客在全球范围内已经成为热门词汇。微博/博客内容的吸引力使用户数量快速增长，为企业经营寻找潜在客户提供了平台。企业营销人员在微博/博客上投入时间，与粉丝互动，有助于提升粉丝的黏度。通过微博/博客与潜在客户长时间的良好沟通，企业打开了营销窗口，避免了因为没有对接窗口而被竞争对手超越的风险。

（八）促使营销人员从被动的媒体依赖转向自主发布信息

在传统的营销模式下，企业往往需要依赖媒体发布信息，不仅受到较大局限，而且费用较高。若营销人员拥有自己的微博/博客，就可以随时发布信息。当然，营销人员所发布的信息不能违反国家法律法规，并且要对用户有价值。微博/博客使营销人员的营销观念和营销方式发生了重大转变，企业或个人拥有自由发布信息的权利，如何有效地利用这一权利为企业营销战略服务，取决于营销人员的知识背景和对微博/博客营销的应用能力等因素。

三、微博营销的模式

微博营销的核心价值是基于内容营销的粉丝经济模式。粉丝经济泛指架构在粉丝和被关注者关系之上的经营性创收行为，是一种通过提升用户黏性并以口碑营销形式获取经济利益与社会效益的商业运作模式。

微博营销的方法与流程

微博营销的模式主要有：

（1）内容营销：创作或传播有益于潜在用户群体的博文。通过口碑营销的方式实现企业品牌宣传推广的目的。

（2）基于微博平台管理中心的广告推广。

1）微博头条：企业可通过付费微博的定向推广方式，向潜在用户发布具有商业价值的推文。

2）微博的广告产品推广：企业可通过微博管理中心的搜索类、曝光类、信息流类、视频类广告，向微博的潜在用户传播企业服务与品牌信息。

3）微博抽奖：企业可通过设置奖品的方式引导用户对博文进行关注、转发、评论，达到博文传播的效果。

粉丝的变现模式主要包括广告、电商、私域三种。

四、微博/博客营销操作流程

微博 / 博客营销的操作方式与传统营销有所区别。易操作性以及最初的低投入使得微博 / 博客营销具有非常大的可实施性。以第三方微博 / 博客平台的微博 / 博客文章发布功能开展微博 / 博客营销的操作流程如下：

（一）选择托管网站、开设账号

选择适合企业的微博 / 博客营销平台，并获得发布文章的资格。一般来说，企业应选择访问量较大、知名度较高的托管网站，企业可以根据 Alexa 全球网站排名系统进行分析和判断。对于某一领域的专业网站，企业应在考虑其访问量的同时考虑其在该领域的影响力。影响力较大的网站，其微博 / 博客内容的可信度也相应较高。如有必要，企业也可以选择在多个托管网站同时注册。

（二）制订中长期营销计划

中长期微博 / 博客营销计划的主要内容包括微博 / 博客账号的运作目标、从事微博 / 博客写作的人员计划、每个人的写作领域选择、微博 / 博客文章的发布周期等。但是微博 / 博客写作内容有较大的灵活性和随意性，因此微博 / 博客营销计划实际上并不是严格的“企业营销文章发布时刻表”，而是从较长时期来评价微博 / 博客营销工作的参考。

（三）营造合适的环境，坚持写作

无论微博 / 博客团队还是个人，要保证发挥微博 / 博客营销的长期价值，就需要坚持不懈地写作。一个企业的一两个微博/博客偶尔发表几篇企业新闻或者博客文章是不足以达到微博/博客营销的目的的，因此真正将微博/博客营销纳入企业营销战略体系中，营造合适的微博/博客环境、采用合理的激励机制是很有必要的。

（四）综合利用微博/博客资源与其他营销资源

微博/博客营销并非是独立的，它是企业营销活动的一个组成部分。同时，微博/博客营销的资源也可以发挥更多的作用，企业可将微博/博客文章内容与企业网站的内容策略和其他媒体资源相结合。因此，对于微博/博客内容资源的合理利用成为微博/博客营销不可缺少的工作内容。

（五）评估微博/博客营销效果

与其他营销策略一样，对微博/博客营销的效果也有必要进行跟踪评价，企业可根据发现的问题不断完善微博/博客营销计划，从而使微博/博客营销在企业营销战略体系中发挥应有的作用。目前对微博/博客营销的效果评估方法没有完整的模式，不过可参考其他网络营销方法的评估方式来进行。

五、微博/博客营销技巧

（一）内容格式

（1）主题。企业发布微博/博客时要讲究格式，一条微博必定有一个主题，而这个主题建议用【 】标出（或者其他一目了然的符号）。

（2）关键词。#……#两个井号中间的是话题，企业发布微博/博客时，应尽量选择以下两种话题作为关键词：一种是和行业有关的关键词，可以引来流量；另一种是引向目标的关键词，可以导入数据。举例：

#宁波儿童舞蹈#去哪里？#某某儿童舞蹈#

（3）联系方式。企业可在微博/博客里附上联系方式，最好是电话和网址，也可以上传微信二维码图片。

（4）@。微博/博客内容的最后@3～5个人，一般是同行业的专家或者媒体平台。

（二）内容要求

（1）有趣有用。虽说企业微博/博客是服务于企业的，但是一味地发布企业广告，任何人都会反感。企业可适当发布一些对粉丝来说有趣或者有用的内容，公益性内容也可。

（2）软广告。企业若要通过微博/博客发广告，应尽量选择软文的形式而避免硬广。

（3）平易近人。企业营销人员写博文时一定要用平易近人的口吻，无论企业业绩多么厉害或者行业排名多么靠前，客户永远都是第一位的，企业营销人员一定要放低姿态和粉丝沟通，不要自以为是。

六、博客营销与微博营销的区别

博客营销与微博营销的区别体现在以下三个方面：

（一）信息源表现形式的差异

博客营销以博客文章（信息源）的价值为基础，并且以个人观点表述为主要模式，每篇博客文章表现为一个独立的网页，因此对内容的数量和质量有一定要求，这也是博客营销的瓶颈之一。微博内容则短小精悍，重点在于表达现在发生了什么有趣（有价值）的事情，而不是系统的、严谨的企业新闻或产品介绍。

（二）信息传播模式的差异

微博注重时效性，3 天前发布的信息可能很少会有人问津。同时，微博的传播渠道除了相互关注的好友（粉丝）直接浏览之外，还可以通过好友的转发向更多的人传播，因此微博是一种快速传播简短信息的方式。博客营销除了用户直接进入网站或者 RSS 订阅浏览之外，往往还可以通过搜索引擎获得持续的浏览。对时效性要求不高的特点决定了博客可以获得多个渠道用户的长期关注，因此建立多渠道的传播对博客营销是非常有价值的，而对于未知群体进行没有目的的微博营销通常是没有意义的。

（三）用户获取信息行为的差异

用户可以利用电脑、手机等多种终端方便地获取微博信息，发挥碎片时间资源集合的价值。也正因为是信息碎片化以及时间碎片化，用户通常不会立即做出某种购买决策或者其他转化行为，所以微博作为硬性推广手段只能适得其反。而博客由于权威性较强，更易于促使用户做出购买决策。

素养提升

社交媒体上的言论自由

在德国生活的时候，菲丽希亚也喜欢登录 Twitter，看看朋友和文学领域名人的博文。来到中国学习，微博也成为她经常访问的社交工具。2024 年 3 月微博月活跃用户数量达到 5.98 亿，菲丽希亚特别喜欢某生活博主的微博，把该博主的博文和视频看了一遍又一遍。在中国的微博上冲浪时，菲丽希亚感受到了与国外的不一样。在这里，整个微博环境中更多地在宣扬正能量，有很多对中国传统文化和良好风俗习惯的宣传，少了很多缺乏实证的猜忌和不友善的言论。菲丽希亚通过大学课程的学习当然明白，言论自由要在法律制度之下，不得损害国家、社会、集体的利益和其他公民的合法的自由和权利。菲丽希亚是一位守法和自律的现代大学生，在社交媒体微博上的博文已经更新到第 160 条了，每一条都有很多的同学和朋友点赞、评论留言。

社会主义核心价值观“自由”，是指人的意志自由、存在和发展的自由，是人类社会的美好向往，也是马克思主义追求的社会价值目标。

《中华人民共和国宪法》（以下简称《宪法》）规定公民享有言论自由。但自由是相对的，公民在行使言论自由权利时，不得违反《宪法》中的其他内容，包括颠覆《宪法》所规定的国家政权制度；损害《宪法》所赋予的国家的、社会的、集体的利益或其他公民合法的自由和权利；捏造或者歪曲事实进行诬告陷害；故意传播谣言，扰乱社会秩序等。任何挑战国家主权、国家安全、社会稳定的言论都不属于言论自由的范畴。

任务实施

任务实施如表 2-15 所示。

表2-15　任务实施

步骤	操作要求和说明
一、账号注册 / 账号信息维护	1. 注册新浪博客和微博账号 2. 完善已注册账号的个人信息，如年龄、昵称、个性头像、个性签名等
二、设立营销目标	1. 博文阅读数量不少于 30 次 2. 粉丝增加 5 人以上 3. 通过博文导入网店访问来源不少于 5 个
三、策划营销事件 / 活动	1. 根据坚果与健康生活的关系，结合营销手段进行营销事件的策划 2. 设计主要内容，标题吸引人、图文并茂（收集相关照片），结合商品 / 服务信息
四、软文编写 / 创作内容	1. 软文应该包含：（1）主题；（2）关键词；（3）联系方式；（4）行业专家和大咖 2. 编写对消费者有意义或有帮助的故事
五、推广 / 互动	将博文链接发布到相应的论坛、QQ 空间、QQ 群、微信群及其他社交媒体，小组成员互动，互相顶帖、回帖
六、效果评估	博文阅读数、发布主题数、导入网店的浏览量、博文互动回复量、博客增粉数量等

评价反馈

评价反馈如表 2-16 所示。

表2-16　评价反馈

评分项目	评分标准	分值	得分
浏览量、回复量	单篇文章浏览量>100；除水军外，回帖量>2	30	
营销事件质量	标题吸引人，故事内容完整、有质量，图文并茂	30	
推广的平台及次数	在2个以上的平台推广博客，推广次数>4次，水军数量>4个	20	
粉丝增量	粉丝增加20人以上	20	
合计		100	

知识拓展

一、微博/博客营销技巧

（一）重视互动

企业应仔细查看评论和转发，及时处理私信，多参与同行间的互动。

（二）谨慎表达

由于微博/博客是开放的平台，任何人都能看到你发布的言论，因此一定要谨慎表达观点和立场，以免招黑。

二、社区与社会群体

社区：社区是若干社会群体或社会组织聚集在某一个领域里所形成的一个生活上相互关联的大集体，是社会有机体的基本内容，是宏观社会的缩影。社区是具有某种互动关系的和共同文化维系力的，在一定领域内相互关联的人群形成的共同体及其活动区域。

社会群体：从社会学定义的社会群体是构成社会的基本单位之一。每一群体都体现了个人与个人之间、个人与整个社会之间的某些特定的相互关系。社会群体是以一定的社会关系为纽带的个人的集合体。

实训练习

学生以4人为一小组，对“新农哥旗舰店”坚果类目特性和促销手段进行分析；结合自己小组的网店，通过微博/博客营销推广品牌，提升品牌知名度，通过论坛数据导入，提高小组网店的曝光量和访问量。

要求：

（1）注册2个以上人气微博/博客账号，完善信息资料；

（2）策划一次营销活动；

（3）结合商品特性撰写一篇博文；
（4）博文发布后，通过社交媒体平台进行推广；
（5）跟踪效果；
（6）撰写一份500字左右的微博/博客营销分析报告。

任务十 微信/微商营销

微信的语音聊天、公众号和小程序功能使其拥有大量的用户群体，在社交媒体中，特别是在自媒体中占有非常重要的地位。网络营销核心内容是围绕公式“成交额=访问量×转化率×客单价”展开的。本任务训练和研究影响成交额的三大因素中的访问量因素，训练内容是应用微信/微商营销来拓展销售渠道，增加网店受众，从而提升访问量。

学习目标

知识目标：

了解社交媒体；
熟悉微信的商业用途；
掌握微信/微商营销的操作方法。

能力目标：

能够应用微信、公众号、小程序进行营销；
能够打造微商IP，并增加微商的粉丝数量。

素质目标：

坚定对中华优秀传统文化的自豪感和社会主义文化先进性的共识与信念。

任务引入

微信/微商在人们生活中的影响力越来越大，应用该工具提升网店访问量成为必要手段。本任务内容包括：根据网店提升访问量的目标，分析微信 / 微商营销的作用、方法及操作流程；注册微信 / 微信公众号账号、撰写微信 / 微商营销方案；编写软文、发布信息、提升粉丝数量；增加互动，提高服务质量，通过数据反馈改进，最终达到与网店互补、提升网店访问量的目标。

相关知识

随着社交媒体的快速发展，人与人之间的联系更加频繁。使用微信已经成为一种生活方式。伴随着微信的火热而兴起的微商网络营销模式，吸引着各大商家积极参与其中，充分拓展营销渠道，同时，涌现了大批基于这一新兴事物的微商。微商是基于移动互联网的空间，借助社交软件这一工具，以人为中心、以社交为纽带的新商业模式。

一、微信营销

基于庞大的腾讯用户基数，截至 2024 年 3 月，微信月活跃用户数达到了 13.59 亿。微信营销是网络经济时代企业或个人营销模式的一种，是伴随着微信的火热而兴起的一种网络营销方式。微信不存在距离的限制。用户注册微信后，可与周围同样注册了微信的朋友形成一种联系，订阅自己所需的信息。商家通过提供用户需要的信息，推广自己的产品，从而实现点对点的营销。商家通过微信公众平台，结合微信会员管理系统展示商家微官网、微会员、微推送、微支付、微活动，已经形成一种主流的线上线下微信互动营销方式。

微信营销

（一）微信简介

微信是腾讯公司于 2011 年 1 月 21 日推出的一个为智能终端提供即时通信服务的免费应用程序。微信支持跨通信运营商、跨操作系统平台，用户可以通过网络快速发送免费（需要消耗少量网络流量）语音短信、视频、图片和文字，同时，可以使用“小程序”“生活服务”“朋友圈”“公众平台”“语音记事本”等插件服务。微信开发前期是以智能终端 App 为主，为了扩大用户群，方便和改善用户体验，后来也开发了网页版。

微信底部菜单有：微信、通讯录、发现、我。微信的主要功能有以下几个方面：

1.微信基本功能

基本功能：语音聊天、视频聊天、文字交流、发起转账、发送图片 / 视频 / 位置 / 红包 / 名片、分享我的收藏。

微信群：是微信基本功能的提升。该功能不只用于日常的社交，微商等商业推广也能通过微信群进行宣传。加入微信群有两种方法：一种是通过扫描群二维码，另一种是通过好友邀请（群成员超过 100 人，添加新群员时，只有通过已有群员邀请，新群员才能入群）。如果经常使用某个群，可以将该群保存到通讯录，再次想找这些好友群聊的时候，可以直接通过“通讯录→群组→选择群”，选择该微信群。

2.“添加朋友”功能

添加朋友的方式包括：雷达加朋友、面对面建群、扫一扫、手机联系人、公众号、企业微信联系人。

3.“发现”功能

“发现”功能包括：朋友圈、视频号、直播、扫一扫、听一听、看一看、搜一搜、附近、购物、游戏、小程序等。

4.“我”功能

“我”功能包括：服务（金融理财、生活服务、交通出行、购物消费）、收藏、朋友圈（朋友圈相册、状态）、视频号、卡包、表情、设置。

其中，“服务”中的“收付款”功能包括：向商家付款、二维码收款、赞赏码、群收款、面对面红包、向银行卡或手机号转账。此外，“支付”功能还涉及一些第三方应用，如腾讯服务和第三方服务，包括信用卡还款、城市服务、生活缴费、手机充值、火车票机票、京东购物、美团外卖、电影演出玩乐等。

微信支付是集成在微信客户端的支付功能，是公众平台向有出售物品需求的公众号提供的推广销售、支付收款、经营分析的整套解决方案。支付功能是指用户可以通过手机完成快速的支付流程。微信支付以绑定银行卡的快捷支付为基础，为用户提供安全、快捷、高效的支付服务。

（二）微信公众平台

开发者或商家可在微信公众平台上（https://mp.weixin.qq.com）申请账号，该账号与QQ账号互通。通过微信公众平台，商家可在微信平台上实现与特定群体的文字、图片、语音、视频的全方位沟通、互动，并由此形成一种主流的线上线下微信互动营销方式。微信公众平台账号类型如下：

1.公众号

任何组织和个人都可以申请公众号，每天可以群发一条信息，认证后有自定义菜单，但没有高级接口，不能用开发模式。

2.服务号

只面向企业或组织机构申请注册，申请后自带自定义菜单。认证后可以有高级接口，每周可以群发一条信息。不可主动添加微信好友。

注意：公众号、服务号会在通讯录里被归类，用户可以在公众号的列表中找到已关注公众号推送的信息。公众号、服务号认证均需缴纳300元/年的服务费用。

3.企业微信

企业微信（原企业号）是微信为企业客户提供的移动服务，旨在为企业提供移动应用入口。它可以帮助企业建立员工、上下游供应链与企业IT系统间的连接。利用企业微信，企业或第三方服务商可以快速、低成本地使用高质量的企业移动轻应用，从而实现生产、管理、协作、运营的移动化。企业微信作为企业 IT 移动化解决方案，相比企业自己开发的 App 具有明显的优势，具体表现为：（1）快速移动化办公；（2）开发成本较低；（3）零门槛使用。

三种微信公众平台账号类型对比如表 2–17 所示。

表2–17　三种微信公众平台账号类型对比

微信公众平台账号类型	功能	特色	适用对象
公众号	（1）每天可以发一条信息 （2）信息只能进入公众号信息文件夹	信息传播；媒体资讯；品牌宣传	（1）广告媒体资讯类； （2）企业品牌宣传类； （3）丰富原创内容的自媒体
服务号	（1）每月可以发 4 条信息 （2）提供微信支付功能 （3）信息可以直达用户页面	客户管理；产品服务；类似轻 App	（1）需要高级定制开发； （2）适用管理客户关系，提供强大的产品功能服务，拥有电商服务功能
企业微信	（1）信息数量不限； （2）只能企业内部或上下游客户使用，对外无法推送信息 （3）推送信息可以直达用户页面	企业 OA 平台；打通内部员工、上下游合作伙伴关系	（1）企业内部沟通移动的 OA 平台； （2）管理企业和巩固上下游供应链关系

（三）微信营销的方法

微信营销的方法主要有：

（1）微信群营销：企业可建立微信群汇集私域流量，通过维护群的方式对商品、服务与品牌开展推广活动。

（2）微信朋友圈：企业营销人员可通过朋友圈内容分享的方式进行商品、服务与品牌的推广。

（3）微信公众号：通过建立企业或个人（自媒体）的公众号或服务号对商品、服务与品牌开展推广活动。

（4）微信小程序：它是一种不需要下载安装即可使用的应用，实现了应用“触手可及”。用户只需扫一扫或搜一搜即可打开应用。通过公众号关联，用户可以实现公众号与微信小程序之间的相互跳转。它提供叠加了微信服务号功能的商业服务。

二、微信小店

（一）微信公众号的微信小店

微信公众平台经过更新增加了微信小店功能，微信小店基于微信支付，包括添加商品、商品管理、订单管理、货架管理、维权等功能，开发者可使用接口批量添加商品，快速开店。只有已通过微信认证、已接入微信支付的服务号，才可以在服务中心申请开通微信小店功能。微信小店的经营流程如下：

第一步：添加商品。

（1）选择类目。

（2）按照指引填写商品的基本信息，包括商品名称、商品图片、运费、库存、详情描述等。

第二步：商品管理。

（1）商品分组管理：可以设置不同的分组来管理商品，分组可用于将商品填充到货架中。

（2）商品上下架：可以快速对商品进行上下架操作。

第三步：货架管理。

（1）货架的定义：商家用于承载商品的模板，每一个货架是由不同的控件组成的。

（2）选择完货架之后，商家可以将分组管理里面的商品添加到货架中。

（3）发布货架：将编辑好的货架点击“发布”按钮，然后复制链接，链接可以填入自定义菜单中或者下发商品消息中。

第四步：微信小店概况。

商家可以查看微信小店所有的数据信息，如订单数、成交量等。

第五步：订单管理。

用户支付成功后会生成一笔订单，商家可以查询订单并进行发货等操作。

（二）移动端微店

目前，基于智能设备移动端的微店有两类模式：一类为B2C模式，如京东微店，直接通过商家对接消费者；另一类微店类似于C2C模式，多面向个体。其中，C2C模式的微店居多。除了微信自带小店外，市场占有率和影响力较大的微店应用平台有以下几个：

1.微店

微店由北京口袋时尚科技有限公司开发，是帮助卖家利用手机开店的软件，也是移动端的新型产物。任何人通过手机号码均可开通自己的微店，并通过一键分享到SNS平台以宣传自己的店铺并促成交易。微店降低了开店的门槛和复杂手续，回款为1～2个工作日；支持微信支付、货到付款、银联卡支付；可以通过授权直接接入微信公众号进行运营和管理。

2.萌店

萌店于2015年上线，是国内移动社交电商平台之一，是上海微盟企业发展有限公司旗下产品。萌店平台致力于为消费者提供美食与生活消费领域的品质商品，凭借“移动社交＋聚合营销”的购物理念，以全新的拼团模式，通过用户主动分享，促使商品大量曝光，不仅满足了消费者获得商品的意愿，还广泛、高效地分享了商品信息，提高了平台美誉度和商品的性价比。

3.有赞

有赞是一个移动零售服务商，针对各类电商、企业、品牌商以及社交达人分别提供不同的解决方案，帮助互联网时代的生意人管店、管货、管客、管钱。有赞旗下提供有赞微商城、有赞微小店、有赞餐饮、有赞美业、有赞收银等面向商家的产品以及面向开发者的“有赞云”服务。

4.拍拍商家平台

京东于 2014 年 10 月正式上线拍拍微店，后改名为拍拍小店，现升级为拍拍商家平台。企业和个人商家可以通过 https://paipai.jd.com 申请入驻，以分销模式为主。

三、微商

微商是基于移动互联网的空间，借助社交软件工具，以人为中心、以社交为纽带的新商业模式。广义上讲，微商是一种利用手机社交软件和移动互联网进行商品销售的新模式。移动电商专家冯凌凛于 2017 年 4 月在第三届世界微商大会上对这一概念进行了补充说明，认为微商 = 消费者 + 传播者 + 服务者 + 经营者。

微商营销

《中国微商市场发展现状调研与投资前景分析报告》显示，目前美妆、针织、母婴、大健康、农特占据微商主要市场份额。由于微商是基于社交媒体进行商业活动，因此目前微商营销的主要载体和平台有抖音、小红书、微博、贴吧、微信（微信群）、微信公众号、微店、QQ（QQ 空间）等。

（一）微商的从业能力

微商营销主要是指基于微信、微信公众号、微店、微博等社交媒体进行的商业活动。微商三要素为：（1）粉丝；（2）选货；（3）推广。微商营销对从业人员有一定要求，微商营销从业人员一般要掌握以下 4 项基本能力。

1.熟悉微信、微博、QQ空间、陌陌等社交平台

微商大部分是建立在移动互联网基础上的，而移动互联网用户大部分分布在这些社交平台上，因此能玩转这些社交平台方能开展微商活动。

2.懂营销

微商应该掌握市场营销原理，掌握市场分析方法，熟悉营销策略和沟通技巧，能够找到精准客户。

3.有高品质产品

高品质的产品是微商成功的关键，这是社交属性的基本要求。推广、营销做得再好，产品不行，不能得到用户点赞，这样的微商经营不会长久，更不会有回头客或者老客户介绍新客户。

4.懂交际/有人缘

在移动互联网时代，微商营销不仅是商业利益的嫁接，还具有人情融合、移动社交的碎片化属性，这迫使微商走情感营销之路，其实质是一种人际关系经济。

（二）微商销售模式

1.终端销售

终端销售模式是基于互联网技术和社交媒体平台，如在微博、微信、贴吧、微店等工具中展现个人价值，形成个人魅力，聚集粉丝，组建社群，然后销售各类产品。这种模式充分发挥了粉丝经济的作用。

2.分销代理

（1）自身是厂商或者总代理，组建分销和零售团队。分销商负责客服、推广，厂商或者总代理负责发货。

（2）另类分销代理模式。这种模式不是靠将产品销售给真正的消费者，进行终端零售，而是层层加价，把货卖给下线，下线的下线再发展下线，以达到赚钱的目的。

（三）微商营销操作步骤及方法

1.做好定位

这是开展微商营销的第一步，微商要知道面对哪些客户群体，大概选择哪些类别、什么层次的产品，市场需求空间到底有多大。

2.选产品

微商应根据目标市场及消费群体定位进行细化，选择对应的人群、消费性价比和客单价进行系统分析，从而选择一款恰当的产品。同时，微商需要考虑具体化的市场空间、客单价、保质期、消费群体消费能力等。高品质的货源和服务能够带来口碑，并形成复购和引来新客源。

3.加好友/增粉

微商应根据自己的产品情况进行精准定位。没有好友，微商很难进行。详见下文关于加好友/增粉的方法。

4.常互动

互动是微商的灵魂所在。如果微商没有互动，基本上就没有活力，也就不会有成交。微商应在日常朋友圈中积极互动。例如：常给好友的朋友圈点赞和留言评论。大部分人都希望被别人称赞、夸奖。通常情况下，被点赞的人也会为你点赞、评论。种种互动都是为了让更多的人关注你。

5.做好营销

情感营销是从消费者的情感需求出发，唤起和激起消费者的情感需求，诱导消费者产生心灵上的共鸣。有了好的产品，应用好营销策略将事半功倍。例如：微商可分享使用效果和心得，将产品的生产环境拍照并进行分享。

6.有成交

成交是最终的目的。提供售后服务、7天无理由退换保障等附加服务都是提高成交转化率的有效措施。客服转化话术的应用，可以在成交的过程中解决顾客的各种异议，充分赢得顾客的信任。微商可配合淘宝店进行经营，对于不放心的顾客，可以将其引导到淘宝店购买。

7.多维护

老客户维护是提高复购率、带来新客户的有效途径。在售前、售中、售后，微商都需要与顾客充分沟通，尽量满足顾客的合理要求。同时，微商应保持与顾客的互动，努力与顾客成为朋友。

（四）加好友/增粉的方法

因为微商营销的本质是自媒体营销，具有去中心化的特点，所以粉丝数量是微商成功的关键。目前，一个微信号最多可以加5 000个好友，QQ号好友数量为500～2 000个，微博粉丝关注数量没有限制。微商应主要从线上线下两个方面获取和提升粉丝数量，具体来说有以下几种方法：

1.利用微信基本功能

（1）查找附近的人；（2）扫一扫添加好友，如亲朋好友、同事、同学等；（3）摇一摇；（4）雷达加朋友；（5）好友推荐。

2.活动推广（关注/转发）

微商可在朋友圈里发起活动，利用关注、转发截图领奖的方式推广，通过二次裂变提升粉丝数量。

3.通过建群、换群、买群进行推广

（1）自己建立微信群、QQ群，拉好友入群；（2）设立好友拉人入群奖励金；（3）设立好友拉你入其他群的奖励红包。

4.购买

微商可以通过淘宝等平台购买粉丝，但一般精准度不高。

5.优质内容/软文推广

由于好的文章和内容能够引来大量的关注和转发，因此内容营销也是自媒体营销的一种主流方法。

6.小程序抽奖

微信的“抽奖”小程序是增粉的有效方法之一。多数潜在消费者都有贪小便宜的心理，利用该心理吸引潜在消费者关注并参与抽奖能够有效增加粉丝数量。

7.线下推广

（1）在人群密集的地方，采用扫码关注送小礼物的方式；（2）与其他商家合作，在店铺前台或宣传单上印制二维码，通过扫码关注获取优惠券等方式推广；（3）利用淘宝、微博、微信公众号联合推广，在包裹快递上粘贴所需推广的公众号二维码。

素养提升

文化自信

菲丽希亚和陈懿学姐通过中国戏曲协会，积极参与了校园和社会上的各种活动，她们结交了很多有共同兴趣爱好的朋友。她们日常喜欢阅读朋友圈里朋友们许许多多关于越剧、京剧、黄梅戏、昆曲等演出的推文和照片，弘扬中国百花齐放的戏曲文化。中国是具有5 000多年文明史的伟大国度，沉淀了许多精彩纷呈的文化，戏曲艺术是人民精神生活的一个重要领域。陈懿学姐还向菲丽希亚介绍了中国共有43个项目列入联合国教科文组织人类非物质文化遗产名录（册），居世界第一。中国具有悠久的文明历史，中国人民对中华优秀传统文化的自豪感和社会主义文化先进性已经深入人心。

文化自信是一个国家、民族、政党对自身文化价值的充分肯定，对自身文化生命力的坚定信念。从人类社会运行过程来看，文化是灵魂；从人类社会发展追求来看，文化是社会文明进步的重要目标；从中华民族自身历程来看，文化是民族复兴的重要支撑。

任务实施

任务实施如表2-18所示。

表2-18　任务实施

步骤	操作要求和说明
一、注册并认证微信	1. 登录 https://weixin.qq.com 2. 通过手机或者智能设备下载并安装微信 App 3. 申请注册并认证微信账号
二、注册微信公众号	1. 登录 mp.weixin.qq.com 2. 通过浏览器登录后注册微信公众平台（公众号、服务号，企业微信不做要求） 3. 若条件许可，认证公众号、服务号，并开通微信支付
三、注册微信小店 / 微店	1. 登录微信公众平台 mp.weixin.qq.com，申请开通微信小店 2. 登录微店 d.weidian.com 3. 申请并开通微店 4. 通过微店上架 2 ～ 6 款淘宝店铺在售的商品
四、微信 / 微信群	1. 通过 QQ、微博、博客、论坛、朋友圈宣传微信号 2. 增加微信好友 30 人以上 3. 建立微信群，增加群成员人数 30 人以上 4. 设立拉人进群奖励红包 5. 根据网店主推商品，制作一份朋友圈推广简文，不少于 9 张图片

续表

步骤	操作要求和说明
五、朋友圈应用	1. 登录微信公众号平台 2. 点击素材管理，根据网店主推商品，新建图文素材 3. 分析推送时间并安排推送
六、效果评估	微信好友数量、微信群人数、微信公众号关注人数、微店建设情况、新建图文素材微信公众号推广效果、朋友圈图文信息点赞、回复互动情况

评价反馈

评价反馈如表 2-19 所示。

表2-19　评价反馈

评分项目	评分标准	分值	得分
微信 / 微信群	1. 微信好友数量＞50 2. 微信群好友数量＞50	30	
微信公众号	1. 微信公众号注册及认证结果 2. 公众号图文建设＞2，推广效果＞5	30	
微信小店 / 微店	1. 微信小店 / 微店建设完整性 2. 微信小店 / 微店主推商品分析与策划方案	20	
微商营销	1. 朋友圈图文推广效果＞5 个赞 2. 微信公众号推广互动效果 3. 微店推广互动效果	20	
合计		100	

知识拓展

微信营销技巧

（1）企业微信运营人员可以加入微信营销的 QQ 群或微信群，在这些群里获取有用的信息。

（2）微信认证对提升企业的信任度很重要。

（3）企业微信运营人员不一定每一次都推送文章，可以推送小知识、技巧和笑话，只要能帮助潜在客户和读者就可以。企业微信运营人员每次都推送一条与微博一样的短小精悍的文章，不仅能够减少订阅客户文字量过多的困扰，而且客户可以从中学到新的知识，这样的公众号会很受欢迎。

（4）企业微信运营人员经常用微信向自己的朋友推销产品是错误的做法，这样会导致朋友的反感。如果企业微信运营人员想利用微信推销产品，应重新申请一个账号。

（5）选择合适的图片很重要，企业微信运营人员可以经常浏览相关的微博和网站，获取一些行业图片；同时，进行微信营销时，一定要重视细节，图文要匹配；细分板块，以供不同层次客户选择和分享。

（6）企业微信运营人员应在晚上或者下午推送，因为这些时间段读者有足够的时间来阅读。

（7）企业微信运营人员应做好服务500～1 000个微信客户的准备。客户多并不代表营销能力强，客户的互动价值和关注价值才是微信营销的核心。企业微信运营人员应多创造和客户沟通的话题，客户关心的话题会让整个公众号更加活跃。

（8）公众号没有活跃度就没有任何价值，每天的内容编辑就是公众号活跃的关键。

（9）企业微信运营人员应结合当地市场的消费观、地理文化、地域文化等进行微信营销，否则所有的内容和辛苦都会白费。企业应以推动行业发展为主导，以服务客户为导向。

（10）重视互动。企业微信运营人员只有通过与客户的沟通，才能取得客户的信任。

实训练习

学生以4人为一小组，根据自己小组网店的经营目标，进行营销推广分析；注册微信账号并认证，建立微信群；注册认证微信公众号，宣传推广以提升关注人数；注册微店并导入店铺商品。通过微信朋友圈、微信公众号进行商品和服务的宣传推广；通过互动，提升客户满意度；通过微店，补充淘宝网店的单一渠道，以提高网店的曝光量、访问量和销售额。

要求：

（1）登录并注册、认证微信账号；

（2）登录并注册微信公众号；

（3）登录并认证微信支付功能；

（4）分析微店主推商品，在微信公众号后台新建一份图文素材并进行群发推送；

（5）编辑一份简短的商品促销信息，宣传短文＋9张图片，并通过朋友圈发送；

（6）监控微信群、微信公众号、微店客户互动交流情况、销售情况、淘宝网店流量导入情况；

（7）撰写一份800字左右的微商营销报告。

任务十一 视频营销

视频包含电视广告、网络视频、宣传片、微电影等各种形式。视频营销是视频和互联网的结合，具备二者的优点，既有视频短片的优点如感染力强、形式内容多样、创意新颖，又有互联网营销的优势如互动性与主动传播性强、传播速度快、成本低廉等。由于视频营销归根到底是营销活动，因此成功的视频营销不仅要有高水准的视频制作，而且要发掘营销内容的创意与亮点。

学习目标

知识目标：

了解视频营销的现状及发展趋势；

熟悉网红经济的商业模式；

掌握视频营销的运营与管理。

能力目标：

能够制作具有创意的视频脚本；

能够制作具有商业价值的短视频并发布；

能够搭建一个直播间并进行直播。

素质目标：

增强对“四个全面”的认识，加强对国家治国理政的重要战略思想的科学性理解。

任务引入

根据网店流量导入的目标，构思一个创意文案，制作一个短视频，通过短视频平台（如抖音、快手、腾讯微视等）进行宣传推广，并通过快手、抖音进行直播以对店铺和商品进行推广。

相关知识

视频营销是以视频网站为核心的网络平台，以内容为核心、以创意为导向，利用精细策划的视频内容实现产品营销与品牌传播的目的。它是企业多渠道引流的一条有利途径。

网红经济是以时尚达人为形象代表，在社交媒体上聚集人气，以网络红人的品位和眼光为主导进行选款和视觉推广，依托庞大的粉丝群体进行定向营销，从而将粉丝转化为购买力的一个过程。当前，网红可以分为两类：电竞类网红和时尚生活类网红。网红变现途径有平台签约、电商分成、粉丝礼物 / 打赏、流量广告、淘宝网店以及其他商业活动六种。

一、视频营销的意义与作用

（一）视频营销的意义

视频营销能够生动形象地为广大消费者提供令其印象深刻的品牌信息，加强消费者对品牌的印象。视频营销是网络营销发展升级的趋势，而不是风口，它可以持续收获用户，带来业务合作，有利于企业营销目标的实现。

（二）视频营销的作用

视频具有更好的视觉直观性，用户体验更佳，营销效果更持久。比起单纯的文字、语音、图片，视频是这三者的结合体。视频的展示面宽直接给人们视觉、听觉、语言文字一体化的体验，使其更容易对产品或事物有全方位的感知和了解，因此体验更好。

二、相关专业名词

（一）UGC

UGC（User Generated Content）意为用户生产内容，即网友将自制的内容通过互联网平台进行展示或者提供给其他用户。UGC 是伴随着以提倡个性化为主要特点的 Web 2.0 概念兴起的，UGC 并不是某一种具体的业务，而是一种用户使用互联网的新方式，即由原来的以下载为主变成下载和上传并重。社交网络、视频分享、博客、播客等都是 UGC 的主要应用形式。在 UGC 模式下，网友不再只是观众，而是成为互联网内容的生产者和提供者，体验式互联网服务得以更深入地进行。

（二）PGC

PGC（Professionally-Generated Content）是指专业生产内容，是相对于 UGC 而言的，指的是专业生产内容和专家生产内容。PGC 和 UGC 的区别是有无专业知识、资质以及在所共享内容的领域是否具有一定的知识背景和工作资历。

（三）OGC

OGC（Occupationally-Generated Content）是指职业生产内容，即以内容提供为职业的人员所生产的内容。PGC 和 OGC 的区别以是否有报酬为边界：PGC 是出于爱好；OGC 是以职业为前提，创作内容属于职务行为。

（四）MCN

MCN（Multi-Channel Network）是一种将 PGC 内容整合的多频道网络产品形态，是一种新的网红经济运作模式，亦可视为短视频机构。在国内，MCN 平台以网红经纪公司的形式出现，其主要业务是为网络红人和内容创作者提供专业的管理和运营服务，如内容发布、粉丝运营、版权维护、招商变现等。在资本的有力支持下，保障内容的持续输出，从而最终实现稳定的商业利益。

（五）快闪

快闪是“快闪影片”或“快闪行动”的简称，被视为一种短暂的行为艺术，即许多人通过网络或其他方式，在一个指定的地点、在明确指定的时间，出人意料地同时做一系列指定的行为如歌舞等，然后迅速离开。

（六）种草

“种草”是网络流行语，意思是将某一事物分享或推荐给另一个人，让另一个人喜欢这一事物的行为，类似网络用语“安利”的用法。

三、短视频行业产业链全景

短视频行业产业链主要包括内容生产、内容分发。其中内容生产主要来自 UGC（用户生产内容）、PGC（专业生产内容）、OCG（职业生产内容）和 PUGC（“专业用户生产内容”或“专家生产内容”，将 UGC+PGC 相结合的内容生产模式）。从内容分发来看，内容分发视频平台分为两大类：一是以抖音、西瓜视频等为代表的独立短视频平台；二是综合的短视频平台，其主要分为三小类——资讯平台、社交平台以及传统视频平台。此外，产业链参与其中的还有监管部门、MCN、品牌方等。短视频行业产业链全景如图 2-24 所示。

四、视频工具

（一）视频播放器与视频媒体平台

视频播放器是指能播放以数字信号形式存储的视频的软件，也指具有播放视频功能的电子器件产品。大多数视频播放器（除了少数波形文件外）携带解码器以还原经过压缩的媒体文件，还要内置一整套转换频率以及缓冲算法，通常兼容支持播放音频文件。目前在我国，市场上占有率较高的综合性视频媒体平台主要有央视网、爱奇艺、优

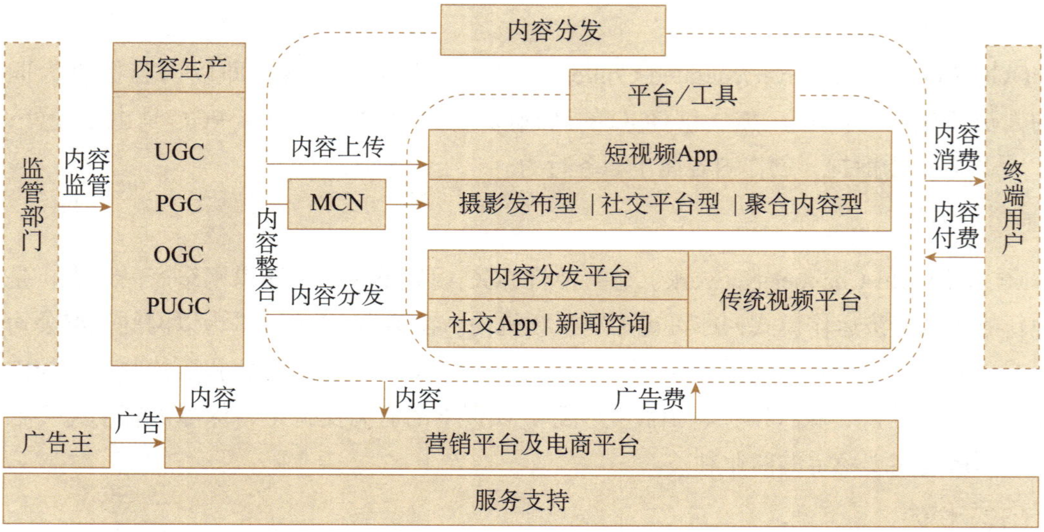

图2-24　短视频行业产业链全景

酷、土豆、腾讯视频等；视频播放器主要有 QQ 影音、暴风影音、迅雷看看、PotPlayer、KMPlayer 等。

（二）短视频

短视频营销

短视频是一种互联网内容传播方式，是指在各种新媒体平台上播放，时长通常为几秒钟到几分钟不等，适合在移动状态和短时休闲状态下观看并被高频推送的视频内容。内容融合技能分享、幽默搞怪、时尚潮流、社会热点、街头采访、公益教育、广告创意、商业定制等主题。短视频的内容较短，既可以单独成片，也可以成为系列栏目。随着移动终端的普及和网络的提速，短平快的大流量传播内容逐渐获得各大平台、粉丝和资本的青睐。

随着网红经济的出现，视频行业逐渐崛起一批优质 UGC 制作者，微博、秒拍、快手、今日头条纷纷入局短视频行业，吸引了一批优秀的内容制作团队入驻。2017 年之后，短视频行业竞争进入白热化阶段，内容制作者也偏向 PGC 专业运作。国家公共信息网络安全监察部门规定，短视频禁止文身、色情、低俗、暴力、约架等不良行为，并开展专项整治工作，加强对网络直播平台的规范管理。

短视频运营形态主要有三种，分别是聚合内容型、摄影发布型、社交平台型。视频按生产方式可分为 UGC（用户生产内容）和 PGC（专业生产内容）两大类，通过“内容生产→内容承载→中间商→受众”的途径传播。

1.短视频平台

截至 2024 年 6 月，我国网络视频（含短视频）用户规模达 10.26 亿。从安卓和 iOS 下载量靠前的短视频软件数据可看出，当前市场占有率较高、在人们生活中使用较为频繁的短视频软件有抖音、快手、哔哩哔哩（B 站）、美拍、微视、梨视频、土豆视频、秒拍、抖音火山版、西瓜视频等。单个短视频的播放时间长度集中在 15 秒到 5 分钟。

短视频平台为短视频营销提供了广阔的营销环境。互联网巨头纷纷打造短视频平台，目前已经形成了字节跳动系、B 站系、腾讯系、百度系、阿里系、新浪系、美图系、网易系和 360 系等短视频平台，短视频平台呈现百花齐放的局面。短视频平台当前市场布局如图 2-25 所示。

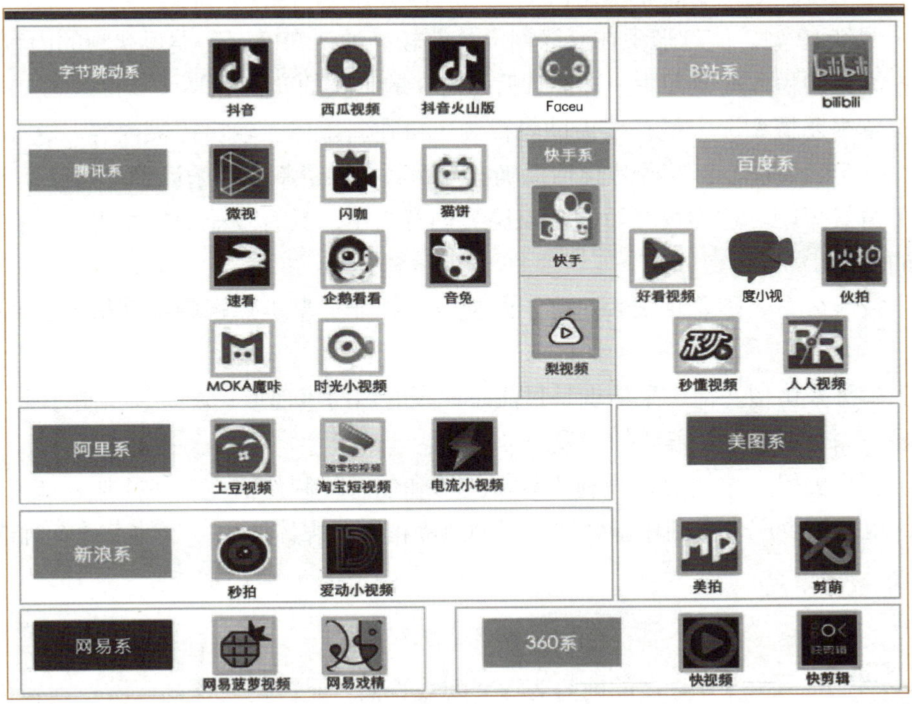

图2–25　短视频平台当前市场布局

（1）抖音。抖音是一款可以拍摄短视频的音乐创意短视频社交软件，是受众以年轻人为主的音乐短视频社区平台。

（2）快手。快手的前身叫“GIF 快手”，最初是一款用来制作、分享 GIF 图片的手机应用软件。2012 年，快手从纯粹的应用工具转型为短视频社区，成为用户记录和分享生产、生活的平台。

（3）梨视频。梨视频创立初期定位为资讯类视频平台，涵盖商业、社会、科技、娱乐、生活方式等领域，经过深度编辑的聚合内容和独家的原创报道，通过灵活、广泛的合作与收益分享体系进行传播。

（4）微视。微视是腾讯旗下短视频创作平台与分享社区。用户可以通过创作短视频来分享自己的所见所闻。微视整合了微信和 QQ 等社交平台，用户可以将微视上的视频分享给好友和社交平台。

（5）西瓜视频。西瓜视频是今日头条旗下独立短视频 App，基于人工智能算法为用户进行短视频内容推荐。它让用户的每一次刷新，都能发现新鲜、好看且符合自己口味的短视频内容。

国外著名的视频平台有 YouTube、Vimeo（维密欧）、Netflix（网飞）、Dailymotion（每日影像）、Twitch、Ustream 等。

2.短视频类型

（1）短纪录片。这类短视频多数以纪录片的形式呈现，内容制作精良，成功的渠道运营开启了短视频变现的商业模式。

（2）网红 IP 型。网红形象在互联网上具有较高的认知度，这类短视频的内容制作贴近生活，庞大的粉丝基数和用户黏性背后是潜在的巨大的商业价值。

（3）草根恶搞型。大量草根借助短视频风口在新媒体上输出搞笑内容。这类短视频虽然存在一定争议性，但其碎片化传播确实为网民提供了不少娱乐谈资。

（4）情景短剧。这类视频短剧多以搞笑创意为主，具有较短的情景内容，在网络上有广泛的传播。

（5）技能分享。随着短视频热度不断提升，技能分享类短视频在网络上有非常广泛的传播。

（6）街头采访型。街头采访也是目前短视频的热门表现形式之一，其制作流程简单、话题性强，深受都市年轻群体的喜爱。

（7）创意剪辑。这类短视频利用剪辑技巧和创意，制作精良，往往加入解说、评论等元素，也是不少广告主利用新媒体短视频热潮植入新媒体原生广告的一种方式选择。

（三）直播平台

直播营销

1.虎牙

虎牙直播的前身为 YY 游戏直播，是国内资深的以游戏内容为核心、汇聚众多电竞赛事的直播平台。虎牙直播从游戏出发逐渐开拓更多的细分品类，通过明星主播等方式展开泛娱乐直播。目前，该平台涵盖内容包括明星直播、星秀直播、综艺节目和户外直播。

2.映客

映客是一款基于视频直播的移动社交应用，主打素人直播理念，开创了“全民直播”的先河，是较早采用“直播＋明星”模式的直播平台。该平台为用户提供娱乐、时尚及生动的实时互动，用户可以多种方式进行互动，实时聊天。

3.斗鱼

斗鱼是一家弹幕式直播分享网站，为用户提供视频直播和赛事直播服务。斗鱼以游戏直播为主，涵盖娱乐、综艺、体育、户外等多种直播内容，是一个平民及全民的泛娱乐平台。

市场上占有率和影响力较大的其他直播平台还有腾讯直播、六间房、YYlive、花椒直播等。

4.十大主流直播平台对比

十大主流直播平台对比如表 2–20 所示。

表2–20　十大主流直播平台对比

平台	平台属性	流量来源	KOL 属性	商品属性	带货模式
淘宝直播	电商	公域流量	头部主播集中	淘宝体系内全品类	商家直播、明星直播、达人直播模式兼具
京东直播	电商	公域流量	垂直化主播培育	京东电商全品类	主播专业内容 + 品质供应链
苏宁直播	电商	公域流量	未形成头部主播	苏宁易购优势品类	达人、店铺直播兼具；以店面、原产地直播为特色
多多直播（拼多多）	电商 + 社交	私域 / 公域投放广告	未形成头部主播	低价商品为主	定位偏向于工具，以店铺直播为核心
抖音	社交 + 内容	偏公域	头部主播集中	美妆、服饰、百货	短视频 + 直播带货、种草转化
快手	社交 + 内容	偏私域	头部主播较分散	百元内低价商品为主	达人直播、打榜、连麦等
B 站 / 哔哩哔哩	内容社区	公域 + 私域	未形成头部主播	内容电商 + 直播带货	以视频种草为主
小红书	种草基地	公域 + 私域	头部 KOL	美妆类为主	直播 + 笔记
微博	社交 + 内容	偏公域	未形成头部主播	服装、生活用品、鞋帽配饰等非标品类为主	话题热搜 + 直播 + 名人背书
腾讯直播	社交 + 内容	私域流量	以商家店铺直播为主	服装、美食、数码等线下店铺的商品	公众号 + 小程序 + 直播

（四）视频制作软件

视频制作软件是将图片、背景音乐、视频等素材经过非线性编辑后，通过二次编码生成视频的软件。除了简单地将各种素材合成视频，视频制作软件通常还具有添加转场特效、MTV 字幕特效、添加文字注释的功能。短视频制作软件属于多媒体视频编辑软件的范畴。

目前，市场使用量及影响力较大的视频制作软件有爱剪辑、AE（Adobe After Effects）、Pr（Adobe Premiere）、剪映、CS（Camtasia Studio）、会声会影、AI 智能视频等。以下对其中几个进行简要介绍。

1.爱剪辑

爱剪辑以适合国内用户的使用习惯与功能需求为出发点进行创新设计，人人都能轻松成为出色剪辑师是设计该软件的期望。软件特色功能有好莱坞文字特效、风格滤镜、转场特效、卡拉 OK 效果、MTV 字幕功能等。

2.AE

AE 是 Adobe After Effects 的缩写，是 Adobe 公司推出的一款图形视频处理软件，适用于从事设计和视频特技的机构，包括电视台、动画制作公司、个人后期制作工作室以及多媒体工作室。

3.剪映

剪映这款视频编辑工具支持全面的剪辑功能、变速、多样滤镜和美颜效果，具有丰富的曲库资源。功能包括视频导入和剪辑、音频处理、变速、色彩校正、滤镜和特效、画面裁剪和旋转、字幕功能、转场效果等。剪影的操作界面简洁明了，提供了丰富的模板和特效，让用户能够制作出具有大片质感的视频作品。

4. AI智能视频

随着 AI 的快速发展，人工智能公司 OpenAI 发布了文生视频大模型 Sora，其可制作出逼真的三维立体视频。国内 AI 视频制作领域也在快速发展，涌现出多个 AI 视频大模型，并在实际应用中取得了显著进展。目前，比较流行的 AI 智能视频生成软件有快手可灵、爱诗科技 PixVerse、智谱清影等。

五、视频运营

（一）视频运营评价指标

视频营销的核心工作是内容创作。虽然各个平台的视频创作内容的评价指标和维度有所差异，但衡量视频运营效果的指标有一定的共性，主要包括播放量、停留时长、完播率、复播率、评论率和点赞率等。

根据人们的生活习惯，研究发现在中午 12 时前后、晚上 6 时前后、夜里 10 时前后这三个时段发布内容，有机会获得更高的流量。

（二）视频营销操作流程

视频营销最重要的是创意、制作、传播，其中创意是视频营销成功的基石。

（1）创意。创意是指通过大胆、新奇的手法来制造与众不同的视听效果，最大限度地吸引消费者，从而达到品牌声浪传播与产品营销的目的。通过独特的技术手法或巧妙的广告创作脚本，凸显产品特性和品牌内涵，并以此促进产品销售。

（2）制作。视频广告物料制作流程包括：定位视频风格以及当下与产品相关的话题；策划吸引人的脚本；选择合适的演员、合适的场景进行现场拍摄；后期制作（脚本与素材的融合、恰到好处的背景音乐、合适的转场特效、制作加分的字幕）。

（3）传播。视频制作好之后，企业可先运用当下流行的视频直播平台多方公布，产生基础的视频传播源，在短视频 App 内部进行互动，扩大传播量。传播渠道主要有视频平台和社交平台。

根据创意、制作、传播流程的基本思路，视频营销操作步骤如表 2-21 所示。

表2-21　视频营销操作步骤

步骤	内容
步骤 1	受众群体定位（STP / 营销定位）
步骤 2	确定要生成的视频内容类型与规划
步骤 3	确定视频分发途径
步骤 4	制订预算和生产计划
步骤 5	制作视频内容
步骤 6	优化视频内容
步骤 7	设置成果指标并衡量投资回报率

视频营销的注意事项主要有：

（1）以内容形式呈现广告，因为消费者常有过滤广告但阅读文章的习惯；

（2）精做视频，求质量不求数量；

（3）把握视频时间，力求短小精悍；

（4）内容有趣味性且实用，拒绝低俗模仿，持续地为消费者提供好处；

（5）巧妙植入产品与品牌广告；

（6）结合热点，不可生搬硬套；

（7）使用视频模板软件辅助制作，降低中小型企业财务预算。

六、视频营销思路、规则、关键指标与要素

（一）视频营销思路

前期的“短视频种草”+电商带货的“直播收割”。

（二）视频营销规则

衡量短视频是否优质的四大关键点分别是播放量 / 完播率、点赞率、评论量、转发量。抖音、快手、哔哩哔哩等视频网站都兼具直播功能。短视频运营是直播效果的基础。短视频运营需要了解平台的运作原理和规则。抖音与快手都是短视频传播平台，其在上热搜的推荐算法上基本相似。我们以抖音平台为代表进行研究，其他平台具有共性。

1.了解衡量短视频的核心指标

其权重规则根据统计数据推导为：播放量 / 完播率 > 转发量 > 评论量 > 点赞率。

2.抖音系统会根据指标分配基础流量池

如果视频在基础流量池中表现优秀，则会进入叠加推荐池；如果后续能够达到一定的标准，还容易上热搜加速传播。

（1）流量池。零粉丝的创作者发布任何视频，抖音系统都会智能地分配给其几十或

上百个流量，这个就是流量池。

1）流量池是分发流量的容器。平台会初步智能地给创作者分配 0～300 的流量，然后根据创作者在流量池的表现，决定要不要把作品推送给更多的人。

2）平台将会流量智能地分发给粉丝、通讯录好友、共同好友、同城 / 附近的人、账号定位标签相似人群。

（2）推荐上热门的逻辑：基础流量、推荐叠加、时间效应。在第一次流量池的推荐中如果能达到 10% 的点赞率和 60% 的完播率的标准，即可得到下一次推荐，即叠加推荐。

（3）叠加推荐。这是平台推荐叠加机制。例如：创作者发布了一个视频，平台给予基础流量池 300 播放量。其中有 5 个点赞、1 个评论，初步审核的机器人会将其认定为优质，并推送到 1 000 播放量的流量池。如果数据继续表现良好，会进入 1 万～10 万播放量的流量池，从而让原创优质视频的播放量实现指数级增长。

（三）短视频营销关键指标

创作者应重点完成“完播率、点赞率、评论量、转发量、关注比”五个指标的提升，具体运作流程如图 2-26 所示：

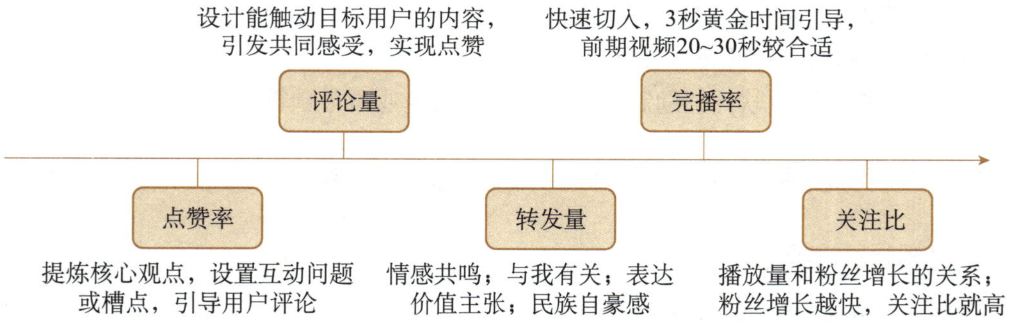

图 2-26　短视频营销关键指标

（四）视频营销三要素

视频营销三要素：平台规则、内容生产制作、视频编辑制作。视频编辑制作相关内容前文已介绍。

1.平台规则

（1）用户行为分析，选择合适的发布时间。

1）周一至周五（工作日）：用户观看短视频时间集中在饭前、睡前等碎片时间，即中午 12 时至下午 2 时、下午 5 时至 6 时、晚上 9 时至 12 时。

2）周五晚上和周末：时间比较长、不固定。

（2）提高互动数据。互动关键指标：点赞、关注、引导用户评论、转发。

（3）选择平台合适的官方活动（记得加标签）。

（4）与热门视频合拍以增加话题度。

（5）撰写优美的文案。

（6）构思令人共鸣的标题。

2.内容生产制作

热门短视频包括以下类型：

（1）实用干货类。实用干货类视频的播放量和点赞量通常都比较高，能更快速地在网上传播。但内容一定是平时大家都还没有掌握的或者是不能轻易做到的技能。

（2）情感共鸣类。当一个视频能够让观众产生共鸣，甚至感同身受时，就能让他为视频点赞、评论甚至收藏，所以创作者可以尝试以网络上比较热门的、能够引起他人共情的话题进行创作。

（3）搞笑类。很多创意类短视频社交平台的娱乐性比较强，很多人也会将搞笑类视频作为闲暇之余的消遣方式，所以搞笑类视频一定是最受欢迎的。

（4）正能量类。不管在什么平台上正能量的内容都是很受欢迎的。当视频传达了正能量，自然就可以实现更大范围的传播。同时账号还会被定位为正能量、关注社会。

（5）时事热点。创作者以公众比较关注的事件制作视频，可以引发大量点击。

七、短视频的引流推广

（1）创作者可运用分享功能，多渠道分享视频，如站内好友、朋友圈、微博等。

（2）创作者可借助 KOL（关键意见领袖）为短视频做宣传，如找名人付费投放、寻找行业权威或达人。

（3）创作者可借助 KOC（关键意见消费者）生产短视频，形成长尾效应进行推广，如公司团队每天固定生产 5 个或以上视频，视频达到一定数量后就会产生长尾推广效果。

（4）创作者可参与平台活动提升知名度。

八、直播话术

直播话术

直播话术分为四个环节，分别为开场、过程、结尾、问题四部分。直播话术示例如表 2–22 所示。

表2–22　直播话术示例

时间点	直播内容	参考话术
开场	1. 主播介绍此次直播主题； 2. 介绍本期产品情况； 3. 介绍优惠力度 & 折扣。	固定话术： “关注主播不迷路，主播帮你们精选好物。今天直播全场 × 折，快速抢购吧！” 引导用户关注、点赞、分享、互动。 1. 自我介绍与开场白： “嗨，大家好！我是 ×××，欢迎来到直播间，今天晚上的直播有超多的惊喜等着你，超高品质的商品都是超低价‘秒杀’，机会难得，大家一定不要错过哦！”

续表

时间点	直播内容	参考话术
过程	1. 主播介绍产品，穿插评论互动； 2. 主播重复强调商品折扣、吸睛点，催促用户下单付款。 （可介绍两三个商品后或所有商品介绍过后，返回重复介绍商品。）	1. 产品的 FFAB 介绍： Feature：产品的特征、特色、特点 Function：产品的功能、作用 Advantage：产品的优势（如价格） Benefit：产品给客户带来的好处 2. 以消费者痛点为引子，对症下药，强调功效；基于产品优势进行全面讲解，体现专业性。
结尾	主播提前半小时预告直播即将结束，催付，预告明天直播，到点结束直播。	下播话术： “每一个陪你到下播的人都是真爱，每一场直播都要有始有终。”临近下播的时候，也不能匆匆走开，而是好好准备一套话术，认认真真给粉丝道谢，道晚安。 1. 对粉丝的陪伴表达感谢： “感谢 ×× 位在线粉丝陪到我下播，更感谢从开播一直陪我到下播的粉丝 ×××、×××（榜单上的一一点名就行），陪伴是最长情的告白，你们的爱意我记在心里了。” 2. 预告： 直播预告：“今天的直播接近尾声了，明天晚上 ×× 点—×× 点同样时间开播，大家可以点一下关注哦，各位奔走相告吧！/明天休息一天！后天正常开播！” 商品预告：“大家还有什么想要的商品，可以在交流群里留言，我们会非常认真地为大家选品，下次直播推荐给大家。” 3. 给粉丝送去最后的祝福： “我马上就要下播了，希望大家睡个好觉做个好梦，明天新的一天好好工作，我们下次见。” 4. 下播前再给粉丝来一波抽奖福利，增加关注： “主播还有 20 分钟就下播了，非常感谢大家的陪伴，今天和大家度过了非常愉快的时光，主播最后给大家抽个奖好不好？大家记得关注我，下次开播就会收到自动提醒信息，我也会想念大家。” 5. 总结： “今天直播间一共进入了 ××× 人，榜单有多少人在帮忙邀请，第一名邀约了 ××，比预计的少了一点，我要更努力一点才行了。” 6. 表达对粉丝的不舍之情，温情结束直播： “轻轻地我走了，正如我轻轻地来，感谢各位的厚爱！其实不想跟大家说再见，不过因为时间关系，这次直播马上要结束了，最后给大家唱（放）一首好听的歌曲，让我们结束今天的直播。”
问题	客户疑问与挑刺，需要耐心地正面给予解答和提出解决方案	遇到问题，需要耐心地正面提出解决方法。例如： （1）粉丝提出“× 号宝贝试一下”说明粉丝对该宝贝至少产生了兴趣，需要耐心讲解。可以先说：“小姐姐，先点上方红色按钮关注主播，马上给你试穿哦。” （2）粉丝问：“身高不高能穿吗？太胖能穿吗？”直播中经常会出现类似的问题，主播需要耐心引导解答。

九、直播营销成交话术

引导用户下单，促进成交，提高转化率。直播营销成交话术示例如表 2-23 所示。

表2-23　直播营销成交话术示例

话术应用场景	话术技巧	示例
引导用户下单	强调售后服务	我们直播间的商品都支持 7 天无理由退货，购买后如果对商品不满意是可以退货的，大家放心购买。
	与原价做对比	这款商品原价是 ×× 元，为了回馈大家的厚爱，现在只要 ×× 元，喜欢这款商品的朋友请不要再犹豫了，错过今天只能按原价购买了。
	限时、限量、限购，制造紧张感	最后 60 件，大家抓紧时间下单吧；库存还剩 30 件、17 件…… 今天的优惠力度是空前的，这款商品今天商家只给了 × 件，今后也不会按这个价格卖了；福利价购买的名额仅有 × 个，先到先得！目前还剩 × 个名额，赶快点击左下角的购物车按钮抢购吧！
	偷换心理账户，强调价格优惠	这个真的很划算，两包方便面的钱就能买到；这款眼睛按摩仪真的值得买，一台能用一年，算下来一天不到 1 块钱。
	引导查看商品链接	大家如果想要了解更多的优惠信息，一定要点击“关注”按钮关注主播，或直接点击商品链接查看商品详情。
	引导加入购物车	如果大家还没有想清楚要不要下单或者什么时候下单，那么完全可以先将商品加入购物车，或先提交订单抢占优惠名额。

十、网红经济运作

网红经济和共享经济是目前红火的商业模式，被各大商家充分利用以实现经营目标。2024 年，我国 MCN 机构数量接近 3 万家，其中，达人粉丝总数处于 500 万～1 000 万的 MCN 机构有 126 家。

网红打造是从定位到传播的过程。成为一名万众瞩目的网红，首先从定位开始。定位需要考虑以下影响因素：（1）兴趣决定命运；（2）特长决定深度；（3）行业决定出路；（4）平台决定高度；（5）互动决定转化率；（6）辐射范围决定影响力；（7）商业模式决定前途；（8）供应链决定产品生命周期长度；（9）远见决定周期。

其次是传播。内容与传播是密不可分的。要想快速抓住人们的眼球并得到分享，需要做的重点工作就是打造内容。内容打造需要围绕以下方面进行：

（1）专业且有深度的内容；

（2）有价值和实质性帮助的内容；

（3）激发情感的内容；

（4）独特、新颖的内容；

（5）具有社会流通性的内容；

（6）想说却不敢说或说不好的内容；

（7）有争议的内容；

（8）有价值的故事。

最后是奠定品牌基础。一个网红想要奠定自己的品牌基础，就需要不断地输出价值，分享有价值的内容。

十一、播客营销

播客营销是一种利用播客平台进行推广的营销方式，它通过发布音频或视频内容来吸引目标听众，并通过各种策略来提升品牌知名度和吸引潜在客户。

喜马拉雅是国内领先的音频分享平台，汇集了有声小说、儿童故事、相声评书、京剧戏曲、新闻段子、广播电台等数亿条免费声音内容。截至 2024 年，喜马拉雅月活跃用户数达 3.45 亿，在播客领域具有较大影响力。当前国内外知名的播客平台有喜马拉雅、蜻蜓、荔枝、谷歌播客、Buzzsprout 等。

2023 年开始，播客正在从小众圈层向泛大众圈层扩展，并成为品牌"双微一抖一快一书"后的另一标配"一播"，是品牌营销新阵地。2023 年 12 月，喜马拉雅联合日谈公园在北京共同发布《2023 播客品牌力洞察报告》。目前，喜马拉雅平台具备商业价值的播客超过 24 万档，诸多机构、媒体、明星及 KOL 成为播客创作者。

素养提升

全面建设社会主义现代化国家——"四个全面"

在日常碎片化时间，菲丽希亚会登录微视、哔哩哔哩、快手，观看一些短视频，也会看淘宝直播购物。视频中，中国各地的美丽乡村、古色古香的古城、绿水青山环绕的特色民宿深深地吸引了菲丽希亚。陈懿学姐告诉她，距离上海不远，富春江畔有个非常美丽的桐庐县。和学姐商量之后，菲丽希亚通过视频网站的小黄车，订购了周末桐庐富春江畔的一间民宿，感受一下桐君山下富春江的美景。路上，陈懿学姐向菲丽希亚介绍了我国全面建设社会主义现代化国家的政策方针。在 2020 年全面建成小康社会之后，向第二个百年奋斗目标进军的宏伟蓝图，开启了全面建设社会主义现代化国家新征程。到 2035 年，在全面建成小康社会的基础上，再奋斗 15 年，基本实现社会主义现代化。到那时，我国经济实力、科技实力将大幅跃升，跻身创新型国家前列；人民平等参与、平等发展权利得到充分保障，法治国家、法治政府、法治社会基本建成，各方面制度更加完善，国家治理体系和治理能力现代化基本实现；社会文明程度达到新的高度，国家文化软实力显著增强……

习近平总书记 2019 年 9 月 24 日在十九届中央政治局第十七次集体学习时发表讲话指出："我国国家制度深深植根于人民之中，能够有效体现人民意志、保障人民权益、激发人民创造力。”人民代表大会制度是我国的根本政治制度，各级人大代表都由人民选举产生，具有广泛的代表性，能够充分体现人民意志、反映人民呼声、代表人民利益，确保国家的一切权力属于人民。比如，公有制为主体、多种所有制经济共同发展，按劳分配为主体、多种分配方式并存，社会主义市场经济体制等社会主义基本经济制度，都坚持以人民为中心，既能充分调动各方面积极性，激发社会创造活力，又有利于全体人民共享改革发展成果，逐步实现共同富裕。

“四个全面”，即全面建设社会主义现代化国家、全面深化改革、全面依法治国、全面从严治党。

任务实施

任务实施如表 2-24 所示。

表2–24　任务实施

步骤	操作要求和说明
一、营销目标市场分析与定位	1. 分析品牌 / 商品的市场与受众 2. 确定企业品牌的营销定位
二、注册 / 登录视频平台	1. 注册抖音、快手平台账号 2. 注册腾讯视频、爱奇艺账号 3. 注册虎牙、斗鱼平台账号
三、制订生产计划	根据项目财务预算与时间长短，制订视频的生产计划
四、制作视频	1. 根据品牌 / 商品受众的特征，利用创意策略，制作短视频脚本 2. 下载并安装爱剪辑，对视频进行编辑处理
五、视频推广	1. 审核视频内容，并通过视频平台进行发布推广 2. 根据脚本内容进行抖音、映客平台的直播
六、视频效果分析与改进优化	1. 视频投放平台与社群进行推广后，跟踪视频的播放量、停留时长、完播率、复播率、评论率和点赞率等指标 2. 根据指标判断视频运行效果，修改视频讲稿，调整视频营销策略
七、效果评估	效果评价指标：播放量、停留时长、完播率、复播率、评论率和点赞率。另外，需要关注商品销售情况和客户满意度的变化

评价反馈

评价反馈如表 2-25 所示。

表2–25　评价反馈

评分项目	评分标准	分值	得分
视频平台应用	能对传统视频平台、短视频平台、直播平台进行应用	20	

续表

评分项目	评分标准	分值	得分
视频预算、脚本制作	能根据时间与预算进行规划，根据规划制作脚本	30	
视频推广策略应用	品牌 / 商品的推广策略应用，平台推广、社群推广	30	
评价指标与优化改进	播放量、停留时长、完播率、复播率、评论率和点赞率，以及视频优化规划工作	20	
合计		100	

知识拓展

网络直播

网络直播吸取和延续了互联网的优势，利用视讯方式进行网上现场直播，可以将产品展示、相关会议、背景介绍、方案测评、网上调查、对话访谈、在线培训等内容现场发布到互联网上，利用互联网的直观、快速、表现形式佳、内容丰富、交互性强、地域不受限制、受众可划分等特点，加强活动现场的推广效果。

现场直播完成后，直播平台还可以随时为受众继续提供重播、点播服务，有效延长了直播的时间和空间，以发挥直播内容的最大价值。

国内的网络直播大致分两类。一类是在网上提供电视信号实现播放，如各类体育比赛和文艺活动的直播。这类直播的原理是将电视（模拟）信号经过采集，转换为数字信号输入电脑，实时上传至网站供用户观看，相当于网络电视。另一类则是真正意义上的网络直播：在现场架设独立的信号采集设备（音频 + 视频）导入导播端（导播设备或平台），再通过网络上传至服务器，发布至网站供用户观看。这类网络直播较前者的最大区别就在于直播的自主性，其独立可控的音 / 视频采集完全不同于转播电视信号的单一收看。

实训练习

学生以 4 人为一小组，以小组网店经营的农副产品（包含水果生鲜和坚果零食）为载体，根据企业品牌宣传与商品推广的目标，制作创意短视频，通过视频平台和社群工具进行营销推广，以提升网店访问量。

要求：

（1）注册短视频平台账号、直播平台账号（以当前流行平台为主）；

（2）策划一个视频创意，并创作讲稿 / 脚本（预算费用和时间）；

（3）根据讲稿 / 脚本制作视频；

（4）下载视频编辑软件（爱剪辑、AE、CS 等），对制作的视频进行编辑；
（5）通过短视频平台、直播平台和社群工具进行传播；
（6）根据评估指标，评估传播效果并改进创意。

任务十二　知识营销——百度文库、百度百科、百度知道和知乎

社群营销工具除了网络社区（论坛）、微博 / 博客、微信、短视频与直播外，基于知识营销的问答和社交分享类电商也在市场中占有一席之地。其中，百度、知乎的市场受众和市场影响力非常大，它们正在影响企业营销渠道的访问量和销售额。本任务训练和研究影响成交额的三大因素中的访问量因素。训练内容是应用百度文库、百度百科、百度知道、知乎这些有影响力的社交网络平台来提升网店访问量。

学习目标

知识目标：

了解社交媒体营销；
熟悉百度文库、百度百科、百度知道、知乎的作用；
掌握知识营销工具的操作方法。

能力目标：

能够在百度文库、百度百科、百度知道、知乎撰写高质量内容；
能够运用知识营销工具打造企业的公信力。

素质目标：

理解共同富裕是社会主义的本质要求，是中国式现代化的重要特征。

任务引入

根据网店提升访问量的目标，对店铺坚果类商品经营情况进行分析，应用百度文库、

百度百科、百度知道、知乎这几个在社会上知名度高、使用者众多的网络平台来提升网店的曝光量和点击率。通过工具的应用，提升店铺流量和销售额。

相关知识

社会化媒体营销，又称社交媒体营销，就是利用社会化网络、在线社区、博客、百科或者其他互联网协作平台与媒体来传播和发布资讯，从而形成的营销、销售、公共关系处理和客户关系服务、维护及开拓的一种方式。一般来说，社会化媒体营销工具包括网络社区（论坛）、微博 / 博客、微信、短视频和直播等，企业可通过自媒体平台或者组织媒体平台进行发布和传播。

知识营销是指通过有效的知识传播方法和途径，企业将所拥有的对用户有价值的知识传递给潜在用户，使潜在用户逐渐形成对企业品牌和产品的认知，最终将潜在用户转化为现实用户的营销行为。知识营销可以通过多种网络营销工具进行，除了自媒体人常用的微博、微信公众号与视频平台之外，有长尾效应的基于百度社区的百度文库、百度百科、百度知道和知乎也是企业进行知识营销的有效途径。通过知识营销，企业可以将包括产品知识、专业研究成果、经营理念、管理思想以及优秀的企业文化等传递给潜在用户，进而提升企业商品和服务的销售量。

一、百度文库

知识营销1

百度文库是互联网分享学习的开放平台，2024 年百度文库在线文档数量已突破 13 亿，知识店铺总量突破 50 万。内容涵盖基础教育、资格考试、经管营销、工程科技、IT 计算机、医药卫生等 50 余个行业。百度文库坚持以“让每个人平等地提升自我”为目标，努力将知识尽可能地分享到每一个需要的角落。

百度文库的文档由百度用户上传，需要经过百度的审核才能发布，百度自身不编辑或修改用户上传的文档内容。用户可以在线阅读和下载这些文档。百度文库的文档涵盖教学资料、考试题库、专业资料、公文写作、法律文件等多个领域。百度用户上传文档可以得到一定的积分，下载有标价的文档则需要消耗积分。当前平台支持的主流文件格式有 .doc（.docx）、.ppt（.pptx）、.xls（.xlsx）、.pot、.pps、.vsd、.rtf、.wps、.et、.dps、.pdf、.txt 等。

（一）百度文库广告投放流程

1.准备工作

（1）企业网络营销人员整理出一批跟本行业相关的文档，如果此文档在百度文库中已经存在，则应考虑换个标题。

（2）企业网络营销人员编辑好标题后，应到百度指数中进行查询。最好是关键词有相关指数，这样还会有一些其他的展示机会。

（3）企业网络营销人员应调整文档的相关格式，使其条理清楚。

（4）企业网络营销人员给文档加上相关的外链，可以是图片广告或者页眉广告。

（5）企业网络营销人员应多注册几个账号，有一两个高级账号即可，其他账号可维持在三级左右。

2.注意事项

（1）文档标题。文档标题最好能用陈述句或反问句，如“如何……”“怎样……”等。标题要客观、可读性强，这样浏览者才会从众多的文档中选中该文档。

（2）文档字数。文档字数尽量多一些，以5～10页为宜，太短的文档百度会核定为文档质量不高或者可读性差，从而不予通过。

（3）文档字号。如果文档里面放了一些动态或者静态的图片广告，用户在不下载文档就无法全文浏览且内容较多，上传者就需要把文档的字号调小一些。同时，不要给文档设置财富值，这样读者大都会选择把文档下载下来，展示目的也就达到了。

（4）文档格式。不同文档格式通过的概率从大到小依次为：PDF格式→Word格式→PPT格式→txt格式。

（5）文档分类。如果是一篇非推广类文档，不按分类投放也有可能通过。但如果是推广类文档，为了提高通过率，还是需要按相关分类投放，否则通过率低，会直接影响推广效果。

3.账户升级

（1）百度文库账户的升级其实不是特别难，第一次登录的时候会有20积分，每天登录也会有积分奖励。

（2）找出几篇你认为文库中很少但是又非常有吸引力的文章，不要设置任何广告。给文档下载设定5个以下的财富值，这样文档每被下载一次都能获得相应的财富值，还能获得一定的积分。

（3）多上传一些文档，只要被审核过的文档都会获得积分和财富值。对文档进行评价或推荐，同样可获得积分。

（4）只要账号在三级以上，文档上传的通过时间就会缩短。新注册的账号的文档上传以后，可能一两个星期还在审核中。

4.外链技巧

（1）在页眉或者页脚处写上链接，能得到直接展示的机会；

（2）在文章里面做内部链接，就是选中锚文本，给锚文本加链接；

（3）文章内容中直接带出链接，例如：详情可以访问www.×××.com。

（二）百度文库广告插入方式

1.静态广告

（1）在页眉插入广告（见图2-27）。这一广告插入方式能让文档的每一页都带来曝光率，形象的图片和文字能直观地呈现给浏览者所有信息。这就类似于加了一个版权说明，通过的可能性会增加。直接插入硬广也是可以的。

图2-27　在页眉插入广告

怎样才能插入硬广呢？只要满足两个条件就可以了：一是百度文库的账号等级要在三级以上；二是文档的排版质量好，内容的详细程度高。

（2）在文中插入广告（见图 2-28）。在上传的文档中间插入相关的广告内容，这样文档浏览者就能非常清楚地看到广告联系方式了。

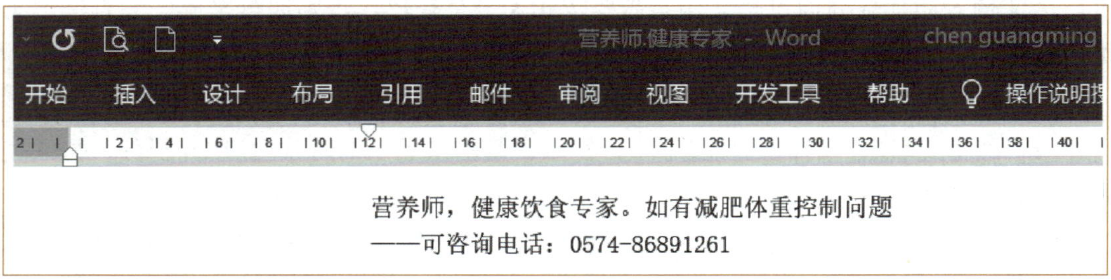

图2-28　在文中插入广告

（3）在文档简介中插入广告。很多人在上传文档的时候并不注重文档简介的填写，其实这是文档被搜索的时候出现在百度结果中的重要内容。因此，企业网络营销人员在利用百度文库进行推广时，建议在百度文库简介中描述一下自己的文档。如果有可能，还可以带上链接，但最好不加“www”，通过率还是很高的。

2.动态广告

文档中使用的动态信息不多，但是 Word 文档依然提供了 GIF 和 Flash 两种格式的动态信息。使用动态信息制作广告，能够提高文档发布的通过率。

2010 版本之前的 Microsoft word 需要添加 AniGIF.ocx 控件。操作流程为：搜索下载“AniGIF.ocx”文件——复制到“C:\windows\system32（64）”——打开控件工具箱，注册自定义控件“AniGIF.ocx”——在工具箱中选择“animation GIF Control”控件进行设置。

2010 版本之后的 Microsoft Word 文档都是可以直接添加和应用 GIF 和 Flash 动态图片。企业网络营销人员在进行百度文库营销时，对有广告信息的内容可以通过动态图的方式发布。

二、百度百科

比较大的百科平台有：百度百科、360 百科、搜狗百科、互动百科、维基百科等。这里重点介绍百度百科。

知识营销2

（一）百度百科推广的作用

1.增加高质量的外部链接

百度是国内用户最多、使用最广泛、影响力最大的搜索引擎之一。用户在搜索关键词的时候，只要百度知道、百度百科里有的内容，都会出现在搜索结果页的前面，权重极高。在百度百科中增加高质量的外部链接有助于提高企业网站的权重。

2.为网站带来流量

企业网络营销人员只要留下链接，就有可能被点击，自然就能带来流量。百度百科的流量一般不大，不过用户的质量较高。如果用户通过搜索查看了企业网络营销人员所编辑的词条并点击了链接，则其是目标客户的可能性极大。

3.有助于提升品牌知名度

百度百科是一个很权威的知识性分享平台。出现在百度百科的品牌都有较高的声望和美誉度，甚至比许多媒体中的广告更有助于建立企业品牌的威望。互联网没有地域的限制，品牌形象可以直达每个角落。

（二）百度百科推广应用技巧

1.创建百科词条

企业可以创建百度百科中尚未收录的词条。例如：企业可以创建企业品牌词条、行业相关的专业性知识词条，网站可以创建网站品牌词条及网站报道性动态词条。企业网络营销人员可在词条中加入自己的品牌和链接，在“参考资料”或“相关阅读”中插入链接。企业网络营销人员只要认真、细致地编写，多使用客观的描述性词语，一般都可以通过审核。

2.编辑百科词条内容

如果要编写的词条已经被百度百科收录，企业可以对现有词条的内容进行多次编辑。企业网络营销人员可分析现有词条内容的完整性，判断可以从哪些方面进一步丰富该词条。当然，编辑内容时一定要遵守百度百科的审核规则。编辑的内容越客观、主题越契合词条名，越容易通过。企业网络营销人员编辑词条时，在“相关阅读”中很难插入链接，最好在“参考资料”中插入链接。企业可以对文字进行备注，也可以对插入的图片进行备注，只要按照规则认真编写，一般不难通过审核。

3.避免被拒审的技巧

被百度百科拒审的原因不外乎三点：词条含有广告信息、灌水信息或不良信息。百度要求词条的任何位置都不能出现诸如电话号码、QQ 号码、邮箱等任何形式的联系方式，也不能在词条内容中加入 URL 链接。

容易被视作广告信息或不良信息的行为有：在非品牌产品的词条内添加自己的品牌和产品介绍，与词条主题不符；用非第三方的口吻描述（百度百科是一个知识性百科全书，力求客观、公正，企业网络营销人员一定要以第三方的身份客观地编写词条）；在词条的任何位置添加与词条主题无关的 URL 链接；在"参考资料"栏中添加与词条无关的 URL 链接。一旦被检查或被举报是欺骗性链接，不仅链接会被删除，企业还面临被封号的风险。

三、百度知道和知乎

网络上常见且知名度较高的问答平台有：百度知道、360 问答、搜狗问问、知乎。这些问答平台的基础功能（核心功能）是：提问、回答、查找答案。这里重点介绍百度知道和知乎。

（一）百度知道

百度知道采取用户有针对性地提出问题，通过积分奖励机制发动其他用户来解决该问题的搜索模式。同时，这些问题的答案又会进一步作为搜索结果，提供给其他有类似疑问的用户，达到分享知识的效果。百度知道的最大特点就在于与搜索引擎的完美结合，将用户所拥有的隐性知识转化成显性知识。用户既是百度知道内容的使用者，又是百度知道内容的创造者。在这里，累积的知识数据可以反映在搜索结果中。通过用户和搜索引擎的相互作用，实现搜索引擎的社区化。

1.养号阶段

工欲善其事，必先利其器。只有工具好，办事效率才高。企业网络营销人员应根据自己的爱好和专长，在百度知道中搜索关键词，查询提问的标题，然后回答。需要强调的是，企业网络营销人员不要千篇一律地给出一样的答案，否则百度会审核，只要根据用户的提问详细、用心地回答即可。如果回答得好，很有可能被选择为最佳答案。

2.提问与回答的技巧

如何使百度知道的外链更容易通过？（1）上午 6 时到 8 时这一时段里更容易通过；（2）先做没有链接的提问，通过后再修改回答；（3）提问和回答 IP 不在一个城市；（4）不要用首页链接，尽量用内页链接。

（二）知乎

1.知乎概况

知乎是一个真实的网络问答社区，社区氛围友好、理性，集聚着各行各业的精英，他们彼此分享着专业知识、经验和见解，为中文互联网源源不断地提供高质量的信息。知乎网站自 2010 年 12 月开放，最初采用邀请制注册方式。2013 年 3 月，知乎向公众开放注册，其注册用户迅速攀升。

虽然百度知道的霸主地位还没有受到威胁，但是知乎作为一个高速成长的后起之秀还是分得了一块不小的蛋糕，因此知乎已经被看作百度知道的最大竞争者。知乎的发展迅速，聚集了一批高质量用户群。知乎是一个知识分享平台，注重分享和发现。

2.提问与维护回答的技巧

企业网络营销人员应在提问前将 Cookies 清除，并且需要注意以下问题：

（1）建立关键词词库；

（2）按用户的搜索习惯设置问答文案；

（3）准备好提问及回答的文案；

（4）标题、描述、回答必须包含关键词，提高关键词密度；

（5）提问、回答不可用同一账号、同一 IP；

（6）不可硬性植入广告，广告不能过于明显，否则容易被封号；

（7）可加问答交流群互粉；

（8）提问、回答及采纳数量的时间要把握好，以防被封号；

（9）提升问题的浏览量；

（10）对答案点赞有利于提升评分；

（11）常换 IP 进行操作。

四、知乎营销

（一）知乎的广告形式

知乎的广告形式丰富多彩，有信息流广告、开屏广告、搜索广告等。各广告形式的特点如下：

知乎营销

（1）信息流广告。信息流广告是一种原生化广告，在广告展示时，右下角会有明显广告字眼，但与内容结合在一起，会让广告在不知不觉中被用户所消化，是一种有效的广告形式。信息流广告主要按 CPC、CPM、OCPC 方式来计费。

（2）开屏广告。用户只要是打开知乎 App 时都能看到开屏广告，其对品牌的宣传曝光具有很大的作用。开屏广告主要按 CPM 来计费。

（3）搜索广告。知乎站内的搜索广告形式符合当下用户的搜索习惯，通过用户的关键词搜索，就可以展现出相关广告内容，帮助用户节省时间。搜索广告主要按 CPC 来计费。

（二）知乎广告的投放流程

知乎官方要求通过授权优质的代理商来帮助广告主开户，这类代理商具有官方授权，是合法商业行为。广告主在知乎投放广告时，可以直接找相应知乎代理商。知乎广告的投放流程如下：

1.开户

投放知乎广告前，广告主需要带齐营业执照、法人身份证、相关行业资质找官方或官方授权的代理商完成开户。

2.预充值

知乎投放广告是需要先充值来支持广告消耗的。广告主可以根据具体选择的代理商协商充值，一般要求 10 000 元起充值。

3.制作广告内容及创意

根据营销目标与受众目标，广告主制作产品广告素材及落地页，再根据用户的属性进行定向投放。

4.选择广告展现位置

知乎有信息流广告、开屏广告、搜索广告三种形式。知乎广告内容以大图、小图、多图、文字、视频 5 种广告样式存在。广告主可以根据产品的特征选择不同的展现位置。

（三）“知 +” + 广告

知乎广告的展示效果非常丰富。广告主可以利用“知 +”来促进广告效果最大化。因为“知 +”可以在内容展示的过程中植入插件，让用户在浏览内容时，感兴趣的用户可以直接实现转化。

“知 +”提供了热门问题推荐工具，帮助企业创作者精准对接高热度话题进行原生内容生产。“知 +”提供了“知 + 互选”和“知 + 自选”两大工具，帮助企业对接各领域的优秀个人创作者，挖掘激活存量 UGC 内容。“知 +”在平台自然流通外，帮助品牌原生内容通过“首页推荐”“回答推荐”“搜索”等用户场景精准、友好地触达目标受众，让优质内容更快脱颖而出。除了帮助品牌构建优质内容生态，实现品牌内容资产的快速增长，“知 +”的另一大价值是为品牌提供了内容交付闭环的解决方案。

（四）“知 +”推广

（1）“知 +”转化路径。相比知乎的信息流投放，“知 +”推广的操作会更复杂，同样是重在内容优化而非操作。企业创作者可创建自己的个人 IP 和使用内容进行产品宣传，进行软式推广。相较于信息流广告的优点是它的插件转换路径更灵活。企业创造者可以根据自己推广的产品，按照需求选择自己合适的转化路径。目前，知乎“知 +”有以下 6 种转化路径。

1）直接跳转外部链接：可以在文章中插入链接。

2）直接微信加粉：选择微信卡片，一键加粉。

3）引流到京东淘宝店铺。

4）直接链接到表单模式。

5）直接植入小程序插件。

6）跳转至 App 下载。

（2）“知 +” 推广流程。推广流程主要包括以下三个步骤。

步骤一：撰写文章并发布。企业创作者将文章内容发到自有账号，或者发到其他账号，记得提前做好授权工作，等待审批。

步骤二：审核好的文章，做好插件。企业创作者选择左边菜单栏中的“工具中心”营销插件，根据要推广的产品，确定是要放登录页面，还是微信，或是要引流到京东、淘宝、拼多多店铺。企业创作者选好了以后应上传插件内容，包括产品名称、产品标识、插件名称、插件描述、投放链接等信息。

步骤三：插件审核通过后选择“知 +”投放。该步骤主要包括投放的广告推广的文章链接、每次点击文件的出价（最低为 0.2 元 / 点击）。合规的文章审核很容易通过，如果有驳回需要修改，企业创作者应根据驳回意见修改完重新提交。

此外，企业创作者还需要根据营销目标查看营销效果并进行数据分析，如展现量、点击量、转化率等，为下一次营销推广策略进行优化。

素养提升

浙江省共同富裕示范区建设

菲丽希亚跟随陈懿学姐参加了绍兴的越剧学习交流会，利用空余时间参观了绍兴、宁波、杭州等周边城市。虽然她平时在知乎上看到过一些关于浙江省 11 个地级市经济发达的一些评论，但当亲眼看见浙江省城市物产丰富、生活与交通便利、人们安居乐业的景象时，还是很受触动。陈懿学姐主动给予她一些关于浙江发展的介绍。宋朝范成大《吴郡志》中“谚曰：‘天上天堂，地下苏杭。’”浙江省各届领导管理有方，经济稳步健康发展，目前已经被列为国家共同富裕示范区。

共同富裕是社会主义的本质要求，是中国式现代化的重要特征。党的二十届三中全会审议通过的《中共中央关于进一步全面深化改革 推进中国式现代化的决定》提出：“推动人的全面发展、全体人民共同富裕取得更为明显的实质性进展。”

“四个意识”：政治意识、大局意识、核心意识、看齐意识。浙江省被列为共同富裕示范区，这一方面是国家对浙江省经济发展的肯定，同时也体现了浙江省各级政府领导者对“四个意识”落实的成果。

任务实施

任务实施如表 2-26 所示。

表2-26 任务实施

步骤	操作要求和说明
一、百度文库应用	1. 登录百度 2. 注册百度文库账号 3. 分析公司的营销目标并撰写百度文库文献，在文中添加商业信息 4. 注册多个账号并升级主账号
二、百度百科应用	1. 登录百度 2. 注册百度百科账号 3. 分析公司的营销目标并撰写百度百科词条，在词条中添加商业信息 4. 注册多个账号并升级主账号
三、百度知道和知乎应用	1. 登录百度和知乎 2. 注册百度知道账号和知乎账号 3. 分析公司的营销目标并撰写百度知道和知乎问答，在提问或回答中添加商业信息 4. 注册多个账号并升级主账号
四、效果评估	1. 文章数量、文章质量 2. 词条数量、词条质量 3. 百度知道和知乎提问及回答问题数量、质量 4. 导入的网店访问量、转化率及销量等

评价反馈

评价反馈如表 2-27 所示。

表2-27 评价反馈

评分项目	评分标准	分值	得分
账号等级	百度文库、百度百科、百度知道、知乎的账号升级≥3 级	40	
文章质量、词条相关性、百度知道、知乎（提问与回答最佳答案）	1. 百度文库的文章数量≥2 2. 词条修改或者发布数量≥1 3. 百度知道、知乎的最佳答案≥1	40	
数据导入情况	店铺通过百度文库、百度百科、百度知道和知乎导入网店的流量≥10 次 / 周	20	
合计		100	

知识拓展

一、百度知道补充知识

凡有下列任何情况的提问、回答或评论，都将被删除：

（1）大量或重复发布指向同一网站的链接。

（2）为了增加流量而故意引导他人到某个网站或论坛。

（3）为某营利性组织或个人做广告。

（4）从事任何物品（包括虚拟物品，如虚拟货币等）的交易。

（5）宣传、开展传销活动。

（6）多次将个人空间地址作为参考或者回答。

（7）同一用户使用相同的答案回答了大量不同的问题。

（8）大量使用百度知道链接作为回答。

二、百度百科应用技巧补充

（一）调查词条的根本属性

成功创建过百科词条的人都知道创建词条必须细心，因为目前百科词条已经完善了机制，投机取巧意味着给竞争对手进一步完善的时机。假如竞争对手完善了一个复杂版本，那么网络营销者根本就没有机会来编辑自身的版本，今后即便修正了，对方也可以进行申诉。目前，百科词条数量庞大，能想到的词条基本上都被创立了，所以网络营销者要做的是编辑本人需要的词条。在编辑一个词条之前，网络营销者首先要剖析该词条的根本属性。

（二）汇集具体专业材料，创建本人的词条

假如网络营销者看到一个词条还没有创立，那么就可以尝试收集具体的材料。网络营销者可以从搜搜百科和快懂百科借鉴相关内容并扩充内容，然后加入推广网址链接。对于比较熟悉的行业，网络营销者可以登录相关网站，寻找一些材料并将之整合，创建一个新词条。

三、百度知道和知乎相关知识点

（1）百度知道的内部排名规则。以下这些因素与排名有关，并且是可以人为控制的：1）标题；2）提问者的等级；3）回答者的等级；4）回答数量；5）好评数量；6）问题解决时间；7）提问者对最佳答案的评价；8）“相关内容”的数量；9）参考资料网址的权威性；10）关键词密度；11）内链（百度知道内部链接）；12）外链（百度知道外部

链接）。

（2）知乎的特色功能有关注、推荐、热榜、故事、收藏、发现、分享。“关注”功能是知乎的核心功能之一。知乎没有百度知道那样海量的问题和对应的答案。知乎的用户往往想要寻求高质量的答案，这就要求有高水平的用户来关注。关注用户的高质量是实现以人为核心的有效手段。

（3）知乎营销主要集中于产品宣传、危机公关、CEO 品牌传播。

实训练习

学生以 4 人为一小组，应用百度文库、百度百科、百度知道、知乎，对坚果类目店铺进行分析，收集、分析、撰写与店铺和商品相关的文件、词条。在百度知道和知乎平台提问并使用不同的 IP 进行回答，维护账号。通过以上推广方式，提高网店的曝光量、访问量和销售额。

要求：

（1）注册并登录百度文库、百度百科、百度知道、知乎；

（2）分析与店铺和商品相关的资料并下载、整理；

（3）撰写百度文库文章，构思和编辑百度百科词条，在百度知道和知乎上进行提问和回答维护；

（4）撰写一份 600 字左右的推广心得。

任务十三　社交平台营销

——社交电商营销

小红书、蘑菇街和美丽说是社交分享电商，这类平台也建有商城店铺，为消费者提供网购服务。近年来，基于社交分享的电商平台用户群体快速增加，市场影响力也越来越大。这类营销工具既具有社交属性，又具有平台电商属性。营销体系的构建需要以整合各种资源为基础。因此，企业也逐渐把渠道延伸布局到人气越来越旺的社交平台上。本任务训练内容是应用社交平台营销方式来提升网店访问量。

学习目标

知识目标：

了解社交分享电商；

熟悉小红书、蘑菇街的功能；

掌握小红书商家入驻与营销策略。

能力目标：

能够在小红书撰写笔记并发表；

能够进行薯条推广并在小红书平台直播。

素质目标：

树立社会主义核心价值观，深刻领会“文明”价值观的科学内涵。

任务引入

根据网店提升访问量的目标，对店铺坚果类产品经营情况进行分析，注册并应用小红书、蘑菇街进行营销，提升网店的曝光量和点击率。通过平台间的联动，提升店铺流量和销售额。

相关知识

社交电商平台随着2019年直播热度的提升而快速发展。其中，最具有代表性的基于进口商品的小红书、基于内贸商品的蘑菇街获得了较高的热度、较快的GMV增长。截至2024年6月，小红书月活用户数量超过3.12亿。蘑菇街于2018年12月6日在美国纽约证券交易所挂牌上市；2024财年下半年度，蘑菇街的GMV为人民币30.4亿元。

一、小红书

小红书于2013年在上海创立，是年轻人的生活方式平台和消费决策入口，致力于让全世界的好生活触手可及。在小红书，用户通过短视频、图文等形式记录生活点滴。随着用户体量壮大和平台多元化发展，小红书用户的兴趣点已经从美妆为主渗透生活领域的各个方面，用户也在小红书养成了四大行为习惯，分别是发现、创作、分享和搜索。

小红书营销

（一）小红书的核心业务

小红书的核心业务如表2-28所示。

表2-28 小红书的核心业务

核心业务	内容描述
小红书社区	小红书社区每天产生超过30亿次的笔记曝光，内容覆盖时尚、个护、彩妆、美食、旅行、娱乐、读书、健身、母婴等各个生活方式领域
小红书福利社	小红书自营的电商平台主营进口商品。在福利社，用户可以一键购买来自全世界的优质美妆、时尚、家电、零食四大品类的商品
品牌号/小红书商城	整合公司从社区营销一直到交易闭环的资源，更好地连接消费者和品牌，品牌企业入驻平台进行电商运营

小红书既是一个网络社区，也是一个跨境电商平台，还是一个共享平台，更是一个口碑库。目前，小红书的内容覆盖时尚穿搭、护肤彩妆、明星等多个话题。

（二）企业品牌在小红书的营销推广策略

小红书是社区起家，因而“发布笔记”这一模块一直都是小红书提高活跃度的一大利器。小红书的用户群体以女性为主，女性天生喜欢分享和记录生活，“发布笔记”这一模块较好地满足了“爱分享”的需求。小红书推广主要分为明星推荐、网红联动霸屏、红人/达人种草、素人种草，目的是获得平台推荐展现（霸屏）机会。小红书品牌营销推广策略如表2-29所示。

表2-29 小红书品牌营销推广策略

小红书品牌推广策略	策略描述
明星推荐	明星以图文或者视频的方式来推荐商品，加上明星专属推荐标签的商品容易成为爆款
网红联动霸屏	每位网红的私域流量不一样，联合多位网红实现刷屏的现象，借助不同的粉丝扩大影响力，以求获得小红书平台的内容推荐机制
红人/达人种草	通过头部网络红人发布的测评笔记内容来引导消费者进行消费。网红通过评论与粉丝互动交流，引导消费
素人种草	专题策划，好的内容选题和内容加工在小红书千人千面的内容分发机制下，依然可以获得较高的展现量

二、蘑菇街

蘑菇街是专注于时尚女性消费者的电子商务网站，是时尚和生活方式目的地，通过形式多样的时尚内容等时尚商品，让人们在分享和发现流行趋势的同时，享受购物体验。2016年，蘑菇街与美丽说进行战略融合，公司旗下包括蘑菇街、美丽说、UNI等。2024财年下半年度，蘑菇街的GMV为人民币30.4亿元，直播GMV贡献总GMV的97%。

不同于小红书定位的跨境进口商品，蘑菇街定位是以内贸商品为主。从蘑菇街招商后台可以看到，蘑菇街对12大类商品进行招商，其中个别品类还有面向大品牌的定向招募。品牌店铺类型分为旗舰店、专卖店、专营店三种。平台收取市场保证金20 000元、品牌保证金 30 000 元，每笔交易的软件服务收费从 0.5% 至 5% 不等。

蘑菇街主要的用户群体是 18～30 岁的年轻女性。调研发现，该年轻女性群体选择产品的重要因素：一是款式，二是价格，三是质量和服务，四是品牌。根据目标消费群体的特征，平台上定位为提供个性化的质优价廉商品的商家往往能获得较好的市场反应。由于蘑菇街和淘宝网等平台有非常多的共性，因此淘宝网的营销推广、转化策略基本上都适用于蘑菇街。

图 2-29 为手机端小红书、蘑菇街界面。

（a）小红书　　　　（b）蘑菇街

图 2-29　手机端小红书、蘑菇街界面

三、小红书运营推广

（一）开通小红书商城

开通小红书商城的好处有：

（1）客户可以直接搜到店铺、品牌，有助于直接成交。

（2）商家可以在笔记中直接插入商城链接，比起之前大家在小红书上看完种草笔记之后，打开其他购物平台自行搜索，极大地缩短了购物时间，有助于吸引客户下单。

（3）有了小红书商城，商家就可以运营自己的品牌号。商家可以通过品牌号更新笔记、图片，用户可以根据标签直接搜索，找到心仪的商品，有助于商品的推广。

（二）KOL 推广

KOL 推广流程也比较简单，商家给 KOL 寄产品，KOL 使用后撰文并发布使用笔记或视频。商家在选择 KOL 时要考虑性价比，千万别被水军号欺骗。

（三）KOC 推广

小红书 KOC 所发布的内容更加丰富，其主要以一个真实用户的身份，运用生活化、个性化的内容来支持品牌或产品。例如，KOC 以新品试用、评论区分享、社群话题讨论等形式来推广，以用户的“朋友”身份对产品进行平白的、朴实的、毫无技巧的真实描述，进而获取用户深度信任，而不是像 KOL 那样进行“硬广”性质的产品推荐。真实内容让 KOC 更能影响其他用户决策。

（四）薯条推广

薯条推广是小红书提供的一种付费推广模式。在流量红利日益减少的环境下，花钱买流量已经成为达人和品牌很常规的行为。薯条推广可以分为达人薯条和企业薯条两种类型。达人薯条只能以笔记曝光加推为目的，以涨粉、点赞、互动为目的；企业薯条是以商业营销为目的。

薯条推广流程为：商家选择要推广的笔记页，点击笔记右上方的分享，在弹起的弹窗中，选择“薯条推广”按钮后进入推广页，然后根据自己的需求选择投放时长、推广人群和投放金额，等审核通过后，笔记就会被成功推广给更多的小红书用户。

素养提升

从春节体验中华优秀传统文化

春节即将来临，陈懿学姐邀请了菲丽希亚一起回广州过节。菲丽希亚很感激陈懿学姐在学习和生活上给予她的帮助，想要在节假日送学姐一份小礼物，于是在小红书福利社购买了一套心仪的化妆品。如何给礼物打造一个漂亮的包装呢？小红书具有社交媒体基因，在小红书社区，用户通过文字、图片、视频笔记的分享，记录了这个时代年轻人的正能量和美好生活。在这里，菲丽希亚找到了制作精美包装的视频学习资料。通过学习，菲丽希亚亲手制作了一个非常精美的包装盒。菲丽希亚期待着春节的来临，跟随学姐到广州体验春节的花市、民间的舞龙舞狮和拜年的利是，体验富有人情味的中国农历新年！菲丽希亚一直热衷于学习中华 5 000 多年的文明史，非常想去亲眼看看春节的舞龙和舞狮等深受大众喜爱的精神文明活动。

美好的春节假期如期而至，陈懿学姐陪同菲丽希亚参与了当地的各类大型庆祝活动。令菲丽希亚深深触动的是这么多大型的活动都是有序进行，人们互相关爱，歌舞升平，河清海晏！

在社会主义核心价值观中，“文明”被作为国家层面的价值目标提出。文明是历史沉淀下来的，有益增强人类对客观世界的适应和认知、符合人类精神追求，能被绝大多数人认可和接受的人文精神、发明创造以及公序良俗的总和。文明一般分为物质文明和精神文明。文明是社会进步的重要标志，也是社会主义现代化国家的重要特征。它是社会主义现代化国家文化建设的应有状态，是对面向现代化、面向世界、面向未来的，民族的、科学的、大众的社会主义文化的概括，是实现中华民族伟大复兴的重要支撑。

任务实施

任务实施如表 2-30 所示。

表2-30　任务实施

步骤	操作要求和说明
一、下载并注册小红书、蘑菇街 App	1. 打开腾讯应用宝 /360 手机助手等 App 下载平台 2. 下载小红书、蘑菇街 App 3. 注册小红书、蘑菇街账号
二、分析平台用户群体特征、店铺销售策略	1. 登录小红书、蘑菇街 2. 查看平台关于坚果类产品的笔记、销售坚果类产品的店铺 3. 分析消费者特征 4. 分析销售坚果类店铺的销售策略
三、策划促销软文，应用小红书、蘑菇街的笔记推广	1. 根据店铺优势策划一份促销软文 2. 研究小红书、蘑菇街的笔记规则 3. 通过小红书、蘑菇街笔记发布撰写的促销软文
四、效果评估	1. 软文的图文内容质量 2. 笔记的阅读数量 3. 笔记的点赞、留言、分享数量 4. 导入的网店访问量及销量等

评价反馈

评价反馈如表 2-31 所示。

表2-31　评价反馈

评分项目	评分标准	分值	得分
小红书、蘑菇街注册信息	小红书、蘑菇街注册信息完善情况	30	
撰写软文的图文质量	1. 软文促销信息 2. 软文的图文表达质量	30	
笔记发布效果	1. 笔记点赞≥20 2. 笔记评价≥5 3. 笔记转发≥2	20	
平台访问量 / 销售情况	网店访问量增加>20，销售笔数增加>2	20	
合计		100	

知识拓展

商家运营小红书的注意事项

商家运营小红书时需要注意的事项主要包含以下 4 个方面。

（一）发布内容

商家发布内容时要尽力解决潜在客户的问题，通常选取一张图加上 3 个标签就可以解决。海外购物的潜在客户疑虑主要集中在“要买什么”“去哪里买”“价格多少”3 个方面。

（二）发笔记

高质量的图片，特别是首图更能吸引用户的关注。小红书带有滤镜功能，有助于商家美化图片。小红书平台商城没有成交量的展示，但是有点赞量、收藏量和评论量的显示。按照其推广规则，点赞量和收藏量越多，曝光的概率也就越高。

（三）涨粉

小红书平台基于数据结构化的定向推广，商家应将笔记内容按目的地、类别、相关品牌分类，形成数据库，便于用户查询。推送时不会因粉丝多而一直推送，优选内容会优先推送，所以优选内容输出才是推广的核心，走真情实感路线更容易加分。商家需要在笔记中多加关键词和话题 / 标题，结合热点和节点输出相关品牌和产品内容会增加曝光量和浏览量。小红书做增粉推广活动时，商家需要满足的条件包括：小红书天数、小红书等级、小红书互动、优质文案输出、蹭热度等。

（四）推广技巧

（1）首图。首图要清晰且内容吸引人。用户因首图而浏览商家笔记的占比大于 70%。如果商家首图足够吸引人，那么用户笔记的点击率会大大提高。

（2）标题。商家应创作一个足够吸引人的笔记标题。标题的作用很大，一篇高热度的文章在很大程度上取决于足够吸引人的标题。

（3）内容质量。内容质量决定笔记的转化。商家平时要多看、多写、多学，多参照内容质量比较好的爆文，建立一个文案库，归纳整理出某领域 / 行业的爆文模板，以备后期写软文的时候进行参考。商家可结合整理的素材和模板，按照框架来创作笔记，不仅效率高，而且质量也高。

（4）关键词。商家发布笔记时，应确保分享的笔记内容包含晒图、品牌标签、价格和地点标签。日常商家应收集潜在客户主要集中的地区和达人的类别等信息。

（5）因需求而产生的内容。小红书会将笔记分为美妆、护肤、家居、美食、保健、搞笑等类别，商家应找到合适的内容深度挖掘笔记，从而更好地提升用户购买转化的效果。

实训练习

学生以 4 人为一小组，下载小红书、蘑菇街 App，注册并登录平台；收集并分析小红书和蘑菇街用户群体的特征、坚果类店铺商家的销售情况；结合小组店铺经营的商品，策划并撰写一个符合平台笔记规则的文案，在小红书、蘑菇街上发表小组策划的文案（条件许可的小组通过蘑菇街举办一场小直播）。通过以上推广方式，提高网店的曝光量、访问量和销售额。

要求：

（1）下载小红书、蘑菇街 App，注册并登录平台；

（2）分析平台食品类目下坚果类店铺的销售方法与促销策略；

（3）撰写一份关于坚果类产品或农副产品的有吸引力的内容营销方案；

（4）通过小红书、蘑菇街平台发布笔记（条件许可的小组通过蘑菇街举办一场 10 分钟的商品推销直播）。

任务十四 门户网站广告营销

大型门户网站由于具有数量庞大的客户使用群体，因此有助于提升企业的影响力和公信力。基于此，很多企业把门户网站广告营销作为在营销体系构建中全渠道营销的一个重要部分。大型门户网站对大型企业树立企业品牌形象的作用尤其大。网络营销核心内容是围绕公式“成交额 = 访问量 × 转化率 × 客单价”展开的。本任务训练和研究影响成交额的三大因素中的访问量因素，训练内容是应用门户网站广告的营销方式来提升网店访问量。

本任务训练的所有内容必须严格遵守《中华人民共和国广告法》。

学习目标

知识目标：

了解综合资信媒体；

熟悉门户网站广告推广的作用与方法；

掌握门户网站广告投放的模式、步骤与计费方式。

能力目标：

能够应用门户网站为企业进行商业推广。

素质目标：

加深对全面深化改革的理解，致力于建设中国特色社会主义和推进中国式现代化。

任务引入

根据网店提升访问量的目标，对店铺坚果类商品经营情况进行分析，应用网络广告的营销推广方式提升网店的曝光量和点击率。通过对门户网站广告的应用，提升店铺流量和销售额。

相关知识

认识门户网站

门户网站广告是指在门户网站投放的广告，即利用门户网站的广告横幅、文本链接、多媒体的方法刊登或发布广告，通过门户网站传递给互联网用户的一种广告运作方式。相对于电视、广播、报纸、杂志等传统媒体广告，门户网站广告是目前网络信息化产业发展后形成的新的广告趋势。常见门户网站广告形式有图片、Flash、文字链接、视频、富媒体等。

门户网站广告的本质是向互联网用户传递营销信息的一种手段，是对用户注意力资源的合理利用。网络营销方法也可以理解为门户网站广告的具体表现形式，并不局限于放置在网页上的各种规格的广告，电子邮件广告、搜索引擎关键词广告、搜索固定排名等都可以理解为门户网站广告的表现形式。

CNNIC 第 54 次调研报告显示，截至 2024 年 6 月我国网民规模近 11 亿人。QuestMobile 研究报告显示，中国广告市场规模及网络广告市场规模的相关数据如表 2–32 所示。

表2–32　中国广告市场规模及网络广告市场规模

年份	2021	2022	2023	2024e	2025e
中国广告营业总额（亿元）	10 167.9	9 213.5	9 787.5	10 585.2	11 181.6

续表

年份	2021	2022	2023	2024e	2025e
占比（%）	64.42	72.06	73.01	74.48	76.20
中国网络广告总额（亿元）	6 550.1	6 639.2	7 146.1	7 883.6	8 520.4
增长率（%）	20.4	1.4	7.6	10.3	8.1

资料来源：QuestMobile AD Insight 广告洞察数据库，2023.12.

由于统计范围的差异，艾瑞咨询 2023 年度中国网络广告核心数据显示，中国网络广告市场规模达到 11 368.6 亿元。不同形式网络广告市场份额与预测（2020—2025 年）如图 2-30 所示。

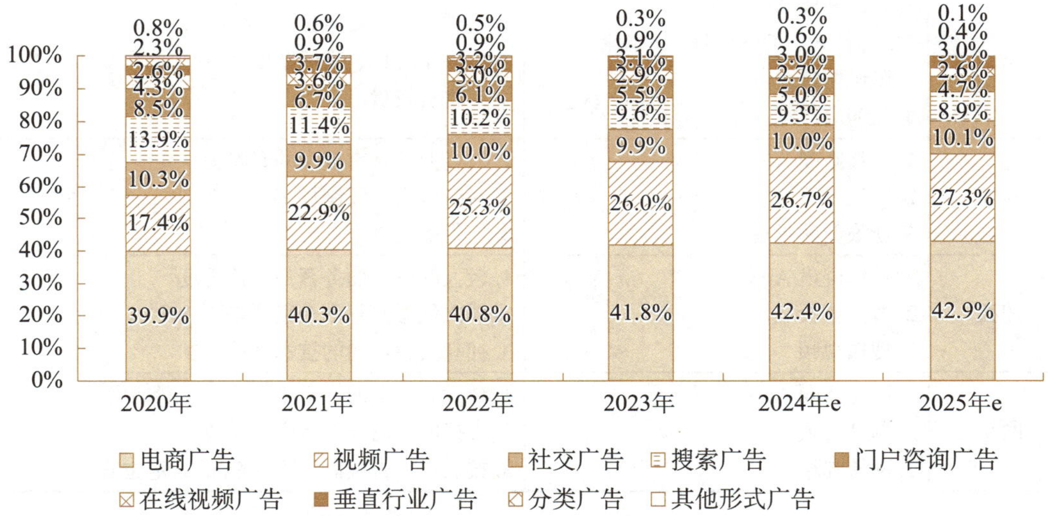

图2-30　不同形式网络广告市场份额与预测（2020—2025年）

注：1. 搜索广告包括搜索企业的所有广告类型；2. 电商广告包括垂直搜索和展示类广告；3. 分类广告包括 58 同城、赶集网等分类网站广告；4. 其他形式广告包括电子邮件、导航广告等。

资料来源：iResearch.

一、门户网站简介

门户网站是指提供某类综合性互联网信息资源并提供有关信息服务的网络应用系统。这里所指的门户网站是综合性网站，该类网站以新闻信息、娱乐资讯为主。其盈利模式主要依靠广告费、订阅费以及交易费等。著名的门户网站有新浪、搜狐、网易、腾讯（见图 2-31），以及新华网、人民网、凤凰网等。

图2-31　新浪、搜狐、网易、腾讯四大门户网站

门户网站主要包括大型综合门户、行业门户、地方门户。这些门户均有其不同的受众群体。其优势是网站内容丰富、总用户人数多。我国综合性门户网站拥有巨大的用户群体。在巨大的流量池里，通过综合门户投放广告可以使企业获得高曝光量，但相应的广告价格也非常高昂。通过长期跟踪调研发现，有实力的大中型企业进行品牌推广时，较多选择这类综合性门户网站。大型门户网站投放广告的优点是可以为网站 / 网店输送巨大流量，缺点是整类广告的转化率偏低。四大门户网站的核心广告位与优缺点如表 2-33 所示。

表2-33　四大门户网站的核心广告位与优缺点

网站名称	核心广告位	优缺点
腾讯	1. 腾讯新闻 App 2. 微信广告 / QQ 广告 / 信息流广告 3. 腾讯网首页 4. 新闻底层页	1. 多样资源，覆盖超 11 亿用户 2. 用户年轻化、高活跃度 3. 广告费较贵
新浪	1. 新浪新闻 App 2. 新浪首页 3. 新浪新闻频道	1. 对企业品牌有较大的影响力 2. 对广告内容限制较多 3. 广告费较贵
搜狐	1. 搜狐资讯 App 2. 搜狐首页 3. 搜狐视频	1. 较大的电子商务客户支持力度 2. 图文创意监管不是很严格 3. 拥有资源定向的技术优势
网易	1. 网易新闻 App 2. 网易首页 3. 网易邮箱	1. 游戏效应下的用户年轻化、消费能力强 2. 支持电子商务网络广告投放 3. 按点击广告位需采购 50% 的固定位置

二、门户网站广告类型

广告是指向社会广大公众告知某件事物。从商业的角度定义，广告是指企业基于经营目标推销商品或提供服务，以付费方式通过广告媒体向消费者或用户传播商品或服务信息的手段。

网络广告在各大门户网站上的表现形式基本一致，主要有以下类型：

（1）文字链接广告（Hypertext Link Ads）：显示带有超级链接的文字，通过点击链接跳转到对应的网页。

（2）横幅广告（Banner Ads）：最早的网络广告形式，是以 gif、jpg 等格式建立的图像文件，定位在网页中，大多用来表现广告内容，同时可使用 Java 等语言使其产生交互性，用 Shockwave 等插件工具增强其表现力。

（3）按钮广告（Button / LOGO Ads）：又称标识广告，定位在网页中，尺寸偏小，表现手法较简单。

（4）通栏广告（Full Column Ads）：横跨页面中央的长条形标识广告，可呈现 jpg、

gif、Flash 创意。

（5）页面悬浮广告（Floating Button Ads）：在网页上悬浮或移动的非鼠标响应广告，形式可以为 gif 或 Flash 等。

（6）鼠标响应网页悬浮广告（Mouse Over Floating Icon Ads）：在网页上悬浮或移动的鼠标响应广告，形式可以为 gif 或 Flash 等。

（7）弹出窗口广告（Pop-up Windows Ads）：在访问网页时，主动弹出的广告窗口。

（8）DHTML 动态广告（DHTML Ads）：当用户打开页面时，该广告将在页面中以静态或动态的方式停留一段时间，然后消失在屏幕上，或者以一定的轨迹缩到页面中原有的网幅广告上。

（9）长方形大尺寸广告（Rectangle Banner Ads）：比一般的横幅广告大 30% 的长方形广告，画中画广告可包含其中。

（10）长纵式大尺寸广告（Vertical Banner Ads）：通常所说的擎天柱广告 / 对联广告，一般利用网站页面左右两侧的竖式广告位置，是巨幅广告的一种。

（11）全屏式广告（Full Screen Ads）：用户打开浏览页面时，该广告以全屏方式出现 3～5 秒，可以是静态的页面，也可以是动态的 Flash 效果，然后逐渐缩小成普通的尺寸，进入正常阅读页面。

（12）插播式网幅广告（Interstitials Ads）：插播在网页下载过程中的一种广告。

（13）伸缩式网幅广告（Retractable Banner Ads）：伸缩功能通过两种方式来实现，一种是点击伸缩通栏右上角的“扩展广告”字样，另一种是直接点击伸缩通栏。当网友看完伸展开的广告以后，可以再次点击右上角的“收缩广告”字样，伸展开的广告会马上收缩回去。

（14）网上视频广告（Online Video Ads）：可以直接将广告客户提供的电视广告转成网络格式，实现在线播放。

（15）网上音频广告（Online Audio Ads）：在各种广告形式中加入声音，增强广告效果，加深受众印象，综合利用视觉、听觉效果对用户进行说服的网络广告。

三、门户网站广告投放模式与计费方式

（一）门户网站广告投放模式

1. 实时竞价

实时竞价（Real Time Bidding，RTB）是指利用实时竞价的方式购买展示广告，广告主可根据广告交易平台所提供的数据，包括访问者来自的网站及地区等，来决定是否竞投该广告展示及设定出价。

门户网站广告投放

（1）DSP（Demand-Side Platform）指需求方平台。DSP 是一个系统，也是一种在线广告平台，是 RTB 的基础。它服务于广告主，帮助广告主

在互联网或者移动互联网上进行广告投放。DSP不是从网络媒体那里包买广告位，也不是采用CPD（Cost Per Day）的方式获得广告位，而是在广告交易平台通过实时竞价的方式获得对广告进行曝光的机会。DSP通过广告交易平台对每次曝光单独购买，即采用CPM的方式获得广告位。

（2）SSP（Supply-Side Platform）指供给方平台。与DSP一样，SSP也是RTB的基础，目的是充分利用媒体资源（流量），达到最优收益。

2.互联网广告交易平台

互联网广告交易平台联系着DSP（需求方平台）和SSP（供给方平台），通过接入SSP汇集大量媒体流量，从而收集处理属于广告目标客户的数据，它是实现精准营销的交易场所。在国外，主要有雅虎的RightMedia、Google的DoubleClick等；在国内，近年来阿里巴巴、新浪、腾讯等网站也纷纷推出了各自的广告交易平台。

3. 网盟

网盟聚集了各种各样的网站，连接上万家甚至几十万家网站，同时架起与广告主之间的桥梁。广告主通过网盟在网站上投放广告，网站通过加入网盟获得利润。

（二）门户网站广告计费方式

由于各大门户网站的计费方式灵活多样，没有统一标准，因此这里只列举4种常见的广告计费方式。

1. CPM

按访问人次收费已经成为移动广告平台的惯例。CPM是指在广告投放过程中听到或者看到某一广告的每1 000人平均分担的广告成本。CPM取决于“印象”尺度，通常理解为人的眼睛在一段固定的时间内注视一个广告的次数。目前，大部分网络平台的统计标准是网页打开一次即算一次展现。

2. CPC

每点击一次计费一次。这一计费方式加上点击率限制可以提高作弊的难度，而且是宣传的最优方式。但是，有不少人觉得这一计费方式不公平，虽然浏览者没有点击，但是已经看到了广告。现在，各大门户网站较少采用这种计费方式，典型的使用者是淘宝直通车和百度关键词竞价推广。

3. CPA

这种计费方式是指按广告投放的实际效果，即按有效问卷或订单来计费，而不限广告投放量。这种计费方式对于网站而言有一定的风险，但若广告投放成功，其收益也比CPM高得多。现在，基本上没有网站使用这种计费方式了。

4.包月广告

顾名思义，包月广告就是广告主和供应商商定好一个价格，按月收费。包月广告计费方式有一个风险，即广告位在卖出去前可能会一直空着，而且不一定会为网站经营者带来更多收入。因为广告主也很精明，他们会计算包下这个广告位每个月能产生的点击量，用包月费用除以点击数来计算 CPC 成本。因此，这一计费方式的本质与 CPC 是一样的。

无论采用 CPM、CPC 还是 CPA，广告主都可以根据自身产品特性进行选择，这与传统互联网广告是一样的。由于电商行业的快速发展，目前移动广告平台还出现了 CPS（按每次购买计费）计费方式，但普遍效果还不够好，原因更多在于移动支付方面还有诸多不便的地方。目前，国内绝大部分移动广告平台都支持 CPM、CPC、CPA 计费方式，在选择移动广告投放时，广告主可更多考虑移动广告平台的稳定性和媒介资源的深度。

四、门户网站广告投放步骤

（一）确定广告要达到的目标

门户网站营销

企业需要确定在门户网站投放广告的目标。通常而言，投放电子商务类网站主要是为了增加销售额；投放资讯类网站是为了提升注册量（粉丝经济）；部分企业是为了做品牌，提升品牌知名度。

（二）根据目标制定广告预算

对于每天开发多少个客户，需要的广告费是多少，企业要做好预算。例如：开发一个客户需要 50 元，那么对于开发 100 个客户需要的成本乃至投放的资金，企业都要编制预算。

（三）选择媒体

前期的网络策划和后期的媒体选择是网络广告投放非常关键的一步，投放得越精准，效果越好。切记：只选对的，不选贵的。

（四）分析广告位

网络广告是在门户网站首页投放还是在频道页投放，是在左侧投放还是在右侧投放，都需要选择和分析。企业既可以参考 Alexa 排名中的各频道访问量，也可以根据论坛评论、帖子的标题来分析能否投放，以达到想要的结果。企业应根据网站目的是打造品牌还是提高销量来选择广告位。如果是前者，企业可以尝试在大型门户网站投放适量广告；如果是后者，企业应首选购物类网站投放广告。企业应根据用户需要进行准确的广告投放。

（五）制作创意广告

由于大多数用户喜欢看新颖的标题、富有创意的图片，因此，广告语要明确写出能给用户带来什么、解决什么问题，内容不能过长。广告要经常更换，好广告需要不断更新，从而加深用户对该品牌的记忆。

（六）进行广告投放测试

对于同广告、同页面、同位置，企业要进行综合数据（PV、IP、注册量、询盘量、成交量）测试。企业可以采用不同的广告测试方法，尝试不同的广告位、不同的素材。百度统计是很好的统计工具，其可以呈现用户进入页面的停留时间、PV、进行了哪些操作。企业只有经过多次测试，才能更准确、更高效地得出有利用价值的结果。

（七）进行广告监测

企业应充分了解用户的需要，统计分析用户的跳失率，开展调查，以解决问题、提高成交量。

五、门户网站广告投放平台

门户网站广告投放平台

各大门户网站的业务各有特色和差别，这里仅以新浪网、淘宝联盟的广告投放为例。目前，影响力较大的门户网站广告投放平台还有百度联盟、腾讯社交广告等。门户网站通常是大型企业品牌建设的推广渠道，中小型贸易类企业使用量不大。

（一）新浪网广告投放

截至 2024 年 6 月，我国网络新闻用户规模达 7.81 亿。随着新闻获取渠道的多样化，新浪网的流量有下降的趋势。广告是新浪网的主要收入来源。

新浪网广告的售卖方式有常规折扣（六折左右）、点击购买（基本关闭了）、位置包断三种，对电子商务行业比较支持。但是，随着品牌广告投放的复苏，新浪网逐渐减弱了对电子商务行业低折扣购买政策的支持力度。新浪网的核心广告位比较集中，主要分布在三个位置，分别是：新浪网首页、新浪网新闻频道首页、新闻最终页。

1.新浪网首页

（1）新浪网首页第一通栏：点击量约为 3 万，处在新浪网首页首屏的核心位置。

（2）新浪网首页要闻区焦点图：点击量约为 4 万，是新浪网首页最核心位置，价格昂贵。

（3）新浪网首页左侧擎天柱：点击量约为 3 万。

（4）新浪网首页二通栏：点击量约为 2.5 万。

（5）新浪网首页三通栏：点击量约为 1.5 万，转化率比较稳定。

（6）新浪网首页四通栏：所在区域没有核心内容，导致此广告位效果较差。

2.新浪网新闻频道首页

（1）顶部通栏的点击量约为 1 万，由于没有投放数据，转化情况不是很清楚。

（2）一通栏、二通栏的点击量约为 8 000，三、四、五、六、七通栏的点击转化率递减。现在，新浪网新闻中心的流量不及首页的一半，广告价值有所下降。

3.新闻最终页

（1）第一画中画：点击量约为 3 万，是新浪网又一个核心位置，售卖给品牌广告主比较多，电商客户很少投放。

（2）第二、三画中画：点击量约为 1.5 万，售价昂贵，点击转化率比较理想，但是一般客户无力购买。

了解新浪网广告的定位、作用和费用之后，企业应寻找有实力的代理商，这样能节省很多费用和时间。

（二）淘宝联盟广告投放

这里的淘宝联盟广告特指淘宝硬广。淘宝联盟广告投放操作方式如图 2-32 所示。

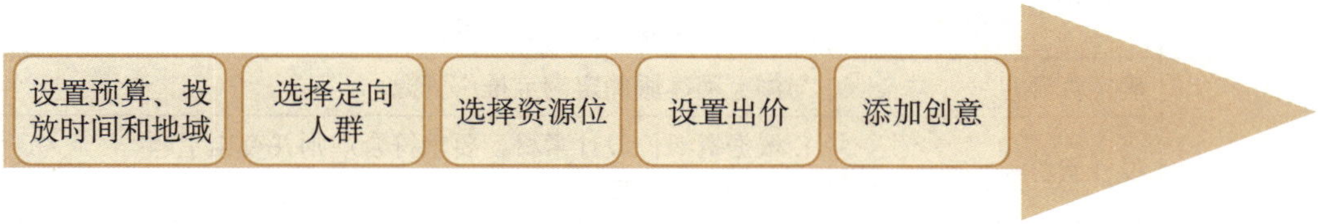

图 2-32　淘宝联盟广告投放操作方式

1.硬广的分类

淘宝硬广分为常规广告、客户端广告和富媒体广告，企业可以根据自己店铺和产品的需求来选择。

（1）常规广告。常规广告分布在淘宝网首页、天猫首页及各大频道页面，具有超高流量及点击率，是整体营销与主题活动推广的基础性资源，包括淘宝网首页焦点图、横幅广告、通栏广告、画中画广告等。

（2）客户端广告。阿里旺旺是卖家与买家即时沟通的工具。企业可按照不同时段、地域以及用户属性进行多维度定向投放广告，实现精准营销。

（3）富媒体广告。富媒体广告综合了流媒体、声音、Flash 和 Java 等技术，其交互性和视觉震撼力为品牌传播提供了极大的创意空间，在提高点击量的同时，丰富并加深了浏览者的品牌印象。其形式包括淘宝网首页撕页广告、标准视窗广告、非标准视窗广告等。

2.常规投放流程

淘宝联盟后台的操作界面清晰易懂，企业一般只需按照流程点“下一步”即可完成。硬广属于 CPM 和 CPT 计费方式，企业需要联系淘宝网客服购买。

3.淘宝硬广投放步骤及工作内容

企业在投放广告之前务必做好准备工作，包括营销规划、广告资源、店铺准备、团队准备四个方面（见表 2-34）。

表2-34　淘宝硬广投放步骤及工作内容

投放步骤		工作内容阐释
营销规划	推广主题	根据全年的营销方案确定本次推广主题

续表

投放步骤		工作内容阐释
营销规划	确定产品、文案、设计创意、促销方式、推广资源	产品：定价策略和产品策略 文案：洞察消费者心理 设计创意：吸引眼球并可实现 促销方式：消费驱动能力强 推广资源：包括软性资源和硬性资源
	效果预估	对流量、转化率、产品接受度、全天销售高低峰、物流等进行预估，以指导团队筹备和各方面准备
广告资源	确定资源	与淘宝网客服确定淘宝推广资源
	设计素材	1. 根据资源位设计素材，要求符合规则并突出主题 2. 设计活动专题
	付清广告款	财务付款
	提交素材	素材提交到平台上给淘宝网客服审核
	确认素材	若有修改，确认最终推广素材
店铺准备	店铺调整	配合活动主题
	产品描述	对于重点推广的产品，应着力打造成爆款
	价格策略	制定价格策略，并在活动上线前修改价格
	备货	做好产品和赠品的备货数量和店铺显示的协调，以免拍后未付款导致存货错误或拍后无货导致投诉
	应急预案	做好各个环节的应急预案，以提升用户体验，包括客服、物流、缺货、投诉、退货、服务器、素材更新等
团队准备	设计、策划、创意、产品、采购	
	客服、物流注意事项：客服和物流问题是目前广告投放客户遇到的普遍问题，客户很难预计广告投放当天会吸引多少 UV，因此，客服应该配备后备人员，以解决大流量进入后的接单问题。而物流直接影响品牌体验，一般客户能接受的程度是拍了商品后第二天发货，建议企业在投放广告前联系好物流公司或兼职人员	

六、门户网站补充知识

（一）门户网站的营销价值

门户网站的营销价值分为用户价值和客户价值。客户价值通过用户价值来实现。从客户角度来讲，他们需要一个从品牌到达目标消费者的通道。门户网站拥有巨大的流量，连接着品牌与目标消费者。门户网站首先为用户提供价值，用户反过来为门户网站提供流量和注意力资源，门户网站通过商业手法操作将注意力资源贩卖给客户，从而实现门户网站和客户双赢的局面。

（二）小型招商类门户网站

招商类门户网站是互联网上出现的一种新型的赚钱模式。这些网站几乎没有自然流量，全靠在门户网站上购买广告位来推广，然后在自己的网站上销售广告位。网站产生的广告收入远高于购买门户网站广告位所花费的广告费，这些招商类门户网站的运营模式又称全自动盈利渠道。

素养提升

全面深化改革，使人民的生活更上一层楼

中国有五家影响力较大的门户网站，分别是新浪、网易、搜狐、腾讯、今日头条。门户网站的核心是信息咨询。菲丽希亚和陈懿学姐对国家政策与文教类新闻比较关注，有空就会登录新浪网新闻频道阅读新闻。因为平时学习和校园活动比较多，大部分的学生都有一个共性，即利用碎片化时间阅读新闻资讯网站的头条。2024 年 7 月 19 日，人民网头条文章《把进一步全面深化改革的战略部署转化为推进中国式现代化的强大力量（学习贯彻党的二十届三中全会精神）》吸引了菲丽希亚对全会精神的深入学习。党的二十届三中全会《中共中央关于进一步全面深化改革 推进中国式现代化的决定》指导新征程上进一步全面深化改革，体现了中央完善和发展中国特色社会主义制度、推进国家治理体系和治理能力现代化的历史主动，进一步全面深化改革开辟中国式现代化广阔前景的坚强决心。党的二十届三中全会引领人民全面建设社会主义现代化国家的精神，鼓舞着菲丽希亚和陈懿学姐努力学习、服务社会的决心。

党的二十届三中全会精神指引着新中国发展的四个方面。一是通过构建系统完备、科学规范、运行有效的制度体系，不断把制度优势更好转化为国家治理效能，更好支撑和服务中国式现代化；二是通过进一步全面深化改革，为中国式现代化提供更加坚实的物质基础，更好满足人民日益增长的美好生活需要；三是通过不断调整生产关系，推动生产力发展，实现高质量发展这一全面建设社会主义现代化国家的首要任务；四是通过更加完善的体制机制防范化解风险、有效应对挑战，在全面深化改革中不断增强我国经济实力、科技实力和综合国力，走稳走好中国式现代化之路。党的二十届三中全会鼓舞着新时代大学生踔厉奋发，建设更加美好的新中国。

任务实施

任务实施如表 2-35 所示。

表2-35　任务实施

步骤	操作要求和说明
一、分析新浪网、搜狐网广告	1. 登录新浪网、搜狐网广告服务中心 2. 下载广告报价单 3. 分析门户网站的广告名称与价格
二、分析淘宝网广告	1. 分析淘宝联盟后台的硬广资源 2. 分析硬广资源投入的位置及收费标准 3. 制定硬广推广方案
三、网络广告规划	1. 根据公司的营销目标，确定营销方案和推广主题 2. 确定产品、文案、设计创意、促销方式、推广资源 3. 效果预估
四、选择广告资源	1. 确定淘宝联盟中硬广的广告位资源 2. 根据资源位设计素材，要求符合规则并突出主题 3. 财务预备广告款
五、店铺备货	1. 店铺调整，配合广告推广设计主题 2. 产品描述，着力将产品打造成爆款 3. 备货，做好产品备货数量和店铺显示的协调，以免客户拍后未付款导致存货数量错误或拍后无货导致投诉
六、效果评估	门户网站广告的创意和主题，广告导入的网店访问量、转化率及销量等

评价反馈

评价反馈如表2-36所示。

表2-36　评价反馈

评分项目	评分标准	分值	得分
营销规划	确定主题，确定产品、文案、设计创意、促销方式、推广资源	30	
广告资源选择	横幅广告、文字链广告、按钮广告、视频广告、多类型富媒体广告	30	
店铺准备	店铺调整、产品描述、备货、应急预案	20	
门户网站广告的创意和主题	门户网站广告的创意和主题对潜在顾客的吸引程度，点击率＞1%	20	
合计		100	

知识拓展

一、门户网站广告效果评估及计费方式术语

（1）点击次数（Click）：用户通过点击广告而访问广告主的网页，称为点击。它是评估广告效果的指标之一。

（2）点击率（Click-Through Rate，CTR）：广告被点击的次数与广告收视次数的比率。如果这个页面被访问了 1 万次，而页面上的广告被点击了 500 次，那么 CTR 为 5%。CTR 是评估广告效果的指标之一。

（3）印象数（Impression）：网页的每一次显示就是一个印象数。例如：广告主希望 10 万人次看到广告，即 10 万次印象数。它是评估广告效果的指标之一。

（4）投资回报率（Return On Investment，ROI）：在网络广告领域，用消费者实现某种行为所花费的成本来衡量的投资回报率，即 CPX（Cost Per X）。其中："X" 可以是广告曝光率，也可以是用户的访问量，还可以是点击数，乃至用户的下订单购买等诸多行为。因此，业界形成了一些约定俗成的 CPX，如 CPM、CPC、CPP。

（5）转化率（Conversion Rate，CR）：用户购买或者注册都可以作为一次转化。转化率是转化次数和点击次数的比率。

（6）按时长付费（Cost Per Time，CPT）：一种以时间来计费的广告方式，是目前网站采用的主要计费方式。

（7）按展示成本付费（Cost Per Mille，CPM）：千人成本，即广告主为他的广告显示 1 000 次所支付的费用。如果一个横幅广告单价是 10 元 /CPM，意味着每被 1 000 人次看到就收 10 元。

（8）点击成本（Cost Per Click，CPC）：广告主为每个用户点击所支付的费用。

（9）CPA / CPS（Cost Per Action / Sale）：按广告投放实际效果，即按回应的有效动作或订单来计费，而不限广告投放量。

二、4A广告公司与广告类型

（一）4A 广告公司

美国广告代理商协会（简称美国广告协会）的英文全称为 American Association of Advertising Agencies，通常简称为 4A，于 1917 年在美国圣路易斯成立，是全世界最早的广告代理商协会。后来世界各地都以此为标准，取其从事广告业、符合资格、有组织的核心规则，再把美国的国家称谓改为各自国家或地区的称谓，形成了地区性的 4A 广告公司。该组织最主要的协议是关于客户媒体费用的收取约定，以避免恶意竞争。

国内较知名的 4A 广告公司有：盛世长城、奥美（O&M）、天联（BBDO）、李奥贝

纳（Leo Burnett）等。

（二）广告类型

（1）广告按内容可分为：产品广告、品牌广告、观念广告、公益广告等。

（2）广告按目的可分为：告知广告、促销广告、形象广告、建议广告、公益广告、推广广告等。

（3）广告按策略可分为：单篇广告、系列广告、集中型广告、反复广告、营销广告、比较广告、说服型广告等。

（4）广告按传播媒介可分为：报纸广告、杂志广告、电视广告、电影广告、网络广告、包装广告、广播广告、招贴广告、POP 广告、交通广告、直邮广告、车体广告、门票广告、餐盒广告等。

三、硬广和钻石展位的区别

第一，硬广和钻石展位的资源位大多是一样的，但是有一些广告位只有硬广才能投放，如淘宝网登录页左侧的广告位只投放硬广，其他的广告位如首页焦点图，硬广和钻石展位都可以投放。硬广是不定向的，而钻石展位是可以定向的。例如：服饰店铺投放钻石展位，可以让想买衣服的或者买过衣服的客户才能看到广告。

第二，硬广是定价 CPM，钻石展位是竞价 CPM。硬广每千次展现收费是固定的；钻石展位是商家都出价，按照出价高低进行比例投放，出价低的话可能就不会得到展现机会。硬广是找淘宝客服购买，钻石展位是直接到后台参与竞价；硬广购买有最低要求，钻石展位可以根据预算进行投放和暂停投放。

四、门户网站广告设计注意事项

（一）整体布局简洁大方

所有的广告都是在基础的布局构图上完成的，因此必须遵循广告设计素材的基本原则——简洁大方。

（二）重点突出

广告设计需要注重文案创意，那么，何为好的文案创意呢？它们有一个共同特征：突出中心，内容与用户关注点相关。企业要考虑到用户阅读时间有限，必须在短小的广告篇幅中突出中心和重点。

（三）创意浅显易懂

好的创意虽然要追求高大上，但是应遵循基础的设计理念，即创意浅显易懂。

（四）图文创意搭配合理

广告创意素材往往由两部分组成，即图片素材 + 广告语。广告语即文案，广告语一般为 8～12 个字，这样用户容易记住。

（五）适当使用动画

企业应适当地在广告中采用动态图片，从而收到非常好的广告效果，因为人们对于会动的事物的好奇心要比静止的事物的好奇心大很多。

五、如何提升门户网站广告效果

门户网站广告投放是借助互联网平台向互联网用户传递产品和企业信息的一种营销手段，必然要为企业或者门户网站带来盈利的基准点。

（一）投放广告所需费用的预算

在投放任何广告之前，企业都会编制项目经费预算，因为这样能有效控制广告经费。企业可以根据相关的数据，分析其商业价值的大小，进而制定费用预算。

（二）选择有效的网络广告平台

广告能否获得有效的点击取决于投放平台。在不考虑广告投放费用的情况下，企业不仅要在与自身产品相关的平台投放广告，而且要在一些人气高、日访问量大的平台投放广告。只有找到合适的投放平台，找到精准的客户，才能带来有效的点击率，从而为企业带来最终的盈利。

（三）广告位的选择

广告位的选择也是很重要的一步，位置不同，所获得的点击率就不同。以下几点可供参考：

（1）分析页面的流量。企业可以利用 Alexa 工具，具体查出每一个频道页面的权重和流量。

（2）分析广告位的点击率。一般而言，越靠上的广告位的点击率越高，越靠左的广告位的点击率越高，企业可以考虑投放在这些位置。

（3）分析广告位所在页面的内容。企业所选择的广告位页面内容一定要与所投放广告的内容接近。

实训练习

1. 学生以 4 人为一小组，对坚果类目店铺进行分析。登录卖家后台，进入淘宝联盟网络平台；制作通过淘宝硬广进行网络营销推广的方案，提高网店的曝光量、访问量和销售额。

要求：

（1）登录卖家中心，进入淘宝联盟后台；

（2）分析硬广的广告位位置及收费标准、推广要求条件；
（3）确定产品、文案、设计创意、促销方式、推广资源；
（4）撰写一份 500 字左右的淘宝硬广推广计划方案。

2. 分析门户网站（新浪、搜狐、网易等）的广告模式及推广的要求和费用。

要求：
（1）登录门户网站；
（2）进入广告服务中心；
（3）查看广告类型及功能、收费标准；
（4）联系服务商或者代理商确认服务内容；
（5）撰写一份 500 字左右的门户网站广告推广计划方案。

项目三

网络营销转化

任务十五 商品详情页文案设计

网络营销核心内容是围绕公式“成交额 = 访问量 × 转化率 × 客单价”展开的。本任务训练和研究影响成交额的三大因素中的转化率因素。流量是做电商的第一步，如何能让流量实现最大的价值，关键在于如何提高转化率和客单价。本任务训练内容是通过对商品详情页的设计及文案撰写技巧来提升网店销售的转化率。

商品详情页是提高转化率的入口，可以激发顾客的消费欲望，树立顾客对店铺的信任，打消顾客的疑虑，促使顾客下单。

学习目标

知识目标：

了解转化率影响因素；

熟悉商品详情页的设计方法；

掌握商品详情页文案的设计步骤。

能力目标：

能够制作高质量的商品详情页，提升网店的转化率。

素质目标：

树立社会主义核心价值观，深刻领会“公正”价值观的科学内涵。

任务引入

根据网店提升转化率的目标，对店铺坚果类商品的详情页进行九宫格分析，优化商品详情页文案以提升网店的曝光量、点击率、转化率。通过对商品详情页文案优化技巧的应用，提升店铺销售额。

相关知识

图片和文字是商品详情页的两大组成部分。图片的好坏直接影响转化率。图片及其文字说明阅读率远胜过内文。商家运用小标题提纲挈领，阅读效果更佳。商家可以通过文案的设计来促进转化，首先要知道顾客有哪些购买动机，然后思考如何通过文案设计来激发这种动机。

一项针对2万多家淘宝店铺的抽样调查显示：对于中小卖家，99%的顾客是从商品详情页进入店铺的；对于大卖家，92%的顾客是从商品详情页进入店铺的；对于超大卖家，88%的顾客是从商品详情页进入店铺的。因此，商品详情页是店铺营销的核心所在、重中之重。调查显示，买家最关心的因素包括商品图片、商品描述（参数、性能、属性等）、服务承诺、质量保障、描述可信度与专业度、使用说明、注意事项、快递事项、真实评价、优惠政策、客服态度、店铺信誉、店铺装修等。

一、影响转化率的因素

网络营销实战中，影响网店转化率的主要因素有以下三个：

（一）商品详情页文案设计

详情页设计方法

现代人被定义为视觉动物，这一点商家需要重视。商品详情页文案设计直接影响转化率，主要涉及以下几点：（1）商品详情页文案设计的精美程度；（2）文案中的商品特征与卖点；（3）商品定价与竞品差异；（4）促销信息；（5）商品详情页中的关联销售；等等。

（二）客服沟通及转化技巧

客服沟通及转化技巧非常重要。买家只要询盘，一般转化率都能达到70%。因为询盘代表买家想更深入地了解商品。如果此刻客服的用语和转化技巧使用得当，能够直接促进询盘的转化。

（三）销量与好评率

网络消费者中有从众心理的人占据较大的比重，跟风购买对转化效果的促进作用非常明显。另外，好评也能够真正体现商品的卖点。一个商品的好评多了，就会产生一定的口碑效应，会有更好的转化率。

二、商品详情页文案设计前期准备

（一）了解消费者购买动机

商品详情页的展示逻辑是：先展示商品，再将商品的卖点描述清楚，给买家实惠，让买家心动，继而通过品牌和服务建立信任，最后促成交易。

商家想通过商品详情页文案的设计来促进转化，首先要知道消费者有哪些购买动机，然后思考如何通过文案设计来激发这种动机。

1.求实惠

消费者在购买家庭日用品或者实用性很强的商品时，会重点关注这些商品的性价比。他们需要的是经济实惠，对于外观、品牌等的关注并不是太多。

2.求新奇

这类消费者一般以追求时尚的年轻人为主，他们要的是潮流、新奇特、与众不同，而对于商品的真正的实用程度以及商品的价格等的关注并不是太多。

3.求便利

这类消费者在购买商品时追求整个购买流程的便捷性，注重时效，希望省时省力，能够尽可能简单、快速地完成交易过程。

4.求美

随着物质生活的丰富，人们更加具有浪漫情怀，注重精神生活，喜欢美化环境，因此更加关注商品的色彩、造型等。

5.求身份

这类消费者追求名牌和高档商品，借此显示自己的身份、地位。

6.从众

一般而言，从众心理有两种：一种是崇拜性从众，常用的文案是“×× 同款”；另外一种是刺激大众跟随，常用的文案是“全网热销 ×× 件”“连续三年全网销量第一”“×× 人的选择”等。

7.求廉价

求廉价是网购能够发展起来的重要原因。

8.好奇

每个人都有好奇心，在好奇心的作用下，消费者也会购买。

9.习惯

一般有这种购买动机的消费者，购买的商品都是相对标准的重复性消费品。

（二）了解消费者购买逻辑与浏览习惯

1.购买逻辑

消费者的购买逻辑如图 3-1 所示：

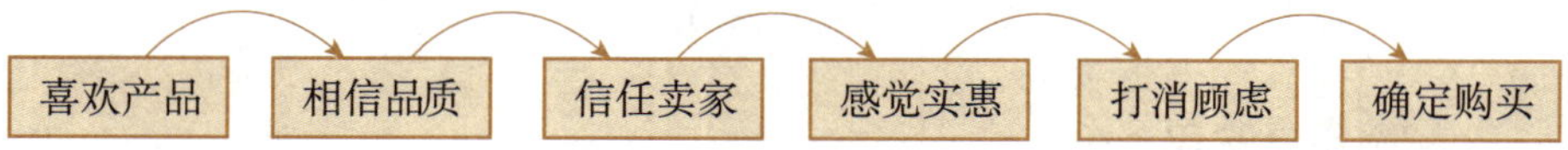

图 3-1　消费者的购买逻辑

2.浏览习惯

消费者的浏览习惯基本上是从上而下。研究发现，大部分消费者只愿意在前三屏停留 30 秒左右的时间，如果在这个时间内不能引起消费者的购买兴趣或欲望，机会就会擦肩而过。消费者的浏览习惯如图 3-2 所示：

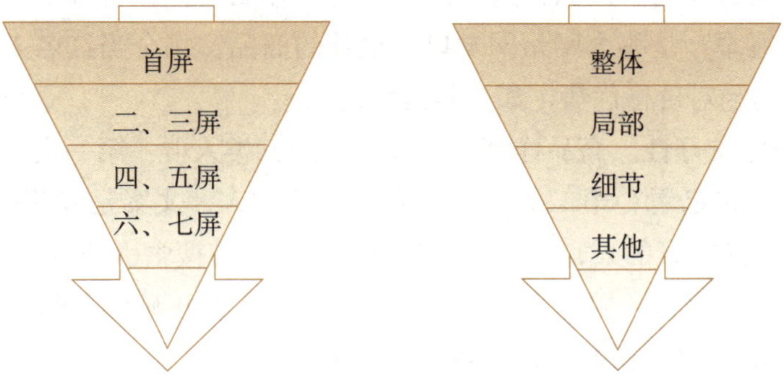

图 3-2　消费者的浏览习惯

对应的商品详情页文案设计思路：重点工作是第一屏的优化。第一屏要让消费者对店铺的商品产生兴趣。第一屏最重要的是商品的主图、促销信息、商品基本信息、颜色选项。商品主图前第一、二张要凸显商品的卖点，第三、四张要凸显商品的细节，最后一张要凸显品牌或权威资质。淘宝店铺规则中第三张至第五张主图不受搜索的约束。

三、商品详情页文案设计方法

（一）三段式设计法

这是仿新闻学中"倒金字塔式写作法"：

第一段，商家精要地浓缩全文的销售话术，因为多数人并没有耐心看完全文。

第二段，商家可依照型录要点衍生法，逐一说明该商品的众多特色。到底是点列式还是一段长文字较好，取决于商家的文字功底。如果商家的文字功底欠佳，用点列式写出卖点即可。

第三段，主要任务是让人"立即购买"，所以一般是强化产品的 USP（独特销售卖点）、价格优势或赠品。

（二）九宫格设计法

商家可拿出一张白纸，在白纸上画上九宫格。商家在中间那格填上商品名，在其他八格内填上可以帮助此商品销售的诸多优点。这是强迫创意产生的简单练习方法。

（三）基于型录要点衍生法的全面因素设计法

"型录"一词在英文中为"Catalog"，即编目、目录、样册等意思，是直接与消费者接触的商业服务品目。型录设计不仅传递着商业、文化产业等各种各样的信息，还传递着企业对消费者的具体关怀，是消费者认识企业、了解商品文化信息并且与之直接互动的窗口。

商家运用型录要点衍生法时，首先应描述商品特点，然后在每个特点后面加以延伸。对商品详情页成功与否的影响因素包括以下几个：

（1）说出有利的事实。例如：这个商品曾得过什么奖？源自哪个知名品牌？是目前哪个品类的销量冠军？是哪个网站网友口碑最佳的商品？哪个当红名人代言这个商品？或凸显这个商品的绝对价格优势（如全年最低价）。

（2）注重 SEO 友好性。商品详情页文案设计的三类人群：第一类，不会写商品文案的人，文案是写给自己看；第二类，会写商品文案的人，文案是专门写给目标对象看；第三类，最会写商品文案的人，文案同时写给目标对象与搜索引擎蜘蛛（网络爬虫）看。文案中的商品名称要完整，要包含品牌、中文、英文以及正确的型号，方便搜索引擎蜘蛛读取。完整商品名的出现频率可以达到 2～3 次。

（3）图文并茂。商品详情页设计不是单纯的文案写作。在商品详情页中，图片的展示非常重要。

（4）谨慎地编写每一篇商品详情页文案。商品详情页设计不是单纯的上架动作，商家更应该多花费一些时间在设计上。

（5）故事化文案。直接的商业广告使消费者对店铺或商品记忆深刻的作用有限。在文案中引入故事内容来描述网店的发展历程或商品信息，更容易让消费者记住。

四、商品详情页文案设计具体操作

详情页设计流程

商品详情页文案设计步骤如图 3-3 所示。

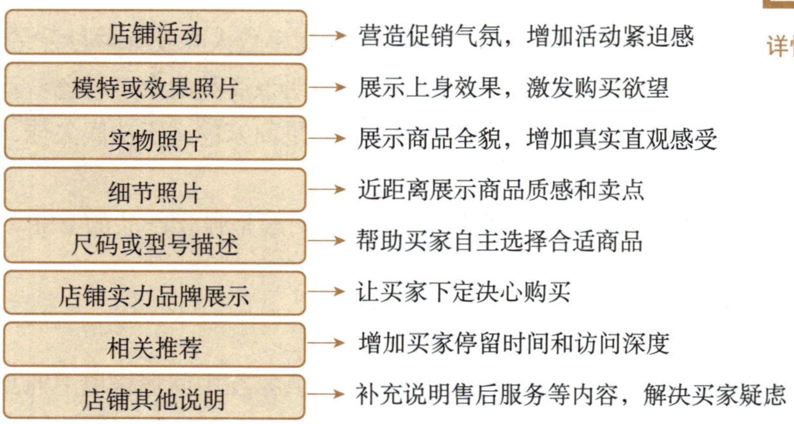

图 3-3　商品详情页文案设计步骤

（1）店铺活动：全店的促销活动或活动预告、店铺上新活动或预告、主推产品的海报、大促时的关联推荐、店铺形象渲染展示。

（2）模特或效果照片：符合店铺风格和消费者审美，展示各个角度和颜色效果，需要突出主题颜色。

（3）实物照片：展示商品全貌，增加真实的直观感受；商品正反面全图；商品特性及亮点；色彩说明。

（4）细节照片：近距离展示商品质感和卖点；微距展示清晰细节图片，配以简单介绍文字。

（5）尺码或型号描述：帮助买家选择合适尺码或型号，如模特尺寸建议、不同身材试穿感受。

（6）店铺实力品牌展示：让买家下定决心购买。

（7）相关推荐：增加买家停留时间和访问深度；搭配推荐互补、同类商品，以爆款带新款等。

（8）店铺其他说明：补充说明售后服务等内容，解决买家疑惑。

商品详情页文案设计示例如图 3-4 所示。

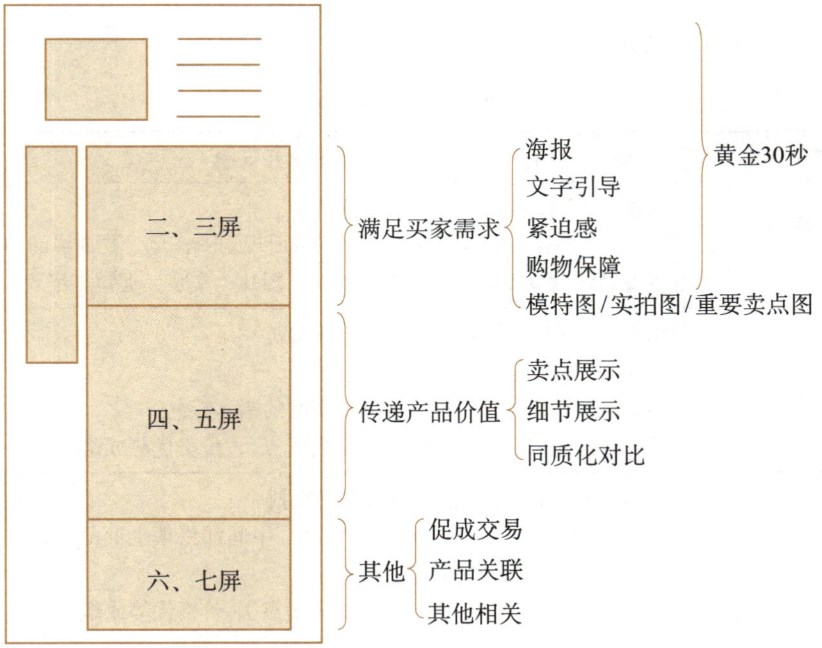

图 3-4　商品详情页文案设计示例

素养提升

公正是人类社会最古老的价值追求

元旦来临，学校里的戏曲协会围绕节日准备策划一场活动，为校园广大师生提供一场岁末的京剧演出。陈懿学姐负责协会前期的宣传海报文案的设计工作。因为有企业对协会项目的赞助，演出过程有抽奖的环节。奖品是企业自己生产的非常精致的小玩偶，这可吸引了许多跟陈懿学姐关系好的同学想要求一张能“中奖”的号码。校戏曲协会是一个智慧、和谐、有灵魂的团体，对于这种特殊的要求，协会早就利用微信抽奖小程序解决公平公正的问题了，大家对演出和中奖充满了期待。陈懿学姐还向菲丽希亚介绍了社会主义核心价值观中“公正”的意义。

公正是人类社会最古老的价值追求。公正是社会主义的本质体现，是构建和谐社会和实现科学发展的必要前提。促进社会公正，是全面深化改革的出发点和落脚点，也是中国特色社会主义的内在要求。公正作为一种社会价值，是衡量一个社会的制度安排是否正当、合理的重要标准。一个社会的公正，体现在经济、政治、法律等社会生活的各个领域、各个层次和各个方面。

任务实施

任务实施如表 3-1 所示。

表3-1　任务实施

步骤	操作要求和说明
一、规划和素材准备	1. 登录卖家中心，打开发布新商品页面 2. 先用 Excel 制作一份商品详情页文案页面规划图，至少要 3 屏的内容 3. 准备商品详情页需要的文案内容，包括图片、文字、促销方案等
二、三段式设计法	1. 使用 Excel 制作一份商品详情页文案规划 2. 浓缩商品详情页全文的销售话术 3. 依照型录要点衍生法，逐一说明该商品的诸多特色 4. 最后一屏强化产品的 USP（独特销售卖点）、价格优势或赠品
三、九宫格设计法	1. 使用 Excel 制作一份商品详情页文案规划 2. 拿出一张白纸，在白纸上画上九宫格。中间那格填上商品名，在其他八格中填上可以帮助此商品销售的诸多优点 3. 最后一屏强化产品的 USP（独特销售卖点）、价格优势或赠品
四、基于型录要点衍生法的全面因素设计法	1. 使用 Excel 制作一份商品详情页文案规划 2. 描述商品特点，然后在每个特点后面加以延伸 3. 说出有利的事实（FFBA） 4. 故事化商品详情 5. 图文并茂，图片下面加入型录内容 6. SEO 友好性设计及商品相关推荐
五、效果评估	1. 商品详情页元素的完整性 2. 商品及店铺的曝光量、访问量、转化率、销量

评价反馈

评价反馈如表 3-2 所示。

表3-2 评价反馈

评分项目	评分标准	分值	得分
商品详情页文案完整性	商品描述中的图片数量＞10，文字描述符合 FFBA 规则	30	
设计方法应用	三段式设计法应用、九宫格设计法应用、基于型录要点衍生法的全面因素设计法应用	30	
商品的访问量、停留时间	商品的收藏人气、页面停留时间	20	
商品转化率、销售额	商品转化率提升＞2%，销售额提升＞2%	20	
合计		100	

知识拓展

商品详情页文案制作要点

根据实际操作经验，商家若要打造一款高销量商品，在制作商品详情页文案时必须遵守以下几点：

（一）紧贴店铺定位

商品详情页文案的写作一定要紧贴店铺定位，在详情页里不断强调自身的优势与特色。

（二）从目标人群的痛点入手

所谓痛点不是说买了这个怎么好，而是不买这个会怎么样。商家可以使用同理心的方法寻找痛点，设身处地地为消费者考虑，找到他们必须买这款商品的理由。商家可找到目标人群的痛点与兴趣，在商品详情页文案里放大，逐个击破，层层递进，就能写出转化率高的文案。

（三）逻辑性引导文案

好的商品详情页非常注重逻辑性。详情页的第一屏围绕这样一个主题：没有选好商品的话会发生什么事情？继而引出消费者选择该商品的理由。对每一个商品的卖点再进行细分，围绕卖点从不同角度切入。

（四）情感营销文案

“讲故事卖产品”的模式在网络营销中越来越常见，无论什么类目的商品，如果能讲好故事，为商品添加附加价值，消费者都会认同。一个优秀的故事必定能够调动消费者的情绪，让其在观看过程中不知不觉地被潜移默化，认同商品的价值，最后促成购买。

实训练习

学生以 4 人为一小组，对坚果类目店铺经营的商品进行分析，应用三段式设计法、九宫格设计法、基于型录要点衍生法的全面因素设计法对商品详情页文案进行设计，提高小组网店的曝光量、访问量、转化率，最终达到至少提高 2% 销售额的目标。

要求：

（1）确定店铺商品详情页文案设计方案；

（2）准备方案需要的素材（图片及文字材料）；

（3）拟订前三屏设计要点；

（4）使用商品详情页设计法；

（5）完成香榧的商品详情页设计；

（6）撰写一份 500 字左右的商品详情页文案设计分析报告。

任务十六 网络营销客服培训

网络营销核心内容是围绕公式“成交额 = 访问量 × 转化率 × 客单价”展开的。本任务训练和研究影响成交额的三大因素中的转化率因素，训练内容是对网络营销团队中的客服进行培训，以提升网店销售的转化率。

客服推销技巧是提高转化率的入口，是激发顾客的消费欲望、树立顾客对店铺的信任感、打消顾客的消费疑虑、促使顾客下单的关键因素。

学习目标

知识目标：

了解网络营销客服的基本要求；

熟悉网络营销客服的考核信息化工具；

掌握网络营销客服应具备的知识、技能、素质能力。

能力目标：

能够运用推销技巧提升网店的转化率，促成交易。

素质目标：

培养敬业的职业精神和职业道德。

任务引入

根据网店提升转化率的目标，对网店的网络营销客服进行培训，提升客服的素质能力、相关知识、技能，进而提升店铺的转化率，完成销售目标。

相关知识

网店客服，又称网络营销客服，是指在网店这种新型商业实体中，充分利用各种通信工具，并以网上即时通信工具（如阿里旺旺）为主，为客户提供相关服务的人员。这种服务形式对网络有较大的依赖性，所提供的服务一般包括客户答疑、促成订单、店铺推广、完成销售、售后服务等几个方面。

除了前期促成订单外，图 3-5 所示的这些情况需要客服及时处理。处理这些问题，要求网络营销客服具备相应的知识、技能技巧和素质。

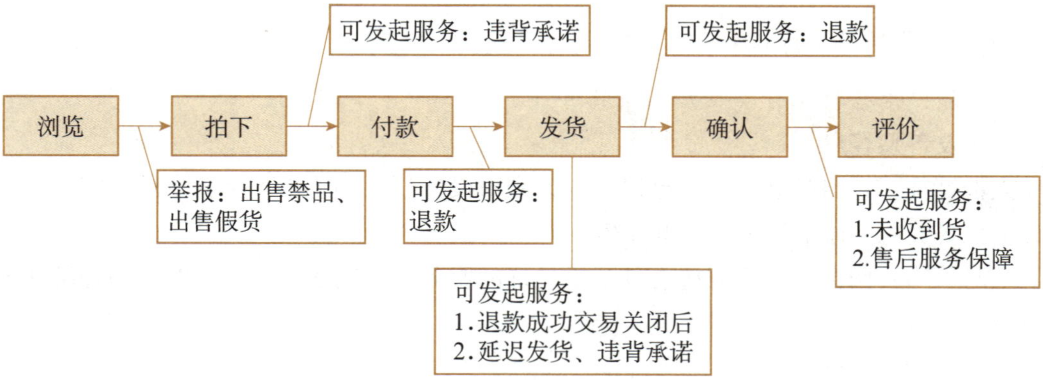

图 3-5 客服销售流程工作任务

一、网络营销客服知识

（一）商品知识

网络营销客服不仅应当具备关于商品的专业知识及周边知识，对商品的种类、材质、尺寸、用途、注意事项等都有一定的了解，还应当了解行业的有关知识，同时，对商品的使用方法、洗涤方法、修理方法等

网络营销客服知识

也要有基本的了解。

（二）交易规则

1.一般交易规则

网络营销客服应该了解网店的交易规则，更好地把握交易尺度。有的时候，顾客可能第一次在网上交易，不知道该如何操作。这个时候，客服除了要引导顾客查看网店的交易规则外，在一些细节上还需要一步步地指导顾客操作。此外，客服还要学会查看交易详情，了解如何付款、修改价格、关闭交易、申请退款等。

2.网上支付规则

网络营销客服应了解支付宝及其他网络交易的规则，指导顾客通过支付完成交易、查看交易状况、更改交易状态等。

（三）物流知识

（1）了解不同的物流及其运作方式，主要包括平邮（国内普通包裹）和快递（国内快递包裹）。

（2）了解不同物流方式的价格及速度、如何计价，以及报价的还价空间等。

（3）了解不同物流方式的联系方式、查询方式。网络营销客服应在手边准备一份各个物流公司的电话，并了解如何查询各个物流公司的网点情况；了解各快递公司的联系方式、费用查询、汇款方式、批发方式等。

（4）了解不同物流方式的包裹撤回、地址更改、状态查询、保价、问题件退回、代收货款、索赔处理等问题。

（四）客户类型及应对策略

1.按客户性格特征分类及应对策略

（1）友善型客户。

人群特征：性格随和，对自己以外的人和事没有过高的要求，具备理解、宽容、真诚、信任等美德，通常是企业的忠诚客户。

应对策略：网络营销客服应为其提供最好的服务，不能因为对方的宽容和理解而放松对自己的要求。

（2）独断型客户。

人群特征：异常自信，有很强的决断力，感情强烈，不善于理解别人；对自己的任何付出一定要求回报；不能容忍被欺骗、被怀疑、被怠慢、不被尊重等行为；对自己的想法和要求需要被认可，不容易接受意见和建议；通常是投诉较多的客户。

应对策略：网络营销客服应小心应对，尽可能满足其要求，让其有被尊重的感觉。

（3）分析型客户。

人群特征：情感细腻，容易受伤，有很强的逻辑思维能力；懂道理，也讲道理；可以接受公正的处理和合理的解释，但不愿意接受任何不公正的待遇；善于运用法律手段保护自己，但从不轻易威胁对方。

应对策略：网络营销客服应真诚对待，做出合理解释，争取对方的理解。

（4）自我型客户。

人群特征：以自我为中心，缺乏同情心，不习惯站在他人的立场上考虑问题；绝对不能容忍自己的利益受到任何伤害；有较强的报复心理；性格敏感多疑；时常“以小人之心度君子之腹”。

应对策略：网络营销客服应学会控制自己的情绪，以礼相待，对自己的过失真诚道歉。

2.按网店购物者常规类型分类及应对策略

（1）初次上网购物者。

人群特征：这类购物者在试着领会电子商务的概念，他们的体验可能会从在网上购买小宗的安全种类的物品开始。这类购物者要求界面简单、操作容易。

应对策略：产品照片对说服这类购买者完成交易有很大帮助。

（2）勉强购物者。

人群特征：这类购物者对安全和隐私问题感到紧张。因为有恐惧感，他们在开始时只想通过网站进行购物研究，而非购买。

应对策略：对这类购物者，网络营销客服只有明确说明安全和隐私保护政策，才能够使其消除疑虑，轻松面对网上购物。

（3）便宜货购物者。

人群特征：这类购物者广泛使用比较购物工具，品牌忠诚度较低，他们追求的是最低的价格。

应对策略：廉价出售的商品对这类购物者最具吸引力。

（4）理智型购物者。

人群特征：这类购物者在上网前已经很清楚自己需要什么，并且只购买他们想要的东西。他们知道自己做购买决定的标准，会努力寻找符合这些标准的信息。当他们很自信地找到了更加合适的产品时，就会购买。

应对策略：网络营销客服应快速告知其他购物者的体验并为其提供实时客户服务，会吸引这类购物者。

（5）狂热购物者。

人群特征：这类购物者把购物当作一种消遣。他们购物频率高，也最富有冒险精神。

应对策略：对这类购物者，迎合其爱好和性格十分重要。为了增强娱乐性，网站应为这类购物者多提供观看产品的工具、个性化的产品建议，以及像电子公告板和客户意见反馈页之类的社区服务。

（6）动力购物者。

人群特征：这类购物者因需求而购物，而不是把购物当作消遣。他们有自己的一套高超的购物策略来找到所需要的东西，而不愿意把时间浪费在无目标的闲逛上。

应对策略：优秀的导航工具和丰富的产品信息能够吸引此类购物者。

二、网络营销客服技能

网络营销客服训练

网络营销客服除了需要具备基本的素质之外，工作中还应该掌握以下六个方面的技能：

（一）文字表达能力

网络营销客服要能够盲打，每分钟不少于 40 个汉字。这是作为网络营销客服的基本能力。如果想要真正做到把问题说清楚，网络营销客服就要多看网络营销的商品描述、商品说明并仔细分析。

（二）资料收集能力

收集资料主要有两个方面的价值：一是保存重要的历史资料；二是尽量做到某个重要领域资料的齐全。网络营销客服如果能在自己的工作相关领域收集大量有价值的资料，将是一笔巨大的财富。

（三）参与交流能力

网络营销客服需要掌握交流技巧。作为客服，最主要的任务是利用互联网促成营销信息的有效传播，而交流本身也是一种有效的信息传播方式。

（四）思考和总结能力

在网络营销实际工作中，网络营销客服很多时候需要依靠自己对在实践中发现的问题进行思考和总结。

（五）适应变化能力

适应变化能力，又称为不断学习的能力，特别是对客户突如其来的问题，网络营销客服要通过资料收集和随机应变，更好地解答，从而促成交易。

（六）耐心与细致能力

网络营销客服必须具备耐心，需要认真校对通话中的每一个标点，细心对待每一个错误和漏洞。

三、网络营销客服工作技巧

网络营销客服除了具备一定的专业知识、周边知识、行业知识外，还要具备一些工作技巧，具体如下：

（一）促成交易的技巧

1.利用顾客“怕买不到”的心理

越是得不到、买不到的东西，人们越想得到它、买到它。网络营销客服可以利用这种“怕买不到”的心理来促成交易。当顾客已经有比较明显的购买意向但仍在犹豫时，网络营销客服可以使用“最畅销款，经常脱销”“优惠价截止日，涨价在即”等话术来促成交易。

2.利用顾客希望快点拿到商品的心理

大多数顾客希望在付款后尽快拿到商品，所以在顾客已有购买意向但还在犹豫时，网络营销客服可以告诉对方：“喜欢的话请尽快拍下，快递公司的人再过 20 分钟就要来了，现在购买，马上就能为您寄出。”

3.顾客犹豫不决时让客户“二选一”

当顾客一再出现购买信号，却又犹豫不决拿不定主意时，网络营销客服可采用“二选一”的技巧来促成交易。例如：“请问您需要玫红色款还是银色款？”或者：“请问要平邮给您还是快递给您？”这种“二选一”的问话技巧，只要顾客选中一个，其实就是帮顾客拿了主意，顾客就会下决心购买。

4.帮助顾客挑选

许多顾客有意购买，但不喜欢迅速下单，而是东挑西拣，在产品颜色、规格、式样等方面犹豫不决。这时，网络营销客服需要改变策略，暂时不谈订单的问题，而是热情地帮对方挑选颜色、规格、式样等。一旦上述问题解决，订单也就落实了。

5.巧妙反问

当顾客问到的某种商品正好没货时，网络营销客服可以运用反问来促成交易。例如，顾客问：“这款有金色的吗？”这时，客服不可只回答没有，而是可以反问：“不好意思，我们没有金色的，不过我们有黑色、紫色、蓝色的，在这几种颜色里，您比较喜欢哪一种呢？”

6.积极推荐

当顾客拿不定主意，需要推荐的时候，网络营销客服可以尽可能多地推荐符合其要求的款式，在每个链接后附上推荐的理由。不建议一个个推荐，最好是 2～3 款同时推荐给顾客。例如：“这款是刚到的新款，目前市面上还很少见”“这款是我们最受欢迎的款式之一”“这款是我们最畅销的，经常脱销”等，以此来促成交易。

（二）时间控制技巧

除了回答顾客关于交易的问题外，网络营销客服可以适当与顾客聊天，以促进双方的关系，但要控制好聊天的时间和度，毕竟客服是在工作不是在闲聊，还有很多工作要做。网络营销客服可以以“不好意思，我有点儿事要走开一会儿”为由结束交谈。

（三）说服顾客的技巧

1.调节气氛，以退为进

在说服顾客时，网络营销客服首先应该想方设法调节谈话的气氛。如果和颜悦色地用提问的方式代替命令，并给人以维护自尊和荣誉的机会，气氛就会友好、和谐，说服也就容易成功；反之，网络营销客服在说服时不尊重他人，摆出一副盛气凌人的架势，说服多半是要失败的。毕竟人都是有自尊心的，谁都不希望自己被他人毫不费力地说服而受其支配。

2.争取同情，以弱克强

渴望同情是人的天性，如果你想说服比较强大的对手，不妨采用这种争取同情的技巧，从而以弱克强，达到目的。

3.消除防范，以情感化

一般来说，在和要说服的对象较量时，彼此都会产生一种防范心理。这时候，网络营销客服要想使说服成功，就要注意消除对方的防范心理。如何消除对方的防范心理呢？从潜意识角度来说，防范心理的产生源于自卫，也就是当人们把对方当作假想敌时产生的一种自卫心理，那么消除防范心理的最有效的方法就是反复给予对方暗示，表示自己是朋友而不是敌人。这种暗示可以采用多种方法来进行：嘘寒问暖，给予关心，表示愿意提供帮助等。

4.投其所好，以心换心

站在对方的立场分析问题，能给对方一种为他着想的感觉，这种投其所好的技巧常常具有极强的说服力。要做到这一点，知己知彼十分重要，网络营销客服应站在对方立场考虑问题。

5.寻求一致，以退为进

习惯于顽固拒绝他人说服的人经常处于“不”的心理状态之中，所以自然而然地会呈现僵硬的表情和姿势。解决方法是：如果一开始就提出问题，绝不能打破其“不”的心理，此时需要做的是努力寻找与对方一致的地方，先让对方赞同你远离主题的意见，从而使其对你的谈话感兴趣，然后想办法将你的主题引入话题，最终取得对方的同意。

6.应用反馈信息，提升满意度

反馈信息中有一部分内容是顾客提出的各类问题，对这些问题，网络营销客服应尽可能快地给予答复。对于一些常见的问题，网络营销客服可通过预先设置自动应答器立即给出预备的答复；对于一些不能即时答复的问题，网络营销客服应及时回复提问者，并承诺给出答复的时间限制，通常在24小时之内。

素养提升

职业精神与职业道德修养

菲丽希亚在中国学习期间，5 000多年文明历史深深吸引着她，她逐渐地喜爱上了中国各地的文化与艺术工艺品，经常会通过网络电商平台购买一些地方特色的产品。这次她看中了越剧中的一套戏服，想要购买收藏。网店售前客服的服务热情周到，根据菲丽希亚对戏曲的偏好，给她推荐了一件越剧《梁山伯与祝英台》里祝英台的戏服和配套的头饰，并承诺顺丰快递包邮到家。菲丽希亚住在徐家汇花园×幢16楼。快递送件的当天上午碰巧小区线路改造停电，为了及时送达，快递员步行16层楼梯在规定时间内送达了快递。菲丽希亚被快递人员的服务态度深深打动。陈懿学姐向她介绍了中国各大城市同城配送的骑手，虽然早晚高峰道路拥堵，但是资料显示，骑手平均送货准时率高达90%以上。当然在我们生活中，不只是同城配送的骑手，当今社会上其他各行业对职业规范有序执行，职业道德都在不断提升。

职业道德行为是指从业者在一定的职业道德知识、情感、意志、信念支配下所采取的自觉活动。从业者应增强职业意识，严格遵守职业规范，养成良好的职业行为习惯。良好的职业道德是大学生进入社会的竞争力。

任务实施

任务实施如表3-3所示。

表3-3　任务实施

步骤	操作要求和说明
一、打字速度测试	1. 准备一段200字的短文 2. 要求在5分钟内完成录入，正确率100%
二、商品检测	1. 打开小组经营的网店 2. 选择4款坚果类商品 3. 描述商品的种类、材质、尺寸、用途、注意事项等 4. 使用FFBA技巧描述商品
三、客户类型及应对策略	1. 列出网购消费者的类型 2. 列出各种消费类型的人群特征及应对策略
四、情境练习	1. 针对顾客拍下商品长时间没有付款的情况给出对应的解决方案 2. 针对顾客退货、顾客投诉延迟发货的情况给出对应的解决方案 3. 小组互动解决方法
五、效果评估	打字速度、沟通技巧、商品熟悉程度、促成交易技巧

评价反馈

评价反馈如表3-4所示。

表3-4　评价反馈

评分项目	评分标准	分值	得分
基础知识	1. 商品知识（FFBA） 2. 交易规则 3. 物流知识	30	
客服技能	1. 表达能力：文字输入每分钟>40 字，能对商品进行描述，熟练掌握 FFBA 技巧 2. 交流能力：帮助解决顾客咨询问题>10 次 3. 应变能力	30	
工作技巧	说服顾客、销售促成的技巧：转化成交>10 笔 / 周	20	
素质能力	心理素质、品格素质、技能素质、其他综合素质	20	
合计		100	

知识拓展

网络营销客服基本素质要求

一位合格的网络营销客服应该具备工作岗位的基本素质要求主要有以下几个方面：

（一）心理素质

网络营销客服应具备良好的心理素质，因为在服务客户的过程中会遇到各种压力、挫折，没有良好的心理素质是不行的。良好的心理素质包括以下几个方面：

（1）处变不惊的应变力；

（2）挫折打击的承受能力；

（3）情绪的自我掌控及调节能力；

（4）满负荷情感付出的支持能力；

（5）积极进取、永不言败的良好心态。

（二）品格素质

（1）忍耐与宽容是优秀网络营销客服的一种美德。

（2）热爱企业、热爱岗位。一名优秀的网络营销客服应该对其所从事的岗位充满热爱，忠诚于事业，兢兢业业地做好每件事。

（3）要有谦和的态度。谦和的服务态度是赢得客户的重要保证。

（4）不轻易承诺。说了就要做到，言必信，行必果。

（5）谦虚是做好网络营销客服工作的要素之一。

（6）葆有博爱之心，真诚对待每一个人。

（7）勇于承担责任。

（8）有强烈的集体荣誉感。

（9）热情主动的服务态度。网络营销客服应充满激情，让每位客户感受到你的服务，在接受你的同时接受你推荐的商品。

（10）有较强的自控力。自控力就是控制自己情绪的能力，客服首先要以好的心态面对工作和客户，其良好心态也会带动客户。

（11）遵守职业规范与道德。网络营销客服应具备爱岗敬业精神，严格遵守岗位要求，特别是必须做好对客户的个人信息和隐私的保密工作。

（三）技能素质

（1）良好的语言表达能力。

（2）高超的语言沟通技巧和谈判技巧。只有具备这样的素质，才能让客户接受你的商品并在与客户的价格交锋中取胜。

（3）丰富的专业知识。网络营销客服应对于自己所经营的商品有一定的专业知识，如果对自己的商品都不了解，又如何保证第一时间为客户解答对产品的疑问呢？

（4）丰富的行业知识及经验。

（5）熟练的专业技能。

（6）思维敏捷。

（7）敏锐的观察力和洞察力。只有这样才能清楚地知道客户购买心理的变化，了解了客户的心理，从而有针对性地对其进行引导。

（8）良好的人际关系沟通能力。良好的沟通是促成交易的重要步骤之一。不管是交易前还是交易后，网络营销客服都要与客户保持良好的沟通，这样不但可以顺利完成交易，还有可能将新客户转化为回头客，成为自己的老客户。

（9）专业的客户服务电话接听技巧。网络营销客服不仅要掌握网上即时通信工具，很多时候电话沟通也是必不可少的。

（10）良好的倾听能力。

（四）其他综合素质

（1）要有“客户至上”的服务观念。

（2）要有独立工作的能力。

（3）要有对各种问题进行分析和解决的能力。

（4）要有协调人际关系的能力。

（五）客服绩效管理

淘宝平台上的商家非常重视客户服务。赤兔名品客服绩效管理系统是一款能够统计客服绩效并进行客服管理的淘宝工具软件，是想提升客服绩效的淘宝卖家必备的工具之一。京东和淘宝同样为网络客服的绩效管理提供了许多的工具，如蚂蚁绩效、京小智等。

实训练习

学生以4人为一小组，对坚果类目店铺经营的商品进行分析。针对山核桃这一商品，准确描述商品信息，应用FFBA方法向顾客推广商品，解决顾客疑问，提升店铺转化率，促使成交。

要求：

（1）描述山核桃的商品信息；

（2）列举顾客咨询山核桃常见的问题及解决方法（不少于4个）；

（3）分析山核桃的消费人群特征及对应的营销策略；

（4）设计一套基于FFBA的山核桃推销方法；

（5）针对顾客质疑山核桃价格太贵的问题，给出一套解决方案；

（6）撰写一份500字左右的网络营销客服工作报告。

项目四

网络营销管理

任务十七 全面管理

亨利·法约尔在一般管理理论中提出了管理的五项职能：计划、组织、指挥、协调和控制。该管理理论成为我们研究经营管理的核心。本教材沿着这个思路进行网络营销管理的研究，但是因为篇幅有限，只重点研究其中的部分内容。

企业建立网络营销渠道，在应用网络平台进行商品或服务的交易时，通过营销计划、组建团队、成员分工、指挥协调各部门的工作目标与内容，齐心协力让企业在经营中获得竞争优势，争取利润最大化。

学习目标

知识目标：

熟悉网络营销管理的内容；

掌握网络营销管理的方法。

能力目标：

能够制订网店的全面管理计划以提升整体营业额。

素质目标：

增强对中国特色社会主义制度和国家治理体系优越性的坚定信念。

任务引入

根据公司、企业、组织或团队设立的整体经济效益目标，从网店经营数据分析、财务管理、员工激励与KPI考核、货物及库存管理等多个维度进行分析，制定相应的管理方法和制度，形成规范文件，以提升经济效益、降低成本、激励和发挥团队成员的能力，从而提升网络营销的整体销售额和利润以及在行业中的竞争力。

相关知识

一、网店经营数据分析

网店经营数据分析

网店经营的结果是看最终的利润，利润是由多个影响因素决定的。企业应具备数据分析能力，有效分析经营中的各类影响因素，从而提升网店销售额。

（一）网店销售数据分析

运营数据化，即用数据说话，用数据来发现问题、解决问题。现在很多电子商务公司非常重视数据分析，大多使用数据分析工具，如生意参谋（量子统计、数据魔方）、数云、CNZZ。

1.网站使用率：PV / UV、在线时间、跳失率、深度访问率

网站使用率是最基本的分析数据，企业需要不断改进页面的细节。例如：跳失率高，企业需要知道问题出在哪里。企业在开展活动或者投放硬广时，跳失率高意味着人群不精准、广告诉求和实际内容差距很大，或者页面本身有问题。

2.流量来源：监控各渠道转化率，针对不同的渠道做有效的营销

转化率的数据能够让企业清晰地了解什么样的渠道转化效果好。以此类推，同样的营销方式也可以用在同类渠道上，复制成功经验。

3.运营数据：总销售额、订单数、客单价、订单转化率、退货率

用户下单和付款不一定在同一天完成，企业应每周汇总相关数据，确保每周数据是相对稳定的。这些数据有助于企业内部运营策略的制定，如促销策略、定价策略、产品推广策略。

4.用户分析：会员的地区分布、年龄分布、重复购买率

重复购买率体现的是电子商务的竞争力，包括知名度、口碑、客服、包装、发货等各个细节。网店如果没有较高的重复购买率是没有发展潜力的，所以很多大卖家会投放首页焦点广告、硬广告，就是为了促使用户第一次购买，从而获得长期的重复购买。

5.投资回报率

投资回报率是衡量网店运营效果和运营效率的最终指标。投资回报率高意味着每笔订单投入的成本能产出更多的收益。计算投资回报率时一定要有一个时间周期。设定的时间周期也是由资本具有的时间价值决定的。同时，新开网店者并不在乎投资回报率的高低，他们更多地在乎投资的资金回收周期。企业只有充分利用资本的时间价值，才能更好地了解运营的状况。

（二）网站流量统计与分析

网站流量是指网站的访问量，用来描述访问一个网站的用户数量以及用户浏览的网

页数量等。常用的统计指标包括网站的独立用户数量、总用户数量、网页浏览数量、每个用户的页面浏览数量、用户在网站的平均停留时间等。

网站流量统计与分析是指在获得网站访问量基本数据的情况下，对有关数据进行统计与分析，以了解网站当前的访问效果和访问用户行为并发现当前网络营销活动中存在的问题，为进一步修正或重新制定网络营销策略提供依据。

1.网站详情分析

（1）转换率：用来衡量网站内容对访问者的吸引程度以及网站的宣传效果。

转换率＝进行了相应动作的访问量/总访问量

（2）回访者比率：用来衡量网站内容对访问者的吸引程度和网站的实用性，以及网站是否有令人感兴趣的内容，从而使访问者再次回到该网站。

回访者比率＝回访者数/独立访问者数

（3）积极访问者比率：用来衡量有多少访问者是因为对网站的内容高度感兴趣才访问网站的。

积极访问者比率＝访问超过10页的访问者数/总的访问数

（4）忠实访问者比率：用来衡量长时间的访问者所访问的页面占所有访问页面数的比例。

忠实访问者比率＝大于12分钟的访问页数/总的访问页数

（5）访问者参与指数：代表部分访问者多次访问的趋势。

访问者参与指数＝独立访问者数/总访问者数

（6）访问者比率：这里的访问者是指在 1 分钟内完成访问页面数的浏览者。

访问者比率＝访问者数/总访问数

2.用户行为指标

（1）用户在网站的停留时间。用户在网站上停留时间的长短，反映出一个网站的黏性和吸引用户的能力。

（2）用户来源网站。通过对用户来源网站的统计，企业不仅可以了解用户来自哪个网站的推荐、哪个网页的链接，还可以看出部分常用网站推广措施所带来的访问量，如网站链接、分类目录、搜索引擎自然检索、投放于网站上的在线显示类网站广告等。

（3）用户所使用的搜索引擎及其关键词。一方面，从流量分析软件企业可以清楚地看到，用户是通过搜索哪些关键词来到企业网站，使企业了解关键词的实际优化情况。另一方面，从这些关键词中可以扩展出很多可以增加的内容，有助于企业发现想不到的关键词，适当地调整内容方面的策略。

（4）用户浏览网站的方式。此相关统计指标包括用户上网设备类型、用户浏览器的名称和版本、用户电脑分辨率及显示模式、用户所使用的操作系统名称和版本、用户所在地理区域分布状况等。

二、网店财务管理

财务管理

（一）利润的形成与控制

利润是指企业销售商品的收入扣除成本价格和税金以后的余额。按照这个定义，利润的计算方法如下：

利润＝营业收入－营业成本－税金及附加－销售费用－管理费用－研发费用－财务费用－资产减值损失－信用减值损失+公允价值变动损益（－公允价值变动损失）+投资收益（－投资损失）+其他收益+资产处置收益（－资产处置损失）

对于网店利润，如果严格按照会计学中的财务管理方法来计算，将会变得十分复杂，大多数店主可能不太精通财务管理的相关知识。因此，商家在计算利润时不必采用这么复杂的公式，可以采用下面这个简单的公式：

利润＝营业额－成本－费用

营业额就是卖出商品所得的收入；成本包括很多项，大致可分为直接成本和间接成本。成本与费用罗列如下：

（1）商品的购入成本；

（2）进货发生的运费；

（3）开店购买硬件的成本（电脑、数码摄像机、电话机等）；

（4）上网费、电费；

（5）仓储成本；

（6）商品的损耗费用；

（7）与客户联系的电话费用；

（8）因退换货发生的费用；

（9）发货包装、邮寄费用；

（10）采用购买赠品、礼品、印制名片、购买旺铺等手段进行店铺推广投入的费用；

（11）税金。

以上这些成本和费用，有些是随着商品卖出一次性可以收回的，而有些则是长期投资，如仓储租金多按月、季、年等一次性交齐。

（二）盈亏平衡点

网店持续发展的前提是生存，只有利润在盈亏平衡点以上才能生存下来。影响利润的重要因素是成本。成本包括固定成本和变动成本两部分。固定成本是不受业务量影响、与营业额无关的成本，如店租、固定资产折旧，即使营业收入为零也不得不支付的费用。变动成本是随着业务量增长而正比例增长的成本，它会随着营业额的增加而相应增加，随着营业额的减少而相应减少，如材料成本。企业要达到盈亏平衡的关键要素是边际贡献。

边际贡献，又称边际利润，是指销售收入减去变动成本后的余额，即边际贡献＝销售收入－变动成本。边际贡献是运用盈亏分析原理，进行产品生产决策的一个重要指标。所以利润＝边际贡献－固定成本。边际贡献一般可分为单位产品边际贡献和全部产品边际贡献，其计算方法为：

单位产品边际贡献＝销售单价－单位变动成本

全部产品边际贡献＝全部产品的销售收入－全部产品的变动成本

在产品销售过程中，边际贡献首先用来弥补企业生产经营活动所发生的固定成本总额；在弥补了企业所发生的所有固定成本后，如有多余，才能构成企业的利润。这就有可能出现三种情况：

（1）当边际贡献等于所发生的固定成本总额时，企业只能保本，不亏不赚；

（2）当边际贡献小于所发生的固定成本总额时，企业就要发生亏损；

（3）当边际贡献大于所发生的固定成本总额时，企业将会盈利。

因此，边际贡献实质上所反映的就是产品为企业盈利所能做出的贡献大小。只有当产品销售达到一定的数量后，产品的边际贡献才有可能弥补所发生的固定成本总额，为企业盈利做贡献。

知道了变动成本率和固定成本，我们就可以算出利润为零时的营业额，即每个月需要多少营业额才能保证不亏损。这就是网店经营中需要注意的盈亏平衡点。

（三）提升利润的方法

1.提高营业额

营业额取决于客数和客单价两项。其中：客数是指实际购买商品的顾客人数；客单价是指每位顾客平均购买商品的金额。营业额＝客数 × 客单价，客数＝来店客数 × 购买率。由以上公式可以看出，要提高营业额，商家就应该增加来店的人数，提高顾客的购买率，同时要尽量让顾客在网店中购买价格高的产品。而要做到这些，商家就必须提高顾客对网店的期望。在当前市场，顾客对于一个网店的期望不再是廉价的产品，而是优质的商品和服务。因此，网店在提升业绩时要牢牢抓住“服务”这个中心。

2.提升毛利率

商家提升毛利率的方法有两种：一是提高单价，二是降低材料成本。如果提高单价，顾客不容易接受，比较而言，材料成本对利润的影响更大，降低材料成本比提高单价更容易被顾客接受。

（四）加强现金管理

1.制作现金日记账

现金是流动性最强的资产，商家必须管理好现金。关于现金的管理，对于有独立会计人员的网店来说比较简单，基本上从“万里牛”数据和日常的账目中就能够体现。商家应制作现金日记账并做到日清月结。如果没有独立的财会人员，商家应该使用 Excel 制作现金日记账。

2.加速收款、推迟付款

为了提高现金的使用效率、加速现金周转，商家应尽量加速收款，即在不影响未来销售的情况下，尽可能地加快现金的收回。在收款时，商家应尽量加快收款的速度，而在管理支出时，应尽量延缓现金支出的时间。

3.加强存货管理

存货管理是网店现金管理的重要组成部分。存货会占用现金，过多的存货会导致网店出现现金流紧张的状况。存货周转率指标反映了网店经营存货管理水平，影响网店短期偿债能力，是网店管理的一项重要内容。

加强存货管理的一个重要方面就是提高存货周转率。存货周转率是衡量和评价网店购入存货、销售收回等各环节管理状况的综合性指标。其计算公式为：

存货周转率 = 销货成本 / 平均存货余额

存货周转天数 = 360 / 存货周转次数

4.编制现金预算

现金预算是网店对现金流进行预计和管理的重要工具，用来反映未来某一期间的一切现金收入和支出，以及二者对抵后的现金余缺数。现金预算包括现金收入、现金支出、现金溢余或短缺、资金的筹集和运用四个部分。编制现金预算可以帮助网店有效地预计未来的现金流量，为网店提供预警信号，促使其及早采取措施。

编制现金流量预算时，商家应该将各具体目标加以汇总，并将预期收益、现金流量、财务状况及投资计划等，以数量化的形式加以呈现，建立全面预算方案，预测未来现金收支的状况。此外，商家应根据年度现金流量预算，以周、月、季、半年及一年为期，建立流动式现金流量预算，这样更有利于依据网店现金流量的实际状况做出适时调整。

（五）编制资产负债表

资产负债表，又称财务状况表，表示企业在一定日期（通常为各会计期末）的财务状况（即资产、负债和所有者权益状况）的会计报表。它能表明企业在某一特定日期所拥有或控制的经济资源，所承担的债务和所有者对净资产的要求权。

三、员工激励与KPI考核

（一）考核目的

提高电子商务部门的整体工作效率和工作质量，提升部门成员的整体职业水平，提升网站内容质量，增加销售业绩，激励成绩突出的员工，鞭策成绩落后的员工，使每个员工自觉自发地与企业共同成长，同时为自己谋得更好的职业发展和薪水提升。

（二）考核范围与内容

考核范围包括网站的营销、推广、客服、美工、仓储、采购等员工。考核内容主要包括销售业绩贡献度、工作态度、工作能力、执行力等。考核关键点有以下三个：

- 业绩：给企业创造的收益、完成的工作任务。
- 能力：工作能力、社交能力、专业知识、适应能力。
- 态度：责任心、积极主动性、团队协作性、纪律性。

（三）考核方法（案例）

（1）采取月度考核的方式，百分制计分。

（2）员工工资的 20% 作为绩效工资。

（3）工资计算方法：

- 考核分数＜80 分，本月工资 = 员工工资 － 绩效工资 ×（100 － 考核分数）÷100。
- 80 分≤考核分数＜90 分，本月工资 = 员工工资。
- 考核分数≥90 分，本月工资 = 员工工资 + 绩效工资 ×（考核分数 － 90）÷100。

（4）连续两个月获得差评将被警告，连续三个月获得差评将被劝退。

（5）每月被评为优秀员工将获得绩效奖励。

（6）连续三个月被评为优秀员工将获得年终特别奖。

绩效奖励模式如图 4-1 所示：

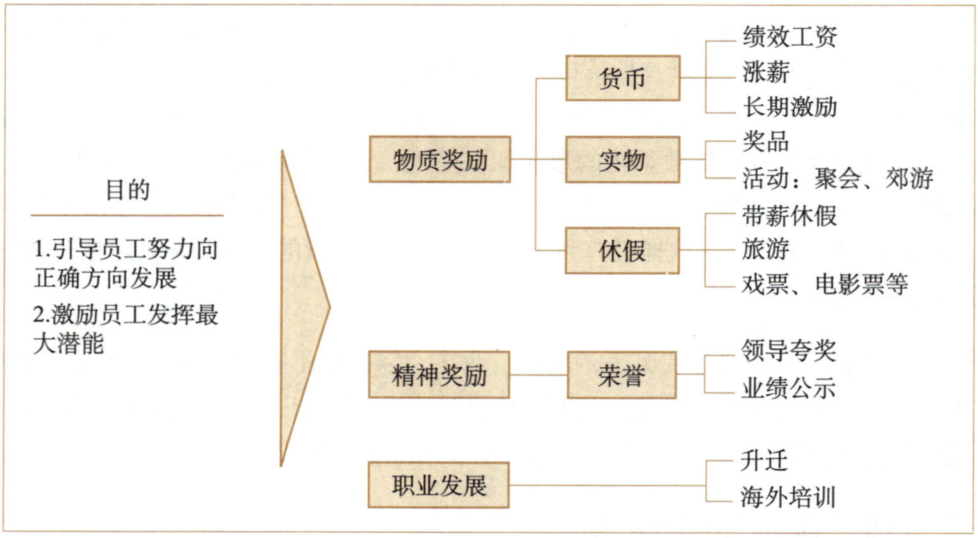

图 4-1　绩效奖励模式

四、货物及库存管理

（一）库存与订货管理

货物及库存管理

库存管理就是为了满足一定时期的商品需要而保持合理的库存量。库存与订货管理常用的方法有三种。

1. ABC 分析法

ABC 分析法即把库存物资按其品种、数量和金额划分成 A、B、C

三类，进而针对不同的种类采用不同的管理与配置方法。采用 ABC 分析法时，企业首先应将各品种按销售额从大到小依次排序；其次按顺序将各品种数相加，分别计算出品种数累计占总品种的比重；最后将销售额依次相加，分别计算出销售额占总销售额的比重。

2.经济订货批量法

经济订货批量法在库存管理中是决定应该订多少货的一般方法。总的储存费用主要由库存储存费用和订货费用两部分组成，二者之间有二律背反的关系。也就是说，如果每次订货量增大，则订货次数减少，订货费用相应减少，但需储存的商品相应增加。

3.定量订货法（订货点法）

库存量下降到一定水平（订货点）将订货的订货方式称为定量订货法（订货点法）。在这种情况下，企业应首先确定库存量的最低限度（安全库存量），然后考虑供应期间的需要来确定订货点。也就是说，订货点是最小库存量（安全库存量）加上供应期间的需求量。

（二）货物出入库管理

1.到货入库

货到仓库后，仓库管理员与送货人进行大件货物核实登记并签字确认（外包装无破损，出现破损则拒绝收货）。完成清单与实物的核对后，仓库管理员通知财务部入账，仓库管理员依照成品存储标准进行产品的分类存放。到货入库流程如图 4-2 所示。

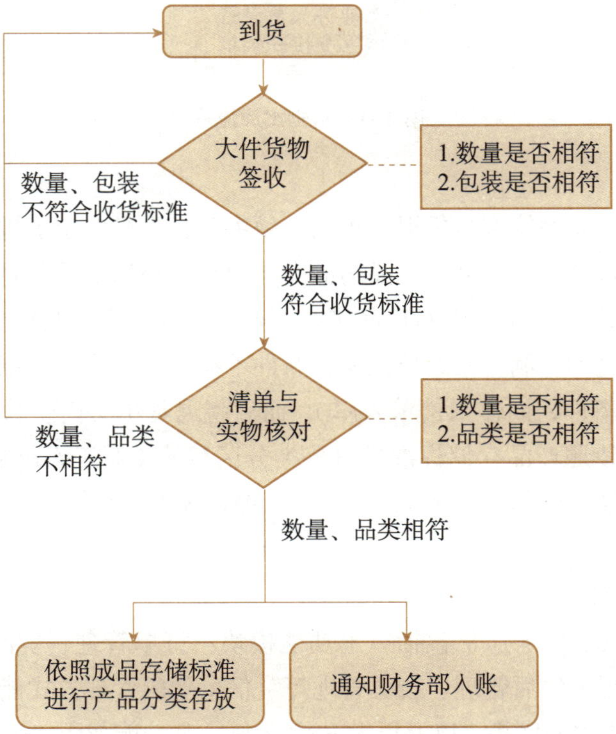

图 4-2　到货入库流程

2.货物出库

仓库管理员凭打印的销售单，本着先进先出的原则进行配货。配货完毕后经由仓库管理员之间的互验并签字确认，按照业务人员的客户分类在配货区进行货物的暂存。仓库管理员与业务人员完成货物的签字交接，业务人员按照订单分别装箱。货物出库流程如图 4-3 所示。

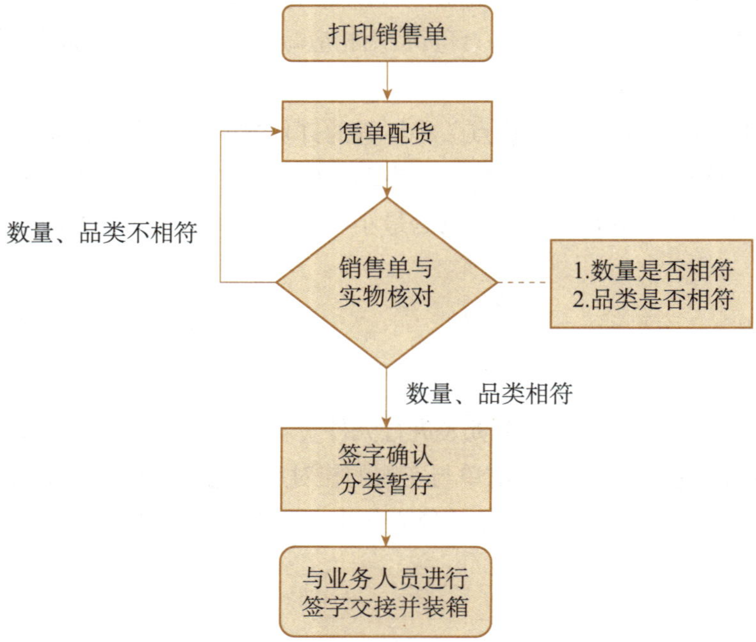

图 4-3　货物出库流程

3.退货入库

退货到仓库后，仓库管理员凭退货单据（须由业务人员签字）进行验货。如非公司产品则拒绝签收。如是公司产品且产品的品类与数量皆与退货单相符，则与业务人员进行签字交接，在 ERP 系统中分类对产品进行入账（旧件换新，制作失效单，入不良库；新件不影响二次销售的，制作销退单入库；新件不能二次销售的，制作销退单，入不良库；当天未销售的新件，制作未销单入库），而后将退货单交由主管或客服进行入账审核，并将退货产品依照产品存储标准进行分类分区存放（对于不影响二次销售的产品，入存货区存放；其他不符合成品标准的产品，入退货区进行封箱存放）。退货入库流程如图 4-4 所示。

4. 企业资源计划

企业资源计划（ERP）通常包括以下功能模块：订单管理、货品管理、仓库管理、采购管理、财务管理、售后管理、会员管理等。信息化的管理方式能让一家企业在激烈的竞争环境中获取更大的优势。以万里牛 ERP 为例，其功能如图 4-5 所示。

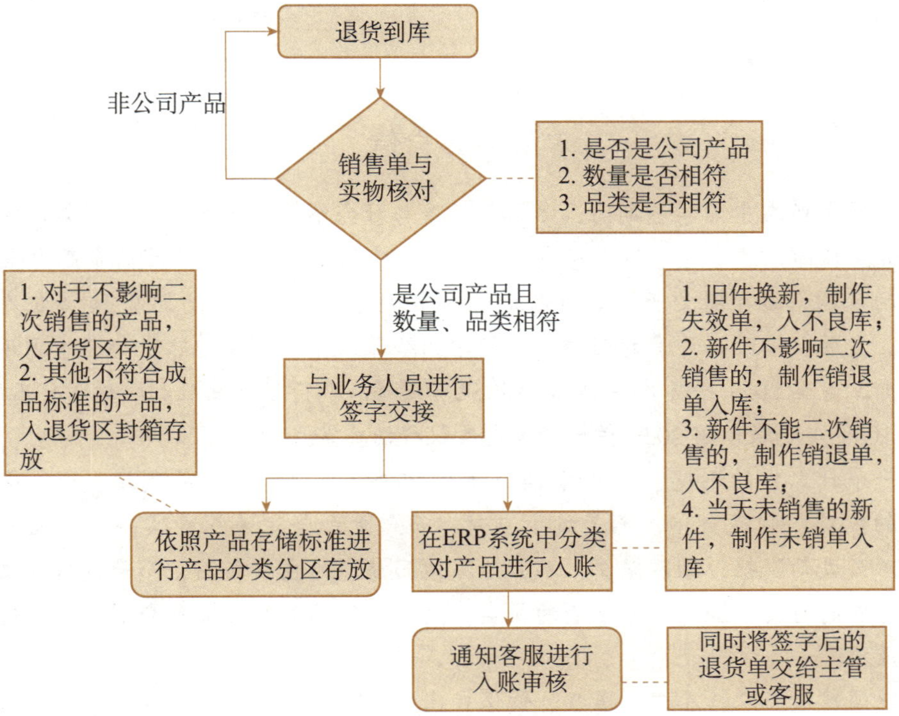

图4-4　退货入库流程

图4-5　万里牛ERP的功能

素养提升

制度自信

菲丽希亚在中国学习期间，参与了学校与社会举办的各种活动。假期，她和陈懿学姐到城市周边参观学习，对自然舒适的环境已经习以为常。菲丽希亚出生在21世纪的德国，童年时常听奶奶说起小时候生活的艰辛。中国是拥有14多亿人口的大国，发展初期面临许多的困难。陈懿学姐给菲丽希亚这位学妹讲起了中国近代的发展史。直至2021年2月25日，我国脱贫攻坚战取得了全面胜利。近1亿人脱贫，提前10年实现联合国2030年可持续发展议程的减贫目标。

一个什么样的制度，能带动14亿人的幸福？一个什么样的制度，能复兴一个伟大的民族？制度自信，不是故步自封，而是更加坚定地探索实践。今天的中国人，不必风雨飘摇、朝不保夕，不必为温饱而愁、为生存而困，而是拥有开拓人生无限可能的自由，拥有人生出彩的机会。亿万人民的创新源泉充分涌流、创造活力竞相迸发。

中国建成了包括养老、医疗、低保在内的世界最大的社会保障体系，基本养老保险覆盖超过9亿人，基本医疗保险覆盖超过13亿人，2023年居民人均预期寿命达78.6岁。

“四个自信”：中国特色社会主义道路自信、理论自信、制度自信、文化自信。

任务实施

任务实施如表4-1所示。

表4–1　任务实施

步骤	操作要求和说明
一、经营数据分析	1. 登录卖家中心，打开生意参谋，查看后台数据 2. 点击经营分析，分析信息流数据（流量、用户行为） 3. 分析销售数据（总销售额、订单数、客单价、订单转化率、退货率）
二、财务管理	1. 登录卖家中心，打开生意参谋，查看后台数据 2. 分析利润影响因素 3. 分析网站运营的盈亏平衡点 4. 制作一份现金管理方案（收款、存货管理） 5. 编制一份资产负债表
三、员工激励与KPI考核	1. 确定各岗位员工工作内容与职责 2. 对各岗位员工的业绩贡献度、工作态度、工作能力、执行力进行考核 3. 根据各岗位激励因素，制作一份员工KPI考核方案

续表

步骤	操作要求和说明
四、货物及库存管理	1. 登录卖家中心，查看商品分析、分类分析 2. 分析 ABC 分析法、经济订货批量法、定量订货法对网店经济效益的影响 3. 分析到货入库流程 4. 分析货物出库流程 5. 分析退货入库流程 6. 登录万里牛 ERP，对货物及库存进行管理
五、效果评估	1. 经营数据（流量、销售数据）分析能力 2. 财务分析能力（盈亏平衡、现金管理、资产负债表制作） 3. 员工考核与激励制度制定 4. 货物及仓库管理 ERP 软件的应用

评价反馈

评价反馈如表 4-2 所示。

表4-2　评价反馈

评分项目	评分标准	分值	得分
经营数据分析	分析流量影响因素、销售数据并提出改进建议	30	
财务分析	确定网店运营商品定价的盈亏平衡点，编制现金管理规划	20	
员工 KPI 文案	制定员工 KPI 考核制度	20	
ERP 使用能力	能够把商品信息录入万里牛 ERP，应用 ERP 软件管理进销存	30	
合计		100	

知识拓展

一、网店经营的重要数据

商家在运营和管理网络营销业务时，应学会分析和使用店铺经营的相关数据。商家可通过分析以下数据，发现店铺存在的问题，从而有目的地进行优化。

（一）黏度——店铺总 PV（总点击量）/ 店铺 UV（到店人次）

通过分析这个数据，商家可以看到买家光顾店铺后平均查看了几件商品，据此就能找到有优势的商品以及最适合的推广渠道。

（二）店铺转化率——购买产品的客户 / 到店的人次

这个数据能说明光顾店铺的 100 个客户中有多少客户购买了商品。店铺转化率提升了，销售额自然就会提升。店铺转化率与商品性价比、店铺促销力度、客户忠诚度、商品描述关系较大。以淘宝网为例，淘宝网的客户转化率在 1% 左右，相当于来了 100 个人，有 1 个人产生了交易。如果店铺转化率远低于这个水平，说明店铺经营状况较差，需要改进。

（三）平均客单价——一段时间内总销售额 / 总购买人数

这个数据能说明买家在店铺花了多少钱，而花钱多少往往与商品是否充足、商品是否吸引人、商品销售搭配是否合理这几个方面息息相关。

（四）平均成交单价——一段时间内总销售额 / 总销售件数

这个数据能体现买家到店铺最容易接受的价格，以及会购买的商品。据此，商家可以调整单品的价格，优化商品的销售组合。

二、进货成本控制

在网店运营成本的组成中，相对于其他成本，进货成本通常情况下是最主要的。商家只有有效地降低进货成本，才能获取更多的利润。进货成本主要由商品购入成本和进货时的运输费用两部分组成。

（一）商品购入成本

（1）商家最好从厂家直接拿货，如果做不到，也要从一级代理商处拿货。代理商级别越低，拿货成本就越高。

（2）一次进货量大可以有效降低成本，但同一件商品也并非一次进货量越大越好，商家要根据销售情况来确定。

（3）商家应有效降低购入成本，并不是要进那些质次价低的商品，相反，进货时要确保商品质量。对于网店而言，提高知名度的最好方法就是口碑传播，商品质量和服务是关键。

（4）遇到厂家清仓处理的机会时商家要尽量把握，可以多进些好销的商品。

（二）进货时的运输费用

进货时必然会发生运输费用，商家应选择合作物流公司，签订协议折扣价，同时在运输时选择避开高峰的合适的运输方式，从而降低运输费用。

三、库存管理成本控制

商家应制定完善的库存（仓库）管理方案或零库存计划，运用先进先出（First-In First-Out，FIFO）方法，从交叉污染的避免、物品的定位放置、湿度 / 温度（冷藏、冷冻设备）的控制、虫害防治、盘点（日、周、月盘），到灭火器的位置、数量以及意外险类的投保，都是库存管理的必备要件。

实训练习

学生以4人为一小组，运用全面管理相关知识，对坚果类店铺进行经营管理分析。从网店经营数据分析、财务管理、员工激励与KPI考核、货物及库存管理等多个维度，提高网店经营管理的系统性和科学性，最终提高网店市场竞争力和实现销售额增长2%。

要求：

（1）分析网店经营数据中的流量数据及销售数据；

（2）分析网店经营中的财务问题并制定财务管理方案；

（3）制定员工激励机制及KPI考核制度；

（4）使用ERP软件进行店铺网络营销的货物及库存管理；

（5）撰写一份800字左右的经营管理分析报告。

附件1：X公司员工KPI考核样本（客服）（见表4-3）

表4-3　X公司员工KPI考核样本（客服）

职位：客服					
KPI 指标	详细描述	标准	分值	权重	得分
指标完成率	实际销售额 / 计划销售额（____万元 / 月）	≥80%	100	30%	
		70%（含）～ 80%	85		
		60%（含）～ 70%	70		
		50%（含）～ 60%	55		
		40%（含）～ 50%	40		
		＜40%	0		
咨询转化率	最终下单人数 / 咨询人数	≥40%	100	30%	
		35%（含）～ 40%	80		
		30%（含）～ 35%	60		
		＜30%	0		
下单成功率	最终付款人数 / 下单人数	≥85%	100	10%	
		80%（含）～ 85%	80		
		75%（含）～ 80%	60		
		＜75%	0		
客单价	销售额 / 下单付款人数（有效客单价）	≥100	100	5%	
		80（含）～ 100	80		
		40（含）～ 80	60		
		＜40	0		

续表

职位：客服					
KPI 指标	详细描述	标准	分值	权重	得分
阿里旺旺回复率	回复过的客户数 / 总接待客户数	≥98%	100	5%	
		95%（含）～ 98%	80		
		92%（含）～ 95%	60		
		<92%	0		
阿里旺旺响应时间	平均响应时间（秒）	≤30	100	5%	
		30 ～ 60（含）	60		
		>60	0		
协助跟进服务	客户下单后的跟进服务金额（催款 / 处理售后）［由于客服原因导致售后或者差评，出现一次扣 1 分，扣完为止］	≤500	100	5%	
		500 ～ 1 000（含）	80		
		1 000 ～ 1 500（含）	60		
		>1 500	0		
执行力 / 工作态度	按照主管要求完成分配任务（考勤、工作配合度、纪律性、学习能力、工作完成时间等）	上级主管打分	100	10%	
			80		
			60		
			40		
			0		

附件 2：电子商务数据分析指标体系（见图 4-6）

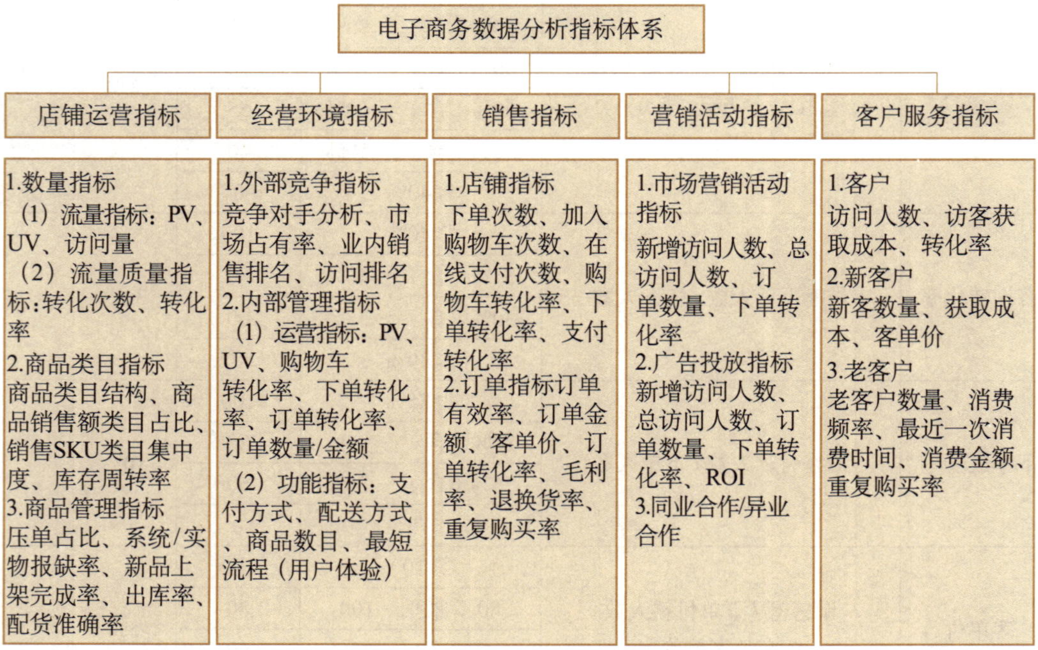

图 4-6　电子商务数据分析指标体系

参考文献

[1] 苏静，翟旭君．传统企业电商之道 [M]. 北京：电子工业出版社，2013.

[2] 谭贤．新媒体营销与运营实战：从入门到精通 [M]. 北京：人民邮电出版社，2017.

[3] 吴添祖，虞晓芬，龚建立．技术经济学概论 [M].3 版．北京：高等教育出版社，2010.

[4] 谈慧．仓储与配送管理 [M]. 北京：高等教育出版社，2021.